Reinhard Schmoeckel

Die Herzoginnen aus Schlesien

Reinhard Schmoeckel

Die Herzoginnen aus Schlesien

Schicksale, die sich berührten

Historische Biografien in Romanform

Die Deutsche Bibliothek verzeichnet diese Publikation in der Deutschen Nationalbibliographie; detaillierte bibliographische Angaben sind im Internet unter
http://dnb.ddb.de
abrufbar.

© Copyright: Reinhard Schmoeckel, Dortmund 2019

Graphik: Andrea Egler, www.das-auge-denkt-mit-com, Köln

Alle Rechte der Verbreitung durch Film, Funk, Fernsehen, Internet auf Ton- oder Bildträger, auszugsweiser Abdruck oder Einspeicherung und Rückgewinnung in Datenverarbeitungsanlagen aller Art nur mit ausdrücklicher Genehmigung des Urhebers.

Printed in Germany. Herstellung und Verlag BoD – Books on Demand, Norderstedt

ISBN: 9783734746697

Zu beziehen durch jede Buchhandlung

Inhalt

Vorwort 1

Teil I: Ein fleißiger junger Mann in Westfalen,
ein verdienter General im Ruhestand
in Schlesien 5

Eine neue Generation auf dem Hof *(1829)* 7
Ankunft im Altersruhesitz *(1829)* 12
Fast ein Zarensohn *(1830)* 16
Ein kleiner Schlaukopf *(1834)* 20
In der Schule *(1837)* 25
Eine Oper, komponiert von Herzog Eugen *(1840)* 29
Gelernt, was möglich war *(1843)* 33
Im Herforder Gymnasium *(1847 – 1852)* 37
Studentenleben *(1852 – 1856)* 42
Der General und seine Schlachten *(1857)* 47
Eine Privatschule als vorübergehender Broterwerb *(1858)* 54

Teil II Fünf Jahre am Sitz der Herzöge von Württemberg
im Schloss Carlsruhe in Schlesien 59

„Hier ist alles anders als sonst !" *(1858)* 61
„Jetzt wird's ernst !" *(1858)* 65
Pädagogische Fortschritte *(1858 – 59)* 71
Standesherren und freie Bauern *(1859)* 75
Probleme bei der Erziehung von Prinzen *(1859)* 82
Unbotmäßigkeit oder Heldenmut ? *(1860)* 85
Das „Jahrhundertfest" *(1861)* 91

Ein pädagogisches Gutachten *(1861)*	96
Westfalen, Schlesier, Württemberger *(1861)*	99
Die Reise ins Reich des Rübezahl *(1863)*	103
Träumereien zwischen Kopf und Herz *(1863)*	107
Der Wohltätigkeitsball *(1863)*	110
Flucht vor der Liebe – aus Liebe *(1863)*	116
Den wahren Grund verschleiern *(1863)*	120
Liebeskummer *(1863)*	124
„Wer sündigt, muss bestraft werden" *(1863)*	127
Das Ende der Prinzen-Schule *(1863)*	134

**Teil III: Vier Herzogskinder und ein Pfarrer –
Was für ganz verschiedene Schicksale !** 139

Eine Hilfspredigerstelle muss für die Heirat reichen *(1863 – 1870)*	141
Eine Verlobte muss auf ihre Ehe warten *(1863)*	147
Mit den Preußen, gegen die Preußen, Hauptsache, noch nicht verheiratet *(1863 – 1868)*	153
Die Annäherung des Herzogs Wilhelm an den Königshof zu Stuttgart *(1864 – 1870)*	163
Verheiratet und doch einsam *(1868 – 1875)*	172
Eine Pfarrstelle mitten im Ravensberger Land *(1870-80)*	180
Ein junger Offizier wird Schwiegersohn des Königs *(1870 – 1874)*	184
Das kurze Eheglück der Herzogin Wera *(1874 – 1876)*	195
Reise zu den Verwandten *(1875)*	202
Herzog Wilhelms plötzlicher Tod *(1876)*	206
Die Reise ans Schwäbische Meer *(1876)*	209
Nach Krakau versetzt *(1877)*	215
Schicksalsträchtiger Besuch in Breslau *(1878)*	220

Ein Verzicht, der eine Erlösung war *(1880)* 224
Zwischen Slowaken und Ungarn *(1882)* 229
PaulinesWeg zur „roten Prinzessin" *(1885 – 1890)* 234
Die Silberhochzeit *(1889)* 240
Altersjahre und Abschiede *(1890 – 1915)* 243

Nachwort 254

Vorwort

Die bekannte Autorin historischer Romane, Petra Durst-Benning, hat in ihrem Buch „Die russische Herzogin" (Ullstein Verlag 2010, Taschenbuch 2012) einen Herzog Wilhelm Eugen von Württemberg beschrieben und auch seinen Charakter gut angedeutet. Er war um das Jahr 1875 für wenige Jahre Ehemann der Heldin i h r e s Buches, der „russischen Herzogin" Wera. Die darin geschilderten historischen Ereignisse spielten sich in der höchsten in Deutschland vor 160 Jahren denkbaren Gesellschaftsschicht ab, der Familie eines leibhaftigen Königs, und zwar der des Königs von Württemberg in Stuttgart.

Die Schwester dieses Herzogs Wilhelm hatte jedoch für kurze Zeit eine romantische Beziehung zu einem Mann aus der damals „untersten Klasse", dem Sohn eines Bauernknechts. Sie hieß Prinzessin Wilhelmine von Württemberg (im Buch von Frau Durst-Benning kommt sie nicht vor). Diese Romanze zwischen zwei jungen Menschen aus so verschiedenen Gesellschaftsschichten war jedoch alles andere als die phantasiereiche Erfindung eines Romanschriftstellers.

Es ist eine merkwürdige Schicksalsfügung, dass in der Familie der Frau des Autors d i e s e s Buches handgeschriebene Briefe (richtiger: nur Entwürfe dazu) aus dieser Zeit aufbewahrt worden sind. Zum Teil haben sie mit dieser Prinzessin zu tun. Sie waren verfasst worden von einem gewissen Christoph Becker, und dieser war der Großvater der Frau des Autors. Erst im Jahr 2018 gerieten die Briefe genauer in das Blickfeld des Autors d i e s e s Buches, wurden mühsam entziffert und bestätigten plötzlich die historische Realität der seit langem in der Familie umgehenden Legende, der Ahne habe als Hauslehrer in einem Fürstenschloss eine Romanze mit einer jungen Frau aus dem Hochadel gehabt.

Zugleich boten diese alten Dokumente einen überraschenden Einblick in die charakterliche Entwicklung des Prinzen Wilhelm Eugen (zeitweise fast Anwärter auf den württembergischen Königsthron), denn Christoph Becker war mehr als zehn Jahre vor dessen Heirat der Lehrer der Prinzen-Geschwister im kleinen Schloss Karlsruhe (damals Carlsruhe geschrieben) in Oberschlesien. Dabei lernte er auch die Schwester Pauline der beiden Prinzen kennen, die er unterrichtete; doch die war damals noch ein kleines Kind. Viel später erlebte diese kleine Schwester ein für Mitglieder des deutschen Hochadels eigentlich undenkbares und höchst außergewöhnliches Schicksal

Diese Entdeckung war der Anlass für den Autor, einen weiteren Teil der Geschichte seiner Vorfahren und der seiner Kinder als „historische Biographien in Romanform" niederzuschreiben und zu veröffentlichen. Eigentlich sind es sechs Biografien: nämlich von drei Herzögen und zwei Herzoginnen von Württemberg („Schlesische Linie") und einem evangelischen Pfarrer aus Westfalen, vereint durch kurze, aber zum Teil intensive Berührungen während ihres Lebens. Weitere Recherchen während der Arbeit an diesem Buch brachten nämlich ans Licht, welch hochinteressanten und zugleich völlig verschiedenen Schicksale gerade auch die hohen Adligen hatten, die damals zeitweise im schlesischen Schloss Carlsruhe gelebt hatten und zusammen genommen mehr als ein Jahrhundert überdecken. Es schien sich zu lohnen, ihr Leben der Vergessenheit zu entreißen, weil sie aufschlussreiche Einblicke in historische Vorgänge und Zustände in Deutschland vor mehr als 150 Jahren bieten.

Den Lesern im 21. Jahrhundert sind die meisten davon mit großer Wahrscheinlichkeit völlig unbekannt. Insofern stellt dieses Buch einen Beitrag zur verständlichen Beschreibung der Geschichte unseres Landes in einem Jahrhundert dar, das noch gar nicht so lange vergangen ist. Daher sind sie vielleicht bei vielen

Deutschen als Lesestoff willkommen, auch dann, wenn sie die Bücher nicht als Geschichte der eigenen Familie lesen. Nur wenig an der „Verpackung" ist schriftstellerisches Erzeugnis, der große sachliche Kern ist jedoch reale Geschichte – genau wie bei den Büchern von Petra Durst-Benning.

Anders als in historischen Romanen sind in diesem Band sogar zahlreiche Illustrationen möglich: er ist ja auch kein Roman !

Dortmund, Frühjahr 2019   Reinhard Schmoeckel

Teil I

Ein fleißiger junger Mann in Westfalen und ein verdienter General im Ruhesitz in Schlesien

Eine neue Generation auf dem Hof

Holtkamp b. Isselhorst (Westfalen), Juni 1829

Zur Geburt seines Neffen kam der Hofbauer selbst in den Kotten [1] seines Bruders Caspar, um zu gratulieren. Normal war das nicht, dass der Bauer persönlich zu seinem Heuerling [2] ging, doch heute war immerhin eine neue Generation in das Leben der Familie Hermbecker getreten, da musste man doch wohl mal eine Ausnahme von dem Brauch machen, der ohne viele Worte bei den Bauern eingehalten wurde, dass nämlich der Heuerling zum Bauern zu kommen hatte, und nicht umgekehrt.

Immerhin war der Vater des neuen Kindes, der Heuerling Caspar Hermbecker, der ältere Bruder des Hofinhabers Heinrich. Nur das im Ravensberger Land [3] seit Urzeiten gültige Jüngsten-Erbrecht hatte dazu geführt, dass Heinrich als der jüngste Sohn und nicht Caspar als der älteste Sohn ihres gemeinsamen Vaters Heinrich zum Erben des Hofs wurde. Dieses Erbrecht sorgte dafür, dass die Bauernhöfe und ihr Landbesitz über viele Generationen zusammenblieben. In manchen anderen Teilen Westfalen galt das Ältesten-Erbrecht, und das hätte Caspar und nicht Heinrich zum Erben des Hofes gemacht. Dieses Bewusstsein sorgte dafür, dass zwischen dem Bruder als Hofinhaber und dem Bruder als Knecht auf dem Hof kein Standesdünkel herrschte, sondern ein normales brüderliches Verhältnis, wenn auch klar war, dass der eine dem anderen Anweisungen für die Arbeit zu geben hatte.

---

[1] Kleinbauernhaus
[2] Bauernknecht
[3] die alte Grafschaft Ravensberg in Ost-Westfalen, heute Stadt und Kreis Bielefeld, Herford und der nördliche Teil des Kreises Gütersloh, nördlich und südlich des Mittelteils des Teutoburger Waldes.

Immerhin war das westfälische Erbrecht – egal ob es den ältesten oder den jüngsten Sohn des Bauern zum Erben machte – der Grund dafür, dass die Höfe nicht im Laufe weniger Erbfälle in winzige, nicht mehr sinnvoll zu bewirtschaftende Landsplitter zerteilt werden mussten. Man wusste selbst auf dem Land im Ravensbergischen, dass in manchen anderen Teilen des alten Reiches [4] andere Erbregeln herrschten, die eine ständige weitere Aufteilung des bäuerlichen Landbesitzes und damit eine ungewollte Verarmung der Menschen erzwangen. Die ravensbergischen Bauern waren froh, dass das bei ihnen nicht der Fall war.

Der neugeborene Säugling – Christoph sollte er heißen, hatte dessen Vater seinem Bruder anvertraut – war offensichtlich gesund und brüllte munter in die Welt, im Arm seiner Mutter Johanna, als der Onkel zum Gratulieren kam. Die Mutter Johanna lag im Bettkasten des Kottens, in der linken hinteren Ecke des kleinen Raums, gegenüber dem Kochherd. Ihre Zudecke bestand aus weißem Linnen [5] und war gefüllt mit wärmenden Gänsedaunen [6]. Johanna war stolz gewesen, einst ein gut ausreichendes Hochzeitsgut [7] mit in die Ehe gebracht zu haben, auch wenn es nur für einen Kotten bestimmt war.

---

[4] Gemeint ist das „Heilige Römische Reich deutscher Nation", der theoretische Überbau aller souveränen Staaten in Deutschland, wie dem Königreich Preußen, dem Erzherzogtum Österreich, dem Kurfürstentum Bayern, dem Herzogtum Württemberg und zahlreichen kleineren Staaten bis hin zu Reichsstädten, in den letzten Jahrzehnten seines Bestehens kaum noch von politischem Einfluss, aber immer noch von einer Art mystischen Aura umgeben. Im Jahr 1806 legte der österreichische Kaiser und Erzherzog Franz, zugleich Kaiser dieses Reiches, die Reichskrone nieder und beendete damit die vielhundertjährige Existenz dieses Reiches. Bei vielen Deutschen stand es dennoch in guter Erinnerung.
[5] Leinwand
[6] kleine Federn junger Gänse
[7] von der Braut vor der Hochzeit anzufertigende Ausstattung von Haushaltswäsche, der Beitrag der Braut zum künftigen Haushalt.

Die Geburt war wohl normal verlaufen, wobei Emma, die erfahrene Hebamme für die Bauerschaft Holtkamp in der Gemeinde Isselhorst aus dem Bauernhof der Kruphölters, wie üblich die junge Mutter betreut und für eine normale, reibungslose Geburt gesorgt hatte. Sie war zugleich die Tante Johannas, die ja ebenfalls vom Hof Kruphölter stammte.

Ein Storch hätte hier in der Landschaft rund um Isselhorst weit zu fliegen gehabt, wenn er einen Besuch beim Nachbarnest auf dem Dach eines anderen Bauernhofes hätte machen wollen. Doch daran dachte ein Storch gewiss nicht, er hatte jetzt im Sommer genug damit zu tun, seinen Nachwuchs im eigenen Nest auf dem Giebelkreuz des Hermbeckerschen Hofes mit Nahrung zu versehen. Bei einem dieser vielen Flüge hatte er in der Nacht der Frau im Kotten einen kleinen Säugling mitgebracht, so erzählten es seit vielen Generationen die Mütter ihren kleinen Kindern, die normalerweise auf den Höfen herumwuselten, wenn in dem einen oder dem anderen Haus mal wieder ein Säugling angekommen war.

Die Höfe hier im Ravensberger Land hielten einen erstaunlich großen Abstand vom nächsten; mindestens 1000 Schritte musste man gehen, um zum Nachbarn zu kommen. Das war eine Eigenart hierzulande, allerdings auch weit darüber hinaus. Rund um die jeweiligen Höfe lag deren Feldflur, so dass die Bauern für Aussaat, Bearbeitung und Ernte keine langen Wege hatten.

Dörfer gab es hier nicht, höchstens im Abstand von zwei bis drei Meilen [8] ein Kleinstädtchen, in dem die Handwerker und Kaufleute ansässig waren, die zur Versorgung der vielen Bauern benötigt wurden. Isselhorst war das den Bauern in Holtkamp am nächsten liegende Kleinstädtchen mit Kirche und Schule. Die Bauern waren auf die Gewerbetreibenden dort angewiesen, aber

---

[8] Eine (preußische) Meile = 7,5 Kilometer

heimlich verachteten sie die meisten Menschen in der Stadt, waren sie doch in nur zu häufigen Fällen keine Nachkommen freier Bauern, sondern erst irgendwann von irgendwoher zugezogen.

Der Blick über die brettflache Ebene ging unbeschränkt bis zum Horizont, nur im Norden war die gewellte Linie der Berge des Teutoburger Waldes zu erkennen, jenes fast schnurgeraden Bergzuges, der das nördliche Westfalen vom Westen bis zum Osten durchzieht. Die Ebene südlich dieses Bergzuges war nicht besonders fruchtbar, aber immerhin ernährte sie ausreichend die vielen hundert kleinen Bauernwirtschaften, die sich seit Urzeiten auf ihr festgesetzt hatten. Einige kleine Bäche schlängelten sich darin.

Ein aufmerksamer Beobachter hätte wohl auch noch bemerkt, dass es hier keinen Wald gab, nur gelegentliche Büsche an den Wegrainen zwischen den Feldern. Und doch gab es viele Bäume hier in der Ebene. Fast neben jedem Bauernhaus ragte ein kleines Wäldchen aus jungen Eichenstämmen in die Höhe. Schon vor unendlichen Generationen war den Bauern hierzulande klar geworden, dass ihre aus Holz gebauten Höfe nach einigen Generationen zusammenzufallen drohten; man musste sie neu errichten und tat das auch, wenn es so weit war. Irgendwann vor langer, langer Zeit waren die Bauern auf die gute Idee gekommen, dass es nützlich sein konnte, zeitgleich mit dem Bau eines neuen Bauernhauses auch in der Nähe junge Eichen einzupflanzen. Sie würden wachsen und nach einigen Generationen gerade die richtige Größe haben, um als Balken und Bretter für den Bau eines neuen Bauernhauses verwendet zu werden.

Im Kotten des Heuerlings Caspar Hermbecker nahm dessen Bruder das neugeborene Söhnchen aus dem Arm der Mutter, um es nach altem Brauch in die Höhe zu halten und damit der Welt zu zeigen und ihm den Segen Gottes herabzuflehen. Das hatte zwar schon der Vater getan, aber die Verstärkung dieser guten

Wünsche durch den Onkel und Hofbauern konnte ja nicht schaden.

Sorgfältig schaute der Onkel seinem kleinen Neffen in die Augen, wenn er diese einmal öffnete. Er selbst, Heinrich, hatte noch keine Kinder, schließlich war sein Bruder Caspar ja einige Jahre älter und eher mit dem Heiraten dran gewesen. So wurde hier mit dem kleinen Christoph eine neue Generation in der langen Geschichte der Familie Becker in Holtkamp eröffnet. Vor einigen Generationen hatte sie sich in zwei Linien getrennt, und um die zu unterscheiden, nannte sich die eine Linie „Hermbecker", also eigentlich Hermann Becker, die andere Wilmbecker (Wilhelm Becker). Der Bauer Heinrich und seine Sippe gehörte zu den Hermbeckers, aber natürlich wusste jeder in den Höfen Holtfelds, wer wohin zu zählen war.

In einem Anfall von Sentimentalität streichelte der Onkel dem Säugling über das spärliche blonde Haar. „Ich wünsche dir ein ganz besonderes Leben, kleiner Christoph, ich glaube, du wirst es einmal ganz weit bringen!"

Ankunft im Altersruhesitz

Carlsruhe / Schlesien, Dezember 1829

Einige Tage vor dem Weihnachtsfest rollte eine Schlange von Pferdeschlitten vor dem kleinen Schloss Carlsruhe vor. Die jahrelange Stille in dem bisher fast menschenleeren Schloss war wohl vorüber. Endlich war der lange erwartete Schlossherr eingetroffen.

Knapp einen Monat war die Schlittenkarawane unterwegs gewesen. Sie war in St. Petersburg, der Hauptstadt des russischen Zaren, aufgebrochen, als dort der erste Schnee gefallen war und die Straßen nunmehr für Pferdeschlitten passierbar geworden waren. Im Herbst und im Frühjahr konnte, wenigstens in Russland, kein Gefährt, weder Wagen noch Schlitten, die Straßen passieren, weil sie dann nur aus tiefem Schlamm bestanden. Der Winter war für Russen eine beliebte Reisezeit, man musste in den Schlitten sich nur warm in Pelze und Decken hüllen. Eine andere Reisemöglichkeit gab es nun einmal nicht. Übernachten konnte man in den kleinen oder größeren Städtchen, die man unterwegs berührte, und wo man auch frische Pferde für die Schlitten mieten konnte.

Herzog Eugen Friedrich Carl von Württemberg war mit seinem Gefolge in seiner Besitzung, dem Schloss Carlsruhe in Schlesien, knapp 7 Meilen [9] südöstlich von Breslau, eingetroffen, um hier nach seiner ehrenvollen Verabschiedung als kaiserlich-russischer General endlich seinen Ruhestand zu genießen. Fast die ganze, gut 160 Meilen [10] lange Strecke war er auf russischem Gebiet gereist, über Riga und Warschau, fast ganz Polen gehörte ja seit

---

[9] Ca. 60 Kilometer
[10] Rund 1200 Kilometer

dem Wiener Frieden [11] zu Russland. Nur die letzten vier Meilen [12] gingen durch die preußische Provinz Schlesien.

Carlsruhe war schon seit fast einem Dreiviertel-Jahrhundert der Sitz der so genannten „schlesischen Linie" des württembergischen Königshauses, seit ein Großonkel die Wälder rundum billig erworben hatte und dort ein Jagdschlösschen bauen ließ. Es ging die Legende, der Vorfahr habe während einer Jagd geschlafen und dabei von einem Schloss geträumt, das er danach auch prompt errichten ließ und nach seinem ersten Vornamen „Carlsruhe" nannte. Dabei sei der Bauplan der damals ganz neuen Hauptstadt des Großherzogtums Baden, ebenfalls Karlsruhe genannt, hier im Wald Oberschlesiens nachgeahmt worden, mit einem Stern von acht Alleen durch den Wald, in deren Kreuzungspunkt das Schlösschen gebaut worden war. Schräg rechts und links vor dem Schloss, auf der Linie von zwei dieser Alleen, hatte schon der Vorfahr einige so genannte „Kavaliershäuser" errichten lassen, die der ganzen Anlage einen großzügigen, geradezu majestätischen Anblick verliehen, etwa so, wie es bei Königsschlössern in Frankreich üblich war. Nur waren hier Schloss und die zugehörigen Häuser viel kleiner.

In der altehrwürdigen Familie der Herzöge von Württemberg – seit 1806 trugen sie sogar den Titel König – war es seit Generationen üblich, dass die jüngeren Brüder des jeweiligen Throninhabers Kriegsdienste in den Armeen großer Reiche in Europa nahmen, wie Preußen, Österreich und Russland, um es dort zu etwas zu bringen. Mitunter heirateten sie auch Prinzessinnen aus deren Herrscherfamilien, häufiger allerdings aus dem zahlreichen Angebot der vielen kleineren souveränen Fürstenfamilien im einstigen Heiligen Römischen Rech deutscher Nation. So entstanden

---

[11] Wiener Kongress zur Beendigung der Umwälzungen in Europa durch Napoleon 1815
[12] gut 30 Kilometer

immer wieder einmal Nebenlinien des Herrscherhauses der Württemberger, die allerdings meist auch wieder nach einigen Generationen ausstarben. Einige dieser Nebenlinien erwarben durch Heirat, Erbschaft oder auch durch Kauf Grundbesitz weitab von der schwäbischen Heimat.

Schloss Carlsruhe / Schlesien, Mitte des 19, Jahrhunderts

Die Söhne in der „schlesischen Linie" des württembergischen Königshauses hießen traditionsgemäß mit einem ihrer Vornamen Eugen; vielleicht war das eine Erinnerung an den sagenumwobenen „Prinzen Eugen", den österreichischen Feldmarschall, der ein Jahrhundert zuvor eine Berühmtheit in Europa gewesen war. Sie trugen im Unterschied zum württembergischen K ö n i g den Titel „Herzog", fühlten sich aber durchaus als Teil ihrer Gesamtfamilie, einem der ältesten Herrscherhäuser in Europa.

Herzog Eugen – er wurde nur so nach seinem ersten Vornamen genannt – freute sich auf die Rückkehr nach Carlsruhe. Er hatte in seiner Jugend schon mehrfach für ein paar Jahre hier gelebt, mit seinen Eltern; dem Vater war das Schloss von dessen kinderlosen Onkel einst durch Testament zugefallen. Gerade an diese Jugendzeit hatte Eugen sehr angenehme Erinnerungen. Jetzt hatte er vor, sein Schloss für den Rest seiner Lebenszeit zu bewohnen, nachdem sein Vater schon vor sieben Jahren gestorben war.

Eugen atmete tief durch, als er vor dem Eingang des Schlosses aus seinem Schlitten stieg, Es war wie eine Rückkehr in die Heimat, in ein Leben in Ruhe und ohne Aufregungen, in ein Leben mit seiner Familie und vielleicht sogar mit seiner geliebten Musik.

Er war nun 41 Jahre alt, aber er hatte bereits eine lange militärische Laufbahn als General im Dienst des russischen Kaisers und ungezählte Schlachten hinter sich. Seine beiden Kinder waren hier in Carlsruhe geboren worden, doch danach war Eugen wieder im russischen Kriegsdienst für etliche Jahre unterwegs gewesen, während seine Familie in Sankt Petersburg lebte.

Endlich konnte er nun zusammen mit seiner Frau und seinen Kindern – Marie war elf und Eugen Erdmann acht Jahre alt – ein ruhiges Familienleben führen, fernab vom steifen Zeremoniell des russischen Kaiserhofes und den Intrigen und heimlichen Anfeindungen in der russischen Armee. Er wusste genau, dass er diese Anfeindungen vor allem der Tatsache zu verdanken hatte, dass er einst der Lieblingsneffe der Frau des Zaren Paul gewesen war.

Herzog Eugen schüttelte sich, als ob er diese Erinnerungen abstreifen wollte, die ihn hier bei der Rückkehr in die Heimat plötzlich überfielen. Dann trat er zusammen mit seiner Gattin Helene entschlossen durch das Hauptportal des Schlösschens Carlsruhe. Hier sollte ihn nichts mehr an die ja häufig unangenehme, ja mitunter bedrohliche Vergangenheit erinnern.

Fast ein Zarensohn

Carlsruhe, Frühjahr 1830

Zur Begleitung des Herzogs Eugen bei seiner letzten Reise von Sankt Petersburg in die Provinz Schlesien in Preußen hatten auch der kaiserlich-russische Major a. D. Wolfgang von Hofmann und seine junge Frau gehört. Der war zuletzt, in dem Kriege Russlands gegen die Türkei im Jahr 1828, der Adjutant des kaiserlich-russischen Generals Eugen von Württemberg gewesen, und er war, einige Jahre jünger als sein Vorgesetzter, zu einem geschätzten Vertrauten geworden. Er verehrte heimlich seinen Chef, und er hatte deshalb keinen Augenblick gezögert, ebenfalls den Abschied aus dem Dienst beim russischen Zaren zu nehmen und mit seiner Frau nach Carlsruhe zu ziehen, als ihm sein Chef das vorschlug.

Jetzt, in der winterlichen Ruhe, die das Schloss und die Wälder ringsum umgab, saßen die beiden ehemaligen Soldaten nicht selten zu zweit im gemütlichen Kaminzimmer zusammen und schlugen manche Schlachten noch einmal, die sie einst gemeinsam erlebt hatten. Heute allerdings ging die Erinnerung des Herzogs viel, viel weiter zurück, bis in seine Jugendzeit, die gewiss aufregend und ungewöhnlich genug gewesen war.

„Ich glaube, lieber Hofmann," begann Herzog Eugen, „ich sollte Ihnen einmal erzählen, was ich als heranwachsender Junge in Sankt Petersburg erlebt habe. Sie können das ja nicht wissen, Sie sind viel jünger, und Ihre Familie auf dem Gut im Magdeburgischen hatte damals wohl nur gerade gewusst, dass es in Sankt Petersburg russische Zaren gab. Aber was mit mir damals, vor fast drei Jahrzehnten, geschehen ist, werden Sie nicht glauben, aber es ist dennoch wahr."

Der Herzog nahm einen tüchtigen Schluck aus dem Rotweinglas, das neben ihm auf dem Tisch stand, und begann seine Erzählung. „Sie müssen wissen, Hofmann, dass eine Schwester meines Vaters einst den Sohn der russischen Zarin Katharina geheiratet hat. Dieser Sohn hieß Paul, und er war der Thronfolger der Zarin, aber er mochte seine Mutter nicht. Als er nach dem Tod der Mutter endlich Zar wurde [13], machte er fast alles anders, als es seine Mutter einst getan hatte, die ja sehr lange als Zarin die Alleinherrschaft in Russland ausgeübt hat."

Der junge Prinz Eugen war gerade mal zwölf Jahre alt und lebte bei seiner Mutter hier in Carlsruhe, als seine Eltern einen Brief von Vaters Schwester, der nunmehrigen Zarin Maria Feodorowna, erhielten, in dem sie dringend darum bat, ihren Neffen Eugen zu ihr an den Hof in Sankt Petersburg zu schicken. Einer Zarin konnte man einen solchen dringenden Wunsch nicht abschlagen, also musste der junge Prinz in die russische Hauptstadt reisen, begleitet von einem „Gouverneur", einem russischen General von Diebitsch, als Aufpasser und vorübergehenden Erzieher.

Prinz Eugen von Württemberg hatte ein gutes Gedächtnis, und er hatte trotz seiner damaligen Jugend Menschenkenntnis, Wahrheitsliebe und Humor genug, seinem aufmerksamen Zuhörer die zum Teil absurden Vorkommnisse unterwegs auf der langen Reise und vor allem dann am Zarenhof drastisch zu schildern. Schön war es schon, dass die Tante und ihr Gatte, der Zar Paul, den jungen Verwandten Eugen offenbar in ihr Herz schlossen und verwöhnten. Absurd war es aber – und das fiel bereits dem aufgeweckten Zwölfjährigen damals auf, wenn er natürlich kein Wort dagegen sagen durfte – dass er zwar dem kaiserlichen Kadettencorps [14] zugewiesen wurde, gleichzeitig aber bereits zum russischen General ernannt wurde – mit zwölf Jahren !

---

[13] im Jahr 1796
[14] eine Art Ausbildungsschule für künftige adlige Offiziere

Kadett war er praktisch nie geworden, aber der Titel als General galt offenbar am Zarenhof etwas. Eugen konnte zwar zuerst kein Russisch, aber mit Deutsch und dem in Hochadelskreisen in ganz Europa allgemein üblichen Französisch konnte er sich gut verständigen, So bekam er schnell mit, was um ihn herum passierte. Ihm blieb nicht verborgen, dass der Zar Paul von allen Mitgliedern seines Hofstaates und den Offizieren der kaiserlichen Garde heimlich gefürchtet und gehasst wurde und dass er wegen seines mitunter verrückten Handelns und seiner meist grundlosen Wutanfälle als geistesgestört und völlig unberechenbar galt.

„Ich habe gelesen, Hoheit", fiel der ehemalige Adjutant von Hofmann ein, „dass behauptet wurde, dieser Zar Paul habe an der Geisteskrankheit Schizophrenie gelitten," „Das kann schon möglich sein, damit kenne ich mich nicht aus", antwortete Eugen. „Ich weiß nur aus meiner Erinnerung, dass der Zar mitunter von äußerstem Misstrauen selbst gegen seine eigene Familie, vor allem seine damals schon erwachsenen Söhne, erfüllt war. Und das war wohl auch der Grund für das, was er offenbar mit mir vorhatte."

Herzog Eugen erzählte, was er zwar persönlich damals gar nicht mitbekommen hatte, was ihm aber später von Freunden und Vertrauten am Zarenhof berichtet worden war, dass nämlich der Zar Paul offenbar vorhatte, seine beiden ehelichen Söhne Alexander und Konstantin zu enterben – wohl weil er glaubte, sie würden ihm nach dem Leben trachten. Stattdessen habe er vorgehabt, ihn, den Prinzen Eugen von Württemberg, den jungen Neffen seiner Frau, zu adoptieren und zum künftigen Thronerben des Zarenreiches zu machen.

In den dramatischen Tagen Ende März des Jahres 1801, als Zar Paul wohl diese Idee entwickelte, kam gleichzeitig der Plan einiger Offiziere der Leibgarde zur Ausführung, den Herrscher aller Reußen – so hieß auf Russisch sein Titel – umzubringen und den ältesten Sohn Alexander auf den Thron zu setzen. Das geschah auch, nicht zum ersten Mal in der Geschichte des Zarenhauses der Romanows.

Der wahnsinnige Plan Pauls, den Ziehsohn seiner Frau, Eugen, zum Thronanwärter zu machen, kam so nicht zur Ausführung. Gute Freunde sorgten dafür, dass der junge Mann so schnell wie möglich Sankt Petersburg wieder verließ und in seine Heimat Schlesien nach Schloss Carlsruhe zurückkehrte.

„Wer weiß", schloss der Herzog seine Erzählung, „vielleicht wäre ich damals auch umgebracht worden, diesmal auf Weisung des neuen Zaren Alexander, der vielleicht glauben mochte, ich hätte von dem absurden Plan seines Vaters gewusst und wäre voll damit einverstanden gewesen. Aber nichts hätte mir damals ferner gelegen."

„Ich finde, Hoheit," kommentierte sein Sekretär von Hofmann diese erstaunliche Erzählung, „Sie müssten unbedingt diese Ihre Erinnerungen zu Papier bringen und veröffentlichen lassen. Heute, Jahrzehnte danach, kann kein Grund mehr zur Geheimhaltung bestehen. Und so plastisch und auch voller Humor, wie Sie es mir eben erzählt haben, wäre das ein interessanter Beitrag zur modernen Geschichtsschreibung!"

Ein kleiner Schlaukopf

Holtkamp, Sommer 1834

Jetzt, in den längsten Tagen des Jahres, war es draußen noch lange hell, und es hätte der besonderen Erlaubnis nicht bedurft, die Küche im Haus des Bauern Hermbecker in Holtkamp zu benutzen. Diese Erlaubnis hatte Bauer Heinrich seinem Bruder gerne gegeben, ging es doch darum, seinem Neffen Christoph etwas beizubringen, hier, wo es selbst am Abend Licht gab und einen Tisch, auf dem man ein Buch oder Papiere ausbreiten konnte. Im Kotten des Bruders war dafür einfach kein Platz.

Der kleine Christoph hatte sich in seinen ersten Jahren gut entwickelt. Er war gesund geblieben und hatte keine der vielen Krankheiten eingefangen, die sonst so gerne die Gesundheit oder sogar das Leben kleiner Kinder bedrohten, Zusammen mit einigen Jungen und Mädchen im gleichen Alter war er, kaum dass er gut laufen konnte, zwischen den nächsten benachbarten Höfen herumgestreunt und hatte die unendlich vielen Möglichkeiten ausprobiert, die sich kleinen Kindern dort zum Spielen anboten. Irgendeine der Bauersfrauen vom einen oder anderen Hof hatte immer ein scharfes Auge auf die Kinderschar geworfen. Normalerweise passierte bei diesen Ausflügen auch nichts. So waren ja schon Generationen von künftigern Bauern und Bauersfrauen durch ihre Kleinkinderzeit gekommen.

Doch seit Kurzem nahm Vater Caspar seinen Sohn am Abend zu einer besonderen Stunde mit in das Haus seines Bruders. Denn der kleine Christoph hatte sich schon früh als ein besonderer Schlaukopf entpuppt. Seit er vernünftig sprechen konnte, hatte er Eltern und alle sonstigen Leute auf dem Hermbecker'schen Hof mit Fragen gelöchert: „Warum kann man die Milch der Kühe trinken ?" oder „Warum ist der Himmel blau ?"

Je nach dem Wissen der Gefragten – und auch deren Lust, vernünftige Antworten zu geben – hatte man ihm geantwortet, und der kleine Kerl machte sich daraus in seinem Kopf irgendein Bild. Es blieb nicht aus, dass die Erwachsenen, die mit ihm zu tun hatten, ihn mit der Zeit „den kleinen Schlaukopf" nannten, denn das, was bei dem fünfjährigen Jungen aus dem in seinem Kopf gespeicherten Wissen herauskam, war zwar oft sehr drollig, aber manchmal auch von überraschender Erkenntnis. Einige Erwachsene in seiner Nähe bekamen geradezu Hochachtung vor dem Kind und sagten ihm noch eine große Zukunft voraus.

Dazu gehörte vor allem auch sein Vater, der trotz seiner Eigenschaft als Heuerling im Kreise der Holtkamper Bauern geradezu als „Gelehrter" galt, denn er konnte fließend Lesen und Schreiben. Er hatte das einst in der Isselhorster Schule vom Lehrer Bökemeier gelernt. Viele seiner Altersgenossen hatten zwar auch diese Schule besucht, aber mangels Interesse trotz mehrerer dort abgesessener Schuljahre nicht viel mehr als die Kunst mitgenommen, ihren Namen korrekt schreiben zu können. In einer Zeitung oder in einem Buch – wenn sie so etwas Ungewöhnliches je vor die Augen bekamen – hätten sie wohl auch noch einige Zeilen entziffern können.

Caspar Hermbecker hatte sich nicht weniger vorgenommen, als seinem so begabten Sohn bereits vor Eintritt in die Isselhorster Schule das Lesen und das Schreiben beizubringen. Daher hatte er sich von seinem Bruder die Erlaubnis erbeten, abends nach Feierabend in der Küche des Bauernhauses für eine Stunde mit seinem Sohn zu sitzen und zu üben.

Diese Küche war dazu auch gut geeignet, denn in der kälteren Jahreszeit verbreitete die Wärme ihres Herdes eine angenehme Temperatur. Die übrigen Bewohner des Hauses mussten dann allerdings für kurze Zeit darauf verzichten – und durch die dort aufgestellten Tranfunzeln [15] gab es auch genügend Licht, wenigstens in unmittelbarer Nähe dieser sehr einfachen Lampen.

Der kleine Christoph hatte nichts gegen die zeitweise Einschränkung seiner kindlichen Freiheit, im Gegenteil, er war stolz darauf, dass sein Papa ihm jetzt die Kunst des Lesens beibringen wollte. Und er lernte schnell. Auch sein Vater hatte ja schon diese Grundvoraussetzung für jede Wissenschaft in der Schule gut gelernt, aber sein Sohn schien ihn da noch in der Schnelligkeit zu übertreffen.

So gingen denn jetzt im Sommer Caspar und Christoph Hermbecker fast jeden Abend hinüber zum Hofgebäude des Bauern zum Lernen. Der Hof Hermbecker in Holtkamp war keineswegs der größte in dieser Bauerschaft, es gab viel prächtigere. Aber im Prinzip war er genau wie die anderen vor einiger Zeit neu errichtet worden.

Vorne kam man durch ein riesiges Tor ins Haus, es war hoch genug, dass ein voll mit Heu oder anderem Erntegut beladener Pferdewagen hindurchpasste. So konnte man das Heu gleich von oben auf den Speicherboden des Hauses befördern, der direkt unter dem Dach lag. Rechts und links neben der große Deele [16], gleich hinter dem Tor, standen links ein paar Kühe und rechts zwei Pferde in ihren Ställen, die nur von der Deele, also vom Inneren des Hauses, zugänglich waren.

Im hinteren Teil des Hauses kam man von der Deele in den Wohnbereich, das Fleet, auch Kammerfach genannt. In moderneren Häusern war zwischen Deele und Fleet eine Holzwand mit Tür eingezogen. Hier hatte das Bauern-Ehepaar auf der linken

---

[15] primitive Leuchter, betrieben mit Abfällen von Tierfett
[16] Diele, in Süddeutschland Tenne genannt

Seite eine abgeteilte Kammer mit ihrem Alkoven, dem großen Holzbett, in dem neben dem Ehepaar auch die kleineren Kinder

Der Hof Holtkamp Nr. 15 im Jahr 1966, vermutlich um 1750 errichtet, inzwischen längst abgerissen und durch ein modernes Wohnhaus ersetzt

schlafen mussten. Gegenüber, auf der anderen Hausseite, lag die Küche mit dem Herd. Dieser Herd war die einzige Wärmequelle für das gesamte Haus, wenn man nicht die Wärme mitrechnete, die die Kühe und Pferde ausstrahlten. Der Rauch von dem ständig beheizten Herd zog durch ein Loch am hinteren Hausgiebel ab, der Uhlenflucht [17].

Für größere Kinder und eventuelle Knechte und Mägde gab es noch ein paar Kammern über den Ställen, gewissermaßen im ersten Stock, die man nur mit einer Holzleiter erreichen konnte.

---

[17] wörtlich: Eulenloch

In einigen größeren Bauernhäusern stand dort, wo anderswo Pferde ihren Platz hatten, ein großer hölzerner Webstuhl. Damit verdienten dann die Frauensleute des Hofes nebenbei etwas Geld. Sie webten die Leinenfäden, die zuvor mühevoll aus den Stängeln des Flachses gewonnen worden waren, zu einfacher Leinwand. Diese Produkte wurden dann nach Bielefeld in die große Stadt gebracht, wo inzwischen mehrere Fabriken zum Färben und zur Weiterverarbeitung der Leinwand durch Schneider entstanden waren.

Manche Bauernhäuser waren größer als das Hermbecker'sche Haus, und wohl auch in der einen oder anderen Einzelheit moderner, aber im Prinzip genauso gebaut. Kein westfälischer Bauer konnte sich in einem solchen Haus verirren.

Der kleine Christoph jedenfalls war stolz auf das Anwesen seines Onkels, und wenn er dorthin kam, wurde er freundlich begrüßt von Onkel und Tante und der alten Magd Tina, die dort vor allem für die Küche zuständig war. Sie war auch die treueste Zuhörerin der Fortschritte und ließ sich von dem kleinen Jungen geduldig die neu gelernten Buchstaben – und die Worte, die man aus den schon gelernten niederschreiben konnte – zeigen.

Vater Caspar hatte neulich in Isselhorst im Dorfladen eine Schiefertafel für seinen Sohn gekauft, eine flache Platte aus schwarzem Schieferstein, schön von einem Holzrahmen umgeben, und mit zwei Schnuren dran, an denen ein Kreidegriffel und ein Schwämmchen hingen. Mit dem ersteren konnte man die schwarze Tafel beschreiben, und mit dem letzteren konnte man das Geschriebene wieder abwischen, wenn man das Schwämmchen nass machte. Christoph war stolz darauf, dass er schon wie ein großer Schuljunge so ausgestattet war, obwohl er doch noch gar nicht in die Schule ging.

In der Schule

Isselhorst, Sommer 1837

Seit mehr als einem Jahr wanderte der kleine Christoph mit seinen kleinen, strammen Beinchen morgens zur Schule in das Städtchen Isselhorst. Den Weg – etwa eine Drittel Meile [1] - kannte er ganz genau, schließlich war er ihn schon vorher fast jeden Sonntag an des Vaters Hand gegangen, zur Kirche.

Die alte kleine Kirche stand in der Mitte des Ortes an einem kleinen Platz, um den sich einige Bürgerhäuser drängten. Hier hatte auch ein Laden Platz gefunden –„Laden" stand stolz über dem Eingang, in dem die Bauern Rosinen, fertiges Mehl und zahllose andere Waren erwerben konnten, die neuerdings vor allem von den Frauen aus der Stadt und vom Lande gerne gekauft wurden – wenn das Geld dafür vorhanden war. Neben dem Laden gab es ein Gasthaus, das seine Existenz vor allem dem Umstand verdankte, dass die Männer von den Höfen ringsum regelmäßig nach dem Sonntagsgottesdienst dort einzukehren pflegten und ein oder zwei – manchmal auch ein bisschen mehr!– Gläschen Schnaps tranken. Der Gasthof war seit Jahrzehnten das Informationszentrum für Isselhorst und die umliegenden Bauerschaften, denn natürlich wurden dort eifrig alle Neuigkeiten von nah und fern herumerzählt und von allen Seiten betrachtet.

Auch ein studierter Arzt hatte sich vor einiger Zeit im Zentrum von Isselhorst niedergelassen. Allerdings ging seine Praxis nicht besonders gut, denn die Bauern weigerten sich aus alter Gewohnheit, einen „Studierten" zu holen, wenn bei ihnen auf dem Hof jemand krank wurde, sich das Bein brach oder man sonst Sorgen mit der Gesundheit hatte. Man behalf sich mit alterprobten Hausmitteln oder dem Ratschlag eines angeblich besonders erfahrenen Heilers unter den Bauern, dabei war die Zahl der Unfälle und auch der Krankheiten auf dem Land bedrohlich hoch. So musste der Arzt im Wesentlichen von den Patienten leben, die aus dem kleinen Städtchen seine Dienste in Anspruch nahmen.

Eine Apotheke gab es Isselhorst nicht, aber im Nachbarstädtchen Brackwede, auf dem halben Weg zur großen Stadt Bielefeld, eine knappe Meile entfernt, konnte man neuerdings die Salben, Mixturen und Pillen eines Apothekers kaufen.

In der Mitte von Isselhorst, in der Nähe der Kirche, stand auch das alte Schulhaus, das die Gemeinde auf Weisung der preußischen Regierung vor über 30 Jahren hatte erbauen müssen. Es bestand aus einem größeren Saal für die Klasse, und im ersten Stock hatte der Schulmeister seine Wohnung. Hier auf dem Lande bestanden die Schulen gewöhnlich nur aus einem Klassenraum, und es gab auch nur einen Lehrer dafür. In größeren Städten war das anders, da gab es so viele Schüler bereits für die Volksschule, dass die Zöglinge in mehrere Klassen nach dem Alter gegliedert werden mussten. Dafür mussten mehrere Klassenräume und auch Lehrer vorhanden sein.

Man denke nicht, dass der einzige Lehrer in solchen einklassigen Schulen wie in Isselhorst kein guter Pädagoge sein musste, im Gegenteil ! Hier hatte er vielleicht 20 bis 25 Kinder im Alter von 5 bis 14 Jahren gleichzeitig zu unterrichten, jeweils 3 bis 5 im gleichen Alter. Und alle sollten die Fortschritte machen, die die Regierung von ihnen – und dem Lehrer ! - für ihr jeweiliges Alter erwartete. Das setzte voraus, dass alle Kinder gleichzeitig sinnvoll beschäftigt waren, ohne die anderen zu stören oder sich zu langweilen. Der Lehrer musste eine gute Disziplin unter seinen Schülern halten. Dabei half ihm das Stöckchen, das oft mehrmals in der Stunde zur Anwendung auf den Hinterteilen unruhiger kleiner Jungen kam.

Mädchen waren ja nur wenige in der Schule, wenigstens hier auf dem Lande, wo man die allgemeine Schulpflicht, die in Preußen theoretisch herrschte, nicht so genau nahm, wenigstens was die Mädchen anging. Daher waren hier auf dem Lande die meisten Bäuerinnen und Mägde noch immer Analphabeten, aber wozu sollten sie sich auch mit so gelehrten Dingen wie dem Lesen von Büchern oder gar den höheren Rechenarten wie Malnehmen und Dividieren abgeben?

Wenn der Lehrer ein guter Pädagoge war – und den Lehrer Ruhenstroth, der heute in Isselhorst seinen Dienst tat, konnte man trotz seines Alters wahrlich dazu zählen –, dann schaffte er es meist ohne Anwendung des Rohrstöckchens in seiner Klasse Ruhe und gespannte Aufmerksamkeit für alle Altersstufen zu erzeugen. Da waren die „I-Männchen", die jüngsten Schüler, mit Konzentration dabei, auf ihren Schiefertafeln mehrere Reihen des großen „H" zu malen, das sie gerade vorher gelernt hatten, und ein paar Schüler aus der Altersstufe über ihnen beaufsichtigten das und korrigierten das Geschreibsel der Kleinen, wenn es nötig war. Und die Älteren schrieben gleichzeitig einen Aufsatz oder lernten ein kleines Gedicht aus dem ABC-Buch auswendig.

Christoph Hermbecker aus Holtkamp war nun dem Namen nach in der 2. Klasse, aber dem Lehrer Ruhenstroth war klar, dass das nur eine sehr oberflächliche Einordnung des „kleinen Schlaukopfes" war. In vielem war er nämlich dem Wissen seiner Kameraden weit voraus, die ein oder zwei Jahre älter waren als er, und er war ein verlässlicher Helfer des Lehrers, wenn es darum ging, den jüngsten Schülern beim Zaubern der Buchstaben auf die Schiefertafel und beim Wiederlesen des Gekritzelten zu helfen.

Auch der Pfarrer Lohmeyer war auf den begabten Jungen aufmerksam geworden. Das Ravensberger Land war einst zu Zeiten der Reformation Martin Luthers evangelisch geworden, bis auf die Bediensteten einiger später als die Bauern ansässig gewordener Adliger gab es hier keine Katholiken.

Der Pfarrer gab ja Religionsunterricht in der Isselhorster Schule und lernte dadurch alle Schulkinder schon sehr früh kennen. Immer wieder bemühte er sich, gerade dem so aufgeweckten und an Vielem interessierten Christoph auf seine Fragen zu antworten und ihm zahlreiche Dinge, selbst aus dem Alltagsleben, verständlich zu erklären. In einem seiner Gespräche mit dem Lehrer Ruhenstroth kam der Pfarrer Lohmeyer auf einen absonderlichen Vergleich: „Mir kommt der Hermbecker-Chris hier in Ihrer Klasse so vor, als ob sich ein Schwanenjunges auf einen Ententeich verirrt hat. Wenn Schwäne noch klein sind, sehen sie fast hässlicher aus wie eine junge Ente. Aber warten Sie ab, bis er etwas größer geworden ist!"

Eine Oper, komponiert von Herzog Eugen

Carlsruhe, Sommer 1840

Es war Sommer und die Flügeltüren des Salons im Schloss Carlsruhe standen weit offen, um die laue Luft einzulassen. Herzog Eugen saß zusammen mit seiner Frau Helene und las in einem Buch.

Es war ungewöhnlich, dass um diese Zeit eine Pferdekutsche vorfuhr. Doch Herzog Eugen hatte den Besuch schon erwartet. Mit Erleichterung empfing er die Meldung des Kammerdieners: „Hoheit, da ist ein Herr aus Breslau, der Ihren Hoheiten seine Aufwartung machen möchte. Er sagt, er sei vom Theater!"

Mit einer tiefen Verbeugung betrat ein gut gekleideter Herr den Salon. „Ich bitte um Vergebung, dass ich Hoheiten an einem so schönen Abend störe, aber ich darf mich auf eine Einladung Seiner Hoheit berufen. Mein Name ist Adalbert Brettschneider, und ich bin der Intendant des künftigen Stadttheaters in Breslau, das zur Zeit im Bau befindlich ist, wie Eure Hoheit sicherlich wissen. Mir ist zu Ohren gekommen, ein prominenter Bewohner dieses schönen Schlosses in Carlsruhe habe vor langer Zeit eine Oper komponiert und würde sich freuen, wenn die Eröffnung des neuen Theaters im nächsten Jahr mit der Uraufführung dieser Oper einen ganz besonderen, würdigen Rang erhalten würde."

„Nehmen Sie doch Platz, werter Herr Brettschneider" lud der Herzog seinen Besucher ein und bedeutete dem Kammerdiener, dem Gast ein Glas Rotwein einzuschenken. „Wie weit ist denn der Bau des Theaters in Breslau schon fortgeschritten?"

„Darüber kann ich leider keine genaue Auskunft geben, das müsste der Architekt Borowski aus Kattowitz tun," antwortete der Besucher höflich. „ich bin dagegen für die Inhalte dessen zuständig, was dort künftig auf den Brettern, die die Welt bedeuten, den guten Schlesiern an kulturellen Ergötzungen geboten werden kann. Und wenn es auch noch mehr als ein Jahr dauern wird, bis das so weit ist, ist es dennoch dringend, nach geeignetem Stoff dafür zu suchen."

Rasch entwickelte sich ein lebhaftes Gespräch, in das der Herzog auch seine Gemahlin mit einbezog, die mit einem Stickrahmen dabeisaß, fleißig an einem Bild für einen Kissenbezug arbeitend. Sie war Eugens zweite Frau; seine erste, Mathilde, war 1825 gestorben, und sie hatte dabei ihr drittes Kind mit in den Tod genommen. Aber auch Helene hatte inzwischen zwei Kinder geboren.

„Sie spielen, werter Herr Brettschneider, auf eine Zeit in meinem Leben an, die für mich lange vorbei ist, an die ich mich aber gerne erinnere. Du, liebe Helene, hast sie wohl gar nicht mehr miterlebt, denn als wir heirateten, war sie schon weitgehend vorüber, zugedeckt vom Lärm der Schlachten und der Kanonen., aber auch vom friedlichen Familienleben."

Der ehemalige General geriet ins Plaudern, was er gerne einmal tat, wenn er den rechten Gesprächspartner und das richtige Gesprächsthema hatte. „Ach ja, die Musik war in meinen jungen Jahren geradezu meine Leidenschaft. In meiner Jugend herrschte hier in Carlsruhe ein lebhafter Musik- und Theaterbetrieb, den vor allem mein Vater, Herzog Eugen Friedrich [18] sehr gefördert hat. Von ihm habe ich wohl meine Musikbegeisterung geerbt. Er unterhielt hier ein kleines Orchester, und viele Besucher kamen von weither zu den Aufführungen. Mit zehn Jahren sang ich schon vom Blatt und spielte Violincello in diesem Orchester. Der später so bekannte Komponist Carl Maria von Weber war für

---

[18] er lebte von 1758 – 1822 und war zuletzt General in preußischen Diensten

kurze Zeit Leiter dieses Orchesters, in den Jahren 1806 und 1807 muss das gewesen sein."

Eugen erzählte, wie er damals zusammen mit dem nur wenige Jahre älteren Musiker erste Kompositionsversuche gemacht habe. Damals habe er mehrere Sinfonien und Ouvertüren zustande gebracht und die Partituren dafür selbst auf die Notenblätter geschrieben. „Wenn Sie sie sehen wollen, werter Herr Brettschneider, kann ich sie Ihnen gerne zeigen." Auch alle möglichen Lieder habe er vertont. Es gebe hier im Schloss einen ganzen Schrank voll mit seinem damaligen musikalischen Schaffen.

Der Besucher machte mehrfach den Versuch, selbst zu Wort zu kommen, doch gelang ihm das nicht, weil der adlige Herr inzwischen so von seinen eigenen Erinnerungen gefangen genommen war, dass man ihn kaum bremsen konnte. Doch Herr Brettschneider wusste ja, dass der Schlossherr selbst ein ganz besonderes Anliegen an ihn hatte; davon würde er früher oder später gewiss noch reden.

Richtig, da kam es schon: „Wissen Sie, Herr Brettschneider, ich habe damals in meiner Jugend eine große Oper komponiert. ‚Die Geisterbraut' hieß sie, aber sie ist noch nie aufgeführt worden. Ich frage mich, ob nicht die Eröffnung des Theaters in unserer Provinzhauptstadt Breslau der geeignete Zeitpunkt ist, sie einmal dem großen Publikum vorzuführen. Ich kann Ihnen gleich die Partitur und alle Unterlagen dafür mitgeben. Sie liegen wie alle meine übrigen Kompositionen auf Papier in meinem Musikschrank."

Eifrig lotste der Schlossherr seinen Gast in das nebenan liegende Musikzimmer und schloss einen großen Schrank auf. Die unzähligen darin liegenden Notenpapiere rochen schon etwas muffig, denn seit fast 30 Jahren war die Schranktür nur noch ganz selten geöffnet worden. Eugen suchte etwas in den Papierstapeln, bis er eine umfangreiche Mappe hervorzog. „Hier, ich übergebe

Ihnen mein Jugendwerk zu treuen Händen. Hierin finden Sie alles, was ich damals komponiert und gedichtet habe. Ich würde mich freuen, wenn Sie es schafften, diese Oper einmal aufzuführen.. Allerdings warne ich Sie, sie erfordert zahlreiche Sänger und stumme Darsteller, und die Bühnenbilder und die Kostüme der Schauspieler werden nicht billig sein."

„Das ist es ja, Hoheit, was mir Sorgen macht, " erwiderte der Theaterintendant. „der Etat für unser Theater und seine Aufführung ist nach preußischer Art nicht besonders üppig ausgefallen. Wären Eure Hoheit bereit, eventuell bei einem finanziellen Verlust unseres Theaters eine Bürgschaft für die Ausfälle zu übernehmen?"

.Nach einigem Hin und Her erklärte sich der Herzog zu einer solchen Bürgschaft bereit, und der Theaterintendant konnte sich verabschieden: „Es wird uns eine außerordentlich große Ehre sein, Euer Hoheit, diesem wunderbaren Werk gewissermaßen in der Heimat seines Entstehens zur Uraufführung zu verhelfen. Es ist ja glücklicherweise noch mehr als ein Jahr Zeit bis dahin. Wir werden uns alle Mühe geben, diesem bisher ungehobenen Schatz in gebührender Weise ans Licht zu verhelfen!"

Als im Februar des Jahres 1842 der Bau des Stadttheaters in Breslau vollendet war und dieser neue Kulturtempel der preußischen Provinz Schlesien eröffnet werden konnte, wurde neben anderen Aufführungen auch die Große Oper „Die Geisterbraut", „komponiert von H.v.W." dem an Kultur interessierten Publikum aus ganz Schlesien geboten. 27 Aufführungen gab es davon insgesamt, und sie erbrachten entgegen den früheren besorgten Erwartungen einen beträchtlichen Überschuss an Eintrittsgeldern. Natürlich wusste jeder, dass der hier so bescheiden anonym bleibende Komponist in Wirklichkeit Seine Hoheit Herzog Eugen von Württemberg auf Schloss Carlsruhe in Schlesien war.

Gelernt, was möglich war

Holtkamp, Ende Februar 1847

Christoph Hermbecker saß auf der kleinen Holzbank vor dem Eingang des Hofgebäudes seines Onkels und ließ sich die ersten kräftigen Sonnenstrahlen in diesem Jahr auf die Haut scheinen. Ihm schien es richtig, jetzt einmal eine halbe Stunde zu entspannen und noch einmal sein bisheriges Leben hier auf dem Lande an sich vorüber ziehen zu lassen. Schließlich stand er kurz davor, die vertraute Heimat zu verlassen und in einen ganz neuen, ihm noch fremden Lebensabschnitt hineinzugehen.

Aus dem kleinen Jungen war ein hübscher, ansehnlicher Jüngling von 17 Jahren mit blonden Haaren geworden, dem manches junge Mädchen von den Holtfelder Höfen oder im Kleinstädtchen Isselhorst hinterher sah. Doch zu einer Liebelei hatte er nie die Zeit gehabt – oder er hatte geglaubt, sie sich nicht leisten zu dürfen. Vielleicht war auch sein Wesen zu ernsthaft, um eine leichtfertige Liebelei mit einem Mädchen einzugehen. Für ihn, den stets ernsten und ausschließlich auf das Lernen bedachten jungen Mann, war Liebe zu einem weiblichen Wesen etwas, was unbedingt in einer Ehe zu enden hatte und damit die fernere Lebenszeit bestimmte. Aber daran war ja nun in seinem Alter und in seiner wirtschaftlichen Lage wirklich nicht zu denken.

Lernen, lernen – das war eigentlich der einzige Inhalt seines bisherigen Lebens gewesen. Aber er hatte das gerne getan, ihn dürstete nach dem Wissen, das Generationen kluger Menschen vor ihm erzeugt oder weiter überliefert hatten.

Bis zu seinem 14. Lebensjahr hatte er in Isselhorst die Schule besucht, betreut vom Lehrer Ruhenstroth, der ihn ins Herz geschlossen hatte und der ihm alles an Wissen mitgegeben hatte, über das er selbst verfügte. „Mehr kannst du bei mir leider nicht lernen, Junge," hatte der Lehrer damals zum Abschied gesagt, und ihm ein ausgezeichnetes Zeugnis ausgestellt.

Eigentlich wäre es für den so guten Schüler angebracht gewesen, in den nächsten Jahren das Gymnasium in Bielefeld zu besuchen, um das Abitur zu machen, das nach den neuen Vorschriften im Königreich Preußen die Voraussetzung dafür war, später ein Studium an einer Universität zu beginnen. Doch all das kostete Geld, viel Geld, das sein Vater, der Heuerling Caspar Hermbecker aus Holtfeld, natürlich niemals aufbringen konnte.

Stattdessen hatte sich jedoch der Isselhorster Pastor Lohmeyer der weiteren Erziehung des strebsamen Jungen angenommen. Nach der Konfirmation, die zeitlich in etwa mit dem Ende der Isselhorster Schulzeit zusammenfiel, hatte der Geistliche dem Jungen in einem langen vertraulichen Gespräch Mut gemacht. Er würde versuchen, in der Stadt Herford ein Stipendium für ihn zu bekommen.

Dorthin, nach Herford, hatte Pastor Lohmeyer von seiner eigenen Jugend her gute Verbindungen, bessere jedenfalls als in die Stadt Bielefeld; die an sich näher zu Isselhorst lag. Er würde sofort nach Herford zu seinen Bekannten schreiben, denn er wusste, dass sie etwas mit der Vergabe von Stipendien zu tun hatten, die von wohlhabenden Bürgern dieser Stadt für vermögenslose, aber strebsame junge Männer vom Lande ausgesetzt waren, um ihnen für einige Jahre den Besuch des dortigen Gymnasiums zu ermöglichen.

Leider musste der Pfarrer seinem Schützling nach einigen Wochen mitteilen, dass die in Herford vorhandenen Stipendien für die nächsten drei Jahre vergeben seien. Dann aber würde der Name des jungen Mannes für ein wieder frei werdendes Stipendium vorgemerkt werden.

„Das macht nichts, Christoph," tröstete Pastor Lohmeyer den Jungen nach dem Erhalt dieses Briefes. „In den drei Jahren, die du warten musst, werden wir etwas sehr Vernünftiges und für dich Nützliches tun. Ich werde dir Latein und Griechisch beibringen, damit du in Herford, wenn du einst dahin gehen wirst, in diesen Fächern so weit bist, wie die anderen auch. Und ich werde mit meinem Freund Pfarrer Nordmeyer in Bockhorst sprechen, ob der dir nicht etwas von der deutschen Literatur beibringen kann, damit du auch da nicht zurückstehen musst."

So kam es, dass in den folgenden drei Jahren der junge Mann dreimal in der Woche von Holtkamp nach Isselhorst wanderte, um in die Anfänge der für ein Gymnasium unerlässlichen Fremdsprachen Latein und Griechisch eingeführt zu werden, Und zweimal machte Christoph Hermbecker den Weg von Holtkamp nach Bockhorst, mehr als eine halbe Meile [19]. Auch der dortige Pfarrer war gerne bereit, dem viel versprechenden jungen Mann zu helfen und ihn mit der deutschen Literatur vertraut zu machen. Die Werke der berühmten Dichter aus Weimar, der Herren von Goethe und Schiller, waren ja in aller Munde, wenigstens bei der gebildeten Welt. Auch mit ihnen wurde Christoph bald vertraut.

Nun, im Frühjahr dieses Jahres des Herrn 1847, war die Wartezeit für den jungen Heuerlingssohn vorüber. Aus Herford hatte Pfarrer Lohmeyer die ermunternde Nachricht erhalten, dass ab dem neuen Schuljahr, also ab Ostern, ein Stipendium für Christoph Hermbecker zur Verfügung stehe und er rechtzeitig in der Stadt eintreffen solle. Für Unterkunft biete sich eine Familie Hackmann an. Deren Oberhaupt Ludwig Hackmann war ein wohlhabender Bäckermeister und Gastwirt in der alten Hansestadt Herford, und der habe sich bereit erklärt, den angehenden Gymnasiasten ein Bett in seinem Haus und Freitisch zu gewähren.

---

[19] ca. 5 Kilometer

Nun war es an dem jungen Christoph, Abschied zu nehmen von seiner Heimat. Hier, rund um seinen heimatlichen Hof in Holtkamp, kannte er im Umkreis von einer Meile gewissermaßen jeden Baum, darüber hinaus allerdings so gut wie nichts. Wann kam je ein Bauer oder gar ein Schüler aus seinem heimatlichen Dorf heraus?

In den letzten Jahren hatte er in einer Knechtskammer im Hof des Onkels geschlafen, denn im Kotten seines Vaters drängelten sich inzwischen nicht weniger als zwei Schwestern und fünf Brüder. Sie waren alle nach Christoph zur Welt gekommen und sollten in dem kleinen Häuschen Platz finden. Sein Onkel war so großzügig gewesen, Christoph dieses Privileg anzubieten, in seinen Hof zu ziehen, damit er für seine Studien als Privatschüler des Pfarrers wenigstens etwas Ruhe finden könne.

Christoph hatte schon den größten Teil seiner wenigen Habseligkeiten in einen Sack verpackt, etwas Leibwäsche und ein paar Bücher. Außerdem hatte er eine Tonkruke mit Steinhäger als Gastgeschenk für seine künftigen Gasteltern, die Familie Hackmann in Herford, eingepackt. Dieser besondere und weit berühmte Schnaps aus Wacholderbeeren wurde nach alter Tradition in mehreren Hausbrennereien in Steinhagen gebrannt, dem nur eine Drittel Meile nördlich von Holtkamp liegenden Kleinstädtchen. Christoph hielt es für eine gute Idee, seiner künftigen Quasi-Familie etwas aus der Heimat mitzubringen,

Morgen, am Sonntag., würde er sich von seinen Eltern und Geschwistern verabschieden und zum letzten Mal den Gottesdienst in Isselhorst besuchen und seinem so gütigen Mentor, der Pastor Lohmeyer, für dessen aufopfernde Fürsorge danken. Am Montag würde er dann den Marsch über mehr als zwei Meilen in sein neues Zuhause antreten. Ein wenig bange war ihm schon zumute.

Im Herforder Gymnasium

Herford, 1847 -1852

Als der junge Schüler Christoph nach einem anstrengenden Tagesmarsch in der Stadt Herford eintraf, war er rechtschaffen müde. Kurze Wege war er von seiner Heimat her zwar gewöhnt, er hatte sie ja jeden Tag zurückgelegt. Aber eine so lange Strecke hintereinander war er wohl in seinem ganzen Leben noch nicht gelaufen. Von den wenigen reichen Bürgern in Isselhorst hätten wohl manche für eine solche Reise eine Pferdekutsche benutzt, aber so etwas kam natürlich für den Sohn eines Heuerlings niemals in Frage.

Unterwegs hatte er sich auf den Landstraßen immer wieder erkundigen müssen, wohin er an der nächsten Abzweigung seine Schritte würde lenken müssen. Er fand aber stets Wanderer, die wie er selbst die Straßen zu Fuß benutzten und ihm Auskunft geben konnten. Von der Jöllenbecker Straße her betrat er durch ein altes Stadttor die Innenstadt.

Christoph war beeindruckt. Das war etwas anderes als das, was er bisher erlebt hatte. Gegen diese alte und offenbar reiche Stadt war sein heimatliches Isselhorst nur ein unscheinbares Dorf. Den wirklichen Unterschied zu seiner Heimat bemerkte er, als er am Stadttor einen Fußgänger nach dem Haus der Familie Hackmann fragte. Der kannte diesen Namen nicht - etwas, was in Isselhorst unmöglich gewesen wäre. Aber schließlich fand er doch das Haus seiner künftigen Gasteltern, wurde freundlich begrüßt, durfte aufatmend den Sack mit seinen Habseligkeiten von der Schulter und in der Küche Platz auf einem Stuhl nehmen.

Das alte Haus der Hackmanns, vor einem Jahrhundert von einem wohlhabenden Bürger gebaut und inzwischen schon seit

Jahrzehnten im Besitz der Familie Hackmann, stand am Alten Markt gegenüber dem Herforder Rathaus; man hätte kaum eine repräsentativere Stelle in der alten Stadt dafür finden können. Das Haus sah auch entsprechend würdig aus.

In den nächsten Wochen wurde der junge Mann natürlich doch in der großen Stadt heimisch. Er kannte nun schon die meisten der beeindruckenden Häuser in aufwendig verzierter Fachwerkbauweise oder aus Steinen errichtet, die meisten im Stil der Renaissance. Er hatte auch inzwischen gelernt, dass diese alte Stadt Herford auf die Gründung eines Frauenklosters zu Karls des Großen Zeit zurückging, dass sie einst zu den berühmten Hansestädten gehört und zeitweise fast den Rang einer freien Reichsstadt erreicht hatte. Inzwischen war Herford eine von vielen Kreisstädten in der preußischen Provinz Westfalen geworden, genoss aber immer noch einen besonders guten Ruf.

Im altehrwürdigen Friedrichs-Gymnasium hatte er sich bei dessen Direktor Dr. Schöne als künftiger Schüler angemeldet, empfohlen durch ein ausführliches Zeugnis seines alten Schullehrers und seines Pfarrherren in Isselhorst. Das nicht unbeachtliche Schulgeld wurde ja für ihn durch den Stipendienfonds aufgebracht, den reiche Herforder Bürger einst gestiftet hatten.

Nach seinen Kenntnissen wurde Christoph für die Obertertia [20] eingestuft, obwohl er ja mit seinen 17 Jahren mindestens drei Jahre älter war als die meisten seiner Klassengenossen. Auf Empfehlung seines alten Pfarrers benutzte er ab jetzt nur den Familiennamen Becker, den ja auch bis vor kurzem seine Vorfahren getragen hatten. Die Bezeichnung „Hermbecker" war ja nur eine mundartliche Unterscheidung von einer an sich eng verwandten Familie gewesen, amtlich hieße er einwandfrei „Becker", hatte Pastor Lohmeyer erklärt.

---

[20] Entspricht heute der 8. Klasse

Zur Osterkirmes, der größten weltlichen Veranstaltung in der Stadt Herford während des ganzen Jahres, lotste ihn der älteste Sohn der Familie Hackmann, der damals 10-jährige Julius, durch die Stände und Attraktionen der weithin berühmten Kirmes. So bekam Christoph gleich einen Eindruck von seiner neuen Heimat, die für ihn wie eine riesige Großstadt wirkte, obwohl sie nur etwa 8000 Einwohner zählte.

Dass er gerade den Beginn eines neuen Zeitalters miterlebte, wurde dem jungen Mann deutlich, als er im Oktober seines ersten Jahres in Herford zusammen mit wohl den meisten Bürgern der Stadt am neu erbauten Bahnhof an den in die Ferne führenden Stahlgleisen stand und die Einweihung der Eisenbahnstrecke miterlebte, die durch Herford führte.

Jetzt, im Oktober 1847, war endlich die schon lange geplante Eisenbahnverbindung zwischen Köln und Minden fertig geworden. Für ihn wie für die meisten braven Bürger von Herford war es noch schwer vorstellbar, dass man von nun an in einen der Wagen einsteigen und sich von einem „schnaubenden Dampfross", einer Rauch ausstoßenden Lokomotive, in wenigen Stunden bis nach Köln fahren lassen konnte. In die andere Richtung konnte man in Minden in einen Zug der Königlich hannoverschen Staatseisenbahn umsteigen und sich bequem bis nach Hannover bringen lassen.

In diesen Jahren begann die Idee des genialen Visionärs Friedrich List Gestalt anzunehmen, der schon 15 Jahre früher von einem ganz Deutschland durchziehenden Netz von Eisenbahngleisen geträumt hatte, Und die Preise für eine Fahrkarte, etwa nach Köln, waren ungleich billiger als in einer der üblichen Postkutschen, in denen man für die Strecke Tage gebraucht hätte, gegenüber Stunden mit der Eisenbahn.

Nur ein halbes Jahr später, im März 1848, wehte ein ganz anderer neuer Wind durch Deutschland, der Veränderungen bringen wollte: der Beginn einer Revolution. Was aber die preußische Hauptstadt Berlin und die eine oder andere Residenz eines anderen Königreichs oder Herzogtums im Deutschen Bund [21] für ein paar Wochen erschütterte, erreichte den allergrößten Teil der Menschen überhaupt nicht. Sie erfuhren kaum etwas davon. Woher auch?

Die wenigen Revolutionäre, die Forderungen nach liberalerer Regierung, nach der Einführung von Menschenrechten und nach nationaler Einigung der Deutschen erhoben, waren viel zu kleine Kreise, fast ausschließlich aus dem gehobenen gebildeten Bürgertum, das aber noch nur eine Minderheit in Deutschland bildete. Die wenigen Zeitungen, die es in Deutschhand gab, berichteten nur sehr zaghaft von den wenigen revolutionären Ereignissen in Berlin, in Wien, in Baden und in Sachsen, und gelesen wurden sie nur von einer winzigen Minderheit reicher Bürger in einigen großen Städten. Der Rest der Menschen, vor allem in den kleinen Städten und auf dem Lande, erfuhr überhaupt nichts davon. Einen wirklichen Widerhall in der Bevölkerung Deutschlands fanden die revolutionären Stimmen jedenfalls nicht. Mit dem Ende der damals frisch gewählten Frankfurter Nationalversammlung im Sommer 1849 war auch der letzte Rest einer revolutionären Stimmung in Deutschland vorüber. Das galt auch für das Städtchen Herford im östlichen Westfalen.

Im Gymnasium machte der junge Christoph Becker in den folgenden Jahren die Fortschritte, die die braven Herforder Bürger erwartet hatten, als sie einst für die Stipendien für strebsame junge Leute Geld gespendet hatten. In einigen Fächern, vor allem den naturwissenschaftlichen und der Mathematik, musste er viel

---

[21] Der völkerrechtliche Zusammenschluss der Monarchien und Freien Städte in Deutschland, einschließlich des Kaiserreichs Österreich (zwischen 1815 und 1866)

Stoff nachholen, denn hier waren seine geistlichen Wissensvermittler in Isselhorst und Bockhorst nicht kompetent gewesen. In Latein und Griechisch hingegen war er seinen jetzigen Mitschülern in Herford durchaus etwas voraus.

Nach zwei Jahren war Christoph so weit, dass er dem Sohn seiner Gastgeber, dem jungen Julius Hackmann, bei dessen Weg durch die ersten Klassen des Herforder Gymnasiums helfen konnte. Das tat er später auch für dessen jüngere Schwester Auguste, als sie in das Herforder Mädchen-Lyzeum eintrat, die neue und vielfach bewunderte Anstalt für die Erziehung junger Mädchen aus gutem Haus. Denn das Gymnasium war nun einmal ausschließlich dem männlichen Geschlecht vorbehalten.

Genau diese Hilfe für Kinder der Gastfamilien war auch die Erwartung der einstigen Stifter der Schüler-Stipendien gewesen. Man dachte durchaus realistisch, auch bei der Gewährung finanzieller Hilfen für Kinder aus solchen Gesellschaftsklassen, die die Kosten für eine höhere Bildung nicht so ohne weiteres aufbringen konnten.

Vor dem Osterfest des Jahres 1852 stand für den Oberprimaner [22] Christoph Becker aus Isselhorst das Abitur an. Er bestand es mit guter Note. Ein Herzenswunsch von ihm und seinem geistlichen Freund in Isselhorst war damit erfüllt.

Nun wartete der nächste und vielleicht schwierigste Abschnitt der Ausbildung des jungen Christoph Becker: das Studium. Aber würde er nicht auch das schaffen, wo er bisher alle Hürden so gut gemeistert hatte?

---

[22] entspricht heute der 13, (oder 12.) Klasse an höheren Schulen

Studentenleben

Halle /Saale, 1852 – 1856

Christoph Becker war nun 23 Jahre alt und das Studium an einer Universität stand ihm offen – wenigstens theoretisch. Für ihn kam nur das Studium der Theologie an der evangelischen Fakultät einer Universität in Preußen in Frage, um sich für den Beruf eines Pastors ausbilden zu lassen. Das war er seinem großzügigen Förderer in Isselhorst schuldig, und wohl auch seiner eigenen, zutiefst vom evangelischen Christentum geprägten Neigung.

Für derartige Studenten aus der preußischen Provinz Westfalen war praktisch allein die Universität Halle-Wittenberg zuständig. Die Universität in Münster war zu katholisch geprägt, wie ja auch der größte Teil der Provinz außer dem östlichen Zipfel um Minden und der alten Grafschaft Ravensberg. Nur dort gab es evangelische Christen, hier allerdings fast ausschließlich, wie es sich nach dem Übertritt der jeweiligen Landesherrn zur Reformation Martin Luthers im 16. Jahrhundert ergeben hatte, nach der damals geltenden Regel „Cuius regio, eius religio" [23].

Aber der Einschreibung an dieser Universität stand die völlige Mittellosigkeit des jungen Mannes entgegen. Die Professoren an den Universitäten hatten das Recht, von ihren Studenten Studiengebühren zu erhalten, und auch die Universität selbst forderte einen gewissen Beitrag ihrer Studenten. Doch bereits vor seinem Abitur hatte Christoph Becker seinem Förderer, dem Pfarrer

---

[23] „Wessen Regierung, dessen Religion" : die vom 16. bis zum frühen 18. Jahrhundert in Deutschland geltende Regelung, wonach sich die Konfession der Untertanen nach der Entscheidung der jeweiligen – in Deutschland damals sehr zahlreichen - Landesherren zu richten hatte.

Lohmeyer in Isselhorst, in einem seiner Berichte über seine Fortschritte am Herforder Gymnasium von dieser Schwierigkeit geschrieben, und prompt hatte der sich tatkräftig daran gemacht, auch hier seinem Schützling zu helfen.

In einem persönlichen Schreiben an Seine Majestät, den König Friedrich Wilhelm IV. von Preußen, einem so genannten „Immediat-Gesuch", hatte der Pfarrer die Situation des viel versprechenden jungen Mannes geschildert und um eine Hilfe des Königs gebeten. Sie wurde ihm auch gewährt. Offenbar gab es am preußischen Königshof bereits längst eine Stelle, die mit öffentlichen Geldern – formal wurden sie als private Leistung des Königs bezeichnet – , viel versprechenden, aber mittellosen jungen Männern beim Antritt ihres Studiums unterstützte. Auch später, an der Universität, verzichteten bei geeigneten Studenten viele Professoren auf die Hälfte ihres Honorars und gewährten für die andere Hälfte einen mehrjährigen Aufschub [24].

Es war nicht so, dass sich Christoph Becker in seiner Studentenzeit keine Sorgen um die Existenz machen musste, aber mit Hilfe von Freunden und der von verschiedenen Behörden des Königreichs Preußen musste er nie wirklichen Mangel leiden.

So konnte er mit einigermaßen leichtem Herzen nach Halle wandern, jener Stadt an der Saale, in der einst die Erzbischöfe von Magdeburg residiert hatten und in der die Bürger schon früh zur Konfession Martin Luthers übergetreten waren [25]. Er konnte

---

[24] Die Regelung erinnert bereits damals an das heutige „Bafög". In den Unterlagen Christoph Beckers fand sich der Vordruck der Universität Halle-Wittenberg, auf dem sich der Student mit seiner Unterschrift verpflichtete, insgesamt 56 Taler Studiengebühren zurückzuzahlen, die an die einzelnen Professoren gezahlt werden mussten, „binnen sechs Jahren oder auch früher, sobald ich vor dieser Zeit Vermögen erwerbe oder eine mit Besoldung verbundene Anstellung erhalte".
[25] Um 1550

sich stolz als „Student der evangelischen Theologie" an der Universität immatrikulieren lassen.

Wie es sich in dieser Zeit eigentlich für jeden Studenten gehörte, trat er in eine Studentenverbindung ein. Er hatte sie unter den studentischen Vereinigungen mit auch damals oft sehr verschiedener Ausrichtung gut gewählt. Es war die Studentenschaft „Zum Pflug", die sich als „christliche Burschenschaft" bezeichnete. Man trug, wie üblich, in dieser Verbindung Mütze und Band und unterschied sich in den meisten Details nicht sehr von den anderen Verbindungen, aber man war ausgesprochen christlich im evangelischen Sinne und hielt sich von den radikalen Ansichten mancher Burschenschaften fern, die damals das ausgesprochene Misstrauen der preußischen Polizei erregten.

Ein ganz großer Vorteil dieser Verbindung für den jungen Christoph aus Westfalen war, dass sie ein „Haus" in Halle besaß. Das bot weit mehr als einen Versammlungsraum für die Festivitäten der jungen Studenten. Dort wurden die wöchentlichen „Kneipen" und die gelegentlichen „Kommerse" abgehalten, bei denen viel Bier getrunken und gesungen wurde, und die die Kameradschaft der Studenten untereinander stark förderten. Doch in diesem Gebäude gab es auch etliche „Buden", kleine Zimmer, in denen Angehörige dieser Studentenverbindung für ganz wenig Geld wohnen konnten. Christoph Becker erhielt das Privileg, eine dieser „Buden" beziehen zu dürfen.

Wie üblich, durchlief der junge Student die „Fuchsenzeit" [26], bevor er „Korporierter" [27] werden konnte. Doch zum Schluss seiner Zeit in Halle war er sogar „Chargierter" [28]. Gelegentlich, aber recht selten, stand er auch in einer so genannten „Bestimmungsmensur" mit einem scharfen Degen, aber an Körper und

---

[26] Anwärter
[27] Ordentliches Mitglied
[28] Vorstandsmitglied

Kopf ziemlich vermummt, einem Gegner gegenüber und lieferte sich mit ihm einen Schlagabtausch. Das sollte angeblich Charakter und Mut fördern und war unter Studenten in Deutschland damals allgemein üblich, bei den einen mehr, bei den anderen weniger.

Wie üblich, erhielt auch Christoph in seiner Verbindung einen Spitznamen, Er hieß „Sergeant". Von ihm ist ein Scherenschnitt erhalten, auch „Silhouette" genannt, eine Art Vorläufer der Photographie, die damals zwar schon erfunden, aber noch weitgehend ungebräuchlich war.

Christoph Becker als Student („Sergeant")

Der Hauptzweck seines Aufenthaltes in Halle war natürlich das Studium, und das kam auch nicht zu kurz. Unter den Theologieprofessoren bewunderte er vor allem den bekannten Professor Friedrich August Tholuck, der damals der wohl wichtigste Mann an seiner Fakultät war. Er vertrat eine ausgesprochen piëtistische

Richtung [29]. Entsprechend seiner theologischen Ausrichtung pflegte er enge Beziehungen zu seinen Studenten. So gehörte bald auch Christoph Becker zu seiner Freundesschar – ein Umstand, der später für ihn sehr wichtig werden sollte.

Doch neben den theologischen Vorlesungen interessierte sich der junge Mann auch für Fächer aus der philologischen Fakultät, Soweit es irgendwie seine Zeit erlaubte, hörte er Vorlesungen, wie sie für künftige Lehrer an Gymnasien angeboten wurden. Er konnte nicht ahnen, wie sehr ihm sehr bald dieses Interesse und die besuchten (und bescheinigten) Vorlesungen für seinen weiteren Lebensweg nützlich sein würden.

Während seiner Zeit als Student war er auch „gemustert" worden, wie man damals die ärztliche und sonstige Untersuchung vor Antritt der an sich für jeden jungen Mann in Preußen vorgeschriebenen Militärzeit von zwei Jahren zu nennen pflegte. Doch wurde er wegen eines Bruchleidens von dieser Militärpflicht freigestellt.

Im April 1856 konnte der Student Christoph Becker seine erste Prüfung ablegen, für die das Evangelische Konsistorium für die preußische Provinz Westfalen in Münster zuständig war. Er bestand sie mit der Note „Gut".

---

[29] Piëtismus: im 18. und frühen 19. Jahrhundert eine Richtung innerhalb der evangelischen Konfession, die durch besondere Frömmigkeit und tätige Nächstenliebe die bis dahin herrschende Orthodoxie zu überwinden trachtete

Der General und seine Schlachten

Carlsruhe, Sommer 1857

Wieder einmal saßen Herzog Eugen und ein treuer Helfer im Arbeitszimmer des Schlossherrn zusammen und berieten sich über die geplante Herausgabe der Denkwürdigkeiten aus dem Leben des russischen Generals.

Der Helfer war nicht mehr der treue v. Hofmann, der einst Sekretärsdienste beim Herzog geleistet hatte. Der war um das Jahr 1840 aus dessen Diensten ausgeschieden, um mit seiner Frau und seinem in Carlsruhe geborenen Sohn in Bayern eine neue Existenz als königlich bayerischer Landrat aufzubauen. Nach einigen Jahren war ihm der Freiherr von Helldorff gefolgt, ebenfalls einer der ehemaligen Adjutanten des Generals Eugen von Württemberg in der russischen Armee. Als Junggeselle mit literarischen Ambitionen war er gerne der Anfrage des Generals a. D. gefolgt, nach Carlsruhe zu ziehen, um dem einst auch von ihm verehrten Chef bei der Herausgabe seiner Memoiren zu helfen.

Im vorigen Jahr war er für einige Monate nach Sankt Petersburg gereist, um dort im Kaiserlich-russischen Militärarchiv und in verschiedenen Bibliotheken Urkunden und anderen Unterlagen über die Dienstzeit seines einstigen Vorgesetzten zu sammeln. Als langjähriger Offizier in russischen Diensten – kurz vor seinem Ausscheiden war er sogar noch zum Generalmajor ernannt worden – war er natürlich mit der russischen Sprache in Wort und Schrift gut vertraut, obwohl er wie so viele Offiziere in dieser Armee aus Deutschland stammte.

„Es ist schon erstaunlich, Euer Hoheit," fasste er noch einmal seine Erkenntnisse von der Studienreise nach Russland zusammen, „wie sehr man in Russland die Verdienste Eurer Hoheit in den vielen Schlachten verkennt, an denen Eure Hoheit beteiligt waren. Ich habe mal zusammengezählt: es waren 95. Darin sind allerdings auch alle kleineren Treffen mit berücksichtigt. Aber selten oder nie wird in den Büchern russischer Historiker über die russischen Feldzüge der damaligen Zeit die Rolle gewürdigt, die der Mut, die Umsicht, die Fähigkeit als Menschenführer und die Entschlossenheit Eurer Hoheit damals gespielt haben, die in mehreren großen Schlachten zum Sieg der russischen Seite über Napoleon geführt hat. Dabei waren Eure Hoheit zu Anfang noch sehr jung, nur wenig über 20 Jahre alt."

Herzog Eugen von Württemberg, kaiserlich-russischer General

„Ja, lieber Helldorff," erwiderte Eugen nachdenklich, „ich habe es damals oft gespürt, dass mich das Misstrauen meines Vetters, des russischen Zaren Alexander, heimlich verfolgt hat. Er war wohl immer noch nicht sicher, dass ich damals im Jahr 1801, bei der Ermordung seines Vaters, des Zaren Paul, nichts von dessen verrückten Plänen geahnt habe, ihn – Alexander – zu enterben und mich an die Stelle des russischen Thronfolgers zu setzen. Nach außen hat er mich allerdings durchaus hofiert, damals. Aber das war wohl nicht besonders ernst gemeint."

„Eure Hoheit sind ja von Ende 1806 an Offizier, ja sogar General, in der russischen Armee gewesen, mit damals nur 18 Jahren", las Herr von Helldorff aus seinen Notizen vor. „Sie haben an mehreren Gefechten der russischen Armee gegen Napoleon in Ostpreußen im Jahr 1807 teilgenommen. Zu der Zeit war Russland ja noch mit Preußen gegen Frankreich verbündet. Dann hat allerdings Zar Alexander eine völlige Kehrtwendung gemacht, mit Napoleon Frieden geschlossen und Preußen gewissermaßen im Regen stehen lassen [30]."

„Ja," setzte Eugen den Gedankengang fort, „danach bin ich erst mal wieder aus dem russischen Militärdienst ausgeschieden, nach Hause, nach Carlsruhe, gereist, und später zu meinem Großonkel Friedrich nach Stuttgart, der es durch sein Bündnis mit Napoleon zum Titel eines Königs von Württemberg gebracht hat. Doch bin ich bald danach wieder nach Sankt Petersburg zurückgekehrt und erneut in russische Militärdienste getreten. Immerhin hatte ich mir auf dieser Reise überlegt, wenn der größenwahnsinnige Kaiser Napoleon von Frankreich doch einmal Russland angreifen sollte, dann sei es am zweckmäßigsten, ihn möglichst ohne viele Kämpfe in Russland eindringen zu lassen. Der russische Winter und die ungeheuren Schwierigkeiten, seine Soldaten aus dem Lande zu ernähren, würden jede französische Armee über kurz oder lang zum Rückzug zwingen und praktisch vernichten. Ich

---

[30] Preußen war gezwungen, 1807 den so genannten „Tilsiter Frieden" mit Napoleon zu schließen, es verlor dadurch die Hälfte seines Territoriums und musste Napoleons Verbündeter werden.

habe das in einer Denkschrift dem Zaren vorgeschlagen, und so hat die russische Armee ja auch tatsächlich gehandelt, als 1812 Napoleon mit seiner ‚Grande Armee' nach Russland einmarschierte."

„Ja, aber genau das wird in der russischen Geschichtsschreibung verschwiegen, Euer Hoheit," fiel Herr von Helldorff ein, „dass nämlich diese Idee eigentlich von dem General Eugen von Württemberg stammte, der damals nur gerade 20 Jahre alt war!"

Freiherr von Helldorff blickte erneut in seine Notizen: „In den Kämpfen des Jahrs 1812 haben sich Eure Hoheit sehr rühmlich als Truppenführer in der Schlacht bei Smolensk [31] gegen die französischen Truppen ausgezeichnet und den fast verlustlosen Rückzug der russischen Armee ermöglicht, Und dann, nachdem Napoleon in Moskau einmarschiert war, als es dort anfing zu brennen und er schleunigst fliehen musste [32] und seine Truppen in den russischen Winter gerieten, haben sich Eure Hoheit mit den Ihnen unterstellten Regimentern immer wieder mutig an die Fersen der Flüchtenden geheftet und in zahlreichen kleineren Treffen dem Feind hohe Verluste zugefügt."

„Und dann kamen die Kämpfe des Jahres 1813," fuhr der Herr von Helldorff nach weiteren Blicken in seine Notizen fort, „sie hatten sich ja plötzlich in die Mitte Deutschlands verlagert, hauptsächlich nach Sachsen, als Napoleon noch einmal mit einem mächtigen Heer von Frankreich her dort einmarschierte,"

„Ja, Russland war nun mit Preußen verbündet und später auch mit dem Kaiserreich Österreich und dem Königreich Schweden." Herzog Eugen steuerte mit dieser Bemerkung eine Binsenweisheit bei, denn beide alten Soldaten wussten natürlich wie jeder gebildete Deutsche von den politischen Bündnissen, die in

---

[31] 17. August 1812
[32] im Oktober 1812

diesem deutschen Schicksalsjahr 1813 die Zukunft bestimmt hatten, als die „Befreiungskriege" für Deutschland begannen. Die Tragik war ja, dass damals große Teile dieses Heeres Napoleons aus Deutschen bestand, Truppen der damals noch mit Frankreich verbündeten Königreiche Sachsen, Bayern und Württemberg.

„Ich erinnere Eure Hoheit nur an die Schlacht bei Kulm [33]," fiel Herr von Helldorff ein, „wo nur durch die Beharrlichkeit Eurer Hoheit gegenüber den unsinnigen Befehlen des Ihnen damals vorgesetzten russischen Generals ein Sieg errungen werden konnte, Eure Hoheit erinnern sich: ich hatte damals die Ehre, Ihr Adjutant zu sein. Aber irgendeine hörbare Würdigung Ihrer militärischen Leistung gab es auf russischer Seite nicht !"

„Ja, und dann zu Beginn der großen Schlacht bei Leipzig [34], als ich mit meinem Korps trotz schrecklicher Verluste einen französischen Reiterangriff von der Flanke her abwehren konnte", erinnerte sich Herzog Eugen nun wieder, „es war ein ganz wichtiger Beitrag in dieser Entscheidungsschlacht !"

So gingen die Erinnerungen der beiden alten Soldaten immer weiter. Sie streiften den Einzug der alliierten Truppen in Paris am 31. März 1814 in Paris, als Beweis des Sieges der verbündeten Monarchen von Russland, Preußen und Österreich über den Emporkömmling Napoleon, ein Sieg, der leider, wie sich zeigen sollte, noch nicht endgültig war. Dabei hatten 1000 russische Soldaten, angeführt vom General Herzog Eugen von Württemberg, die Ehre, als erste der alliierten Truppen in der Innenstadt von Paris einzumarschieren.

---

[33] Ende August 1813 auf der südlichen (böhmischen, d.h. damals österreichischen) Seite des Erzgebirges südlich von Dresden
[34] vom 16.-18. Oktober 1813, die sog. „Völkerschlacht von Leipzig", die entscheidende Wende im Krieg gegen Napoleon,

Die Rolle des russischen Generals Herzog Eugen im späteren Krieg Russlands gegen die Türkei im Jahr 1828 wurde von beiden Geschichtsforschern als ziemlich enttäuschend angesehen, das hatte seinen Grund darin, dass der russische Oberkommandierende – und wahrscheinlich besonders der damals regierende Zar Konstantin –- aus Misstrauen gegenüber dem „deutschen" General diesem keine wirklich wichtigen Kommandos übertragen wollte. Darin stimmten die beiden ehemaligen russischen Generäle überein.

„Ich bin Eurer Hoheit sehr dankbar, dass Sie sich bereit gefunden haben, zahlreiche dieser Schlachten aus Ihrer Sicht zu beschreiben.," zog Freiherr von Helldorff eine Art Schlussstrich unter ihr Gespräch. „Die handschriftlichen Texte aus Euer Hoheit Hand sind ja bereits in meinem Besitz. Aber mir wäre wohler dabei, wenn Euer Hoheit darin deutlicher auf Ihre unbestreitbaren Verdienste hinweisen könnten, und wenn die Ungerechtigkeit, mit der die russischen Zaren und die Armeeführung Sie beständig behandelt haben, deutlicher hervorgehoben werden könnte."

„Genau das ist es, was ich nicht kann, lieber Helldorff," schob Herzog Eugen dem Ansinnen einen Riegel vor. „Ich habe einst meiner Tante, der Zarin und Zarinmutter Maria Fjodorowna, in die Hand versprechen müssen, dass ich nie die Kränkungen, die ich leider immer wieder erfahren habe und von denen meine Tante natürlich wusste, in die Öffentlichkeit bringen würde. Dieses Versprechen konnte ich leider ihr gegenüber nie zurücknehmen, sie ist ja schon im Jahr 1828 gestorben. So fühle ich mich heute noch daran gebunden. Aber wenn ich tot bin, gilt das, glaube ich, nicht mehr. Versprechen Sie mir, lieber Helldorff, dass Sie meine Memoiren erst nach meinem Tod veröffentlichen, dann können Sie, wenn Sie wollen, darin auch noch deutlicher werden."

Es war nur kurze Zeit nach diesem Gespräch, als Seine Hoheit Herzog Eugen von Württemberg, im Schloss Carlsruhe verstarb, am 18. September 1857, nach einer kurzen, schweren Erkrankung. Der General hatte ein Alter von 69 Jahren erreicht, aber er war bis dahin eigentlich stets gesund gewesen.

Einige Jahre später erschienen vier umfangreiche Bände im Druck mit dem Titel „Aus dem Leben des kaiserlich russischen Generals der Infanterie Prinzen Eugen von Württemberg aus dessen eigenhändigen Aufzeichnungen sowie aus dem schriftlichen Nachlass seiner Adjutanten gesammelt und herausgegeben von Freiherrn zu Helldorff, Generalmajor z.D.", 4 Teile, Berlin 1861-62.

Eine Privatschule als vorübergehender Broterwerb

Werther (Westfalen) 1856 – 1858

Noch bevor Christoph Becker seine erste Prüfung ablegen konnte, erreichte ihn über einen Freund eine Anfrage, ob er nicht in dem westfälischen Städtchen Werther eine Privatschule aufmachen könne. Ein dortiger wohlhabender Kaufmann war bereit, sie für seine eigenen beiden Söhne und einige ihrer Freunde zu finanzieren.

Das war für den Kandidaten Becker wie ein Wink des Schicksals. Eine eigene Pfarrstelle innerhalb der Evangelischen Kirche Westfalens zu bekommen, war nämlich keineswegs einfach. Wie üblich hatte er zunächst eine praktische Ausbildungszeit, das so genannte Vikariat, durchzumachen. Doch auch die Stellen dafür waren nicht so ohne weiteres frei. So besonders viele evangelische Gemeinden im weitgehend katholischen Westfalen gab es ja leider nicht. Er hätte womöglich lange warten müssen, bis eine solche Stelle frei wurde.

So griff Christoph Becker sofort zu, als ihn dieses verlockende Angebot erreichte. Seine vielfältigen Studien allgemein pädagogischer Art an der Universität Halle kamen ihm dabei zugute. Aber er musste natürlich noch eine besondere Prüfung ablegen, ehe ihm die königlich preußische Schulbehörde in Westfalen die Genehmigung erteilte, eine Privatschule zu betreiben, die einem öffentlichen Gymnasium gleichwertig war. Es war schwierig für den jungen Kandidaten, diese Prüfungen mit den fast gleichzeitig laufenden Terminen für seine theologische Prüfung in Einklang zu bringen.

Aber er schaffte es. Im Frühsommer des Jahres 1856 hielt er seinen Einzug in das Kleinstädtchen Werther, das dicht nördlich des Höhenzuges des Teutoburger Waldes liegt, aber noch zum damaligen Kreis Halle /Westfalen innerhalb der alten Grafschaft Ravensberg gehörte. Es war in Luftlinie nur knappe 2 preußische Meilen [35] von Christophs alter Heimat Holtkamp entfernt.

Der Kaufmann Joergens hatte an alles gedacht. Er stellte einen Raum für eine kleine Klasse von etwa 10 Privatschülern zur Verfügung, und er bot dem Leiter und einzigen Lehrer dieser Schule, eben dem Theologie-Kandidaten Christoph Becker, freie Kost und Logis und zahlte obendrein noch ein Gehalt in Höhe von 300 Talern pro Schuljahr.

Der Unterricht war so vielfältig wie in einem normalen Gymnasium. Mathematik, Physik, Erdkunde und Geschichte waren ebenso wichtige Fächer wie das obligate Latein – Griechisch war hier nicht gefragt -, aber auch Französisch, Religion und deutsche Literatur. An den Nachmittagen, wenn die zehn etwa gleichaltrigen Schüler ihre Schularbeiten zu machen hatten, aber auch freie Zeit genossen und spielen konnten, saß Christoph Becker über seinen Fachbüchern, die er sich vom Munde abgespart hatte, und bereitete bis in den späten Abend die nächsten Stunden vor. Das war harte Arbeit, denn schließlich hatte er ja während seines Studiums in der Hauptsache ein ganz anderes Berufsziel vor Augen gehabt.

Zwei Jahre vergingen so. Seine Schüler sollten gar nicht bis zum Abitur unterrichtet werden, sondern bereits zwei Jahre früher die Schule beenden. Die Söhne von Kaufleuten, Apothekern und anderen gehobenen Berufen in der kleinen Stadt hatten nicht den Ehrgeiz, zu studieren, aber sie wollten die so genannte „Mittlere Reife" erreichen. Die war für zahlreiche Berufe oberhalb des Ar-

---

[35] ca. 15 Kilometer

beiter- und Handwerkerstandes als Schulbildung ausreichend. Unter anderem konnte ein junger Mann, der diesen Grad erreicht hatte und sich freiwillig zur preußischen Armee meldete, mit nur einem Jahr seiner Wehrpflicht genügen (statt sonst zwei Jahren) und hatte darüber hinaus die Aussicht, nach einigen weiteren Dienstmonaten als Soldat Reserveoffizier zu werden.

Es war im Winter des Jahres 1858, als diese Schulzeit für die ursprünglichen Schüler der kleinen Privatschule Christoph Beckers zu Ende ging. Der Kaufmann Joergens zeigte keine Lust, weiter noch Geld in diese Schule zu investieren, nachdem seine eigenen Söhne nun die „Mittlere Reife" erreichen würden. Und neue jüngere Schüler waren in Werther auch keine zu finden, wenigstens keine, deren Eltern bereit waren, ein immerhin beachtliches Schulgeld dafür zu zahlen. Anders als in der großen Stadt Herford war die Zahl der Erwachsenen hier in der Kleinstadt Werther sehr gering, die selbst das Abitur an einem Gymnasium bestanden hatten oder die „Mittlere Reife" erreicht hatten und Wert darauf legten, dass auch ihre Söhne diese Bildungsziele erreichten.

Christoph Becker stand wieder einmal vor der Frage, wie er mit seinen Fähigkeiten und seiner Ausbildung zu einem Beruf kommen würde, der ihn und eine künftige Familie ausreichend ernähren konnte. Immerhin war er nun schon 29 Jahre alt.

Es war wohl sein starker Glauben, der ihn auf ein Wunder hoffen ließ. Und tatsächlich trat dieses Wunder ein. Noch während der Zeit der kräftezehrenden Ungewissheit vor Ostern, dem Ende des Schuljahres 1858, traf ein Brief von der Universität Halle ein. Absender war sein einstiger Professor Tholuck, der ihm während seines Studiums ein väterlicher Freund geworden war.

Darin bat der angesehene Professor ihn, doch Erzieher eines Prinzen auf Schloss Carlsruhe in Schlesien zu werden. Dieser Junge sei jetzt zwölf Jahre alt und brauche einen guten Hauslehrer mit standfester evangelischer Überzeugung, Der Vater des Prinzen, ein Herzog Eugen Erdmann von Württemberg, habe sich bei ihm, dem Professor Tholuck, nach einem geeigneten Kandidaten erkundigt. Da sei ihm sofort der gute Christoph Becker eingefallen, der ja neben der Theologie auch so fleißig zahlreiche Lehrfächer für den Unterricht an einem preußischen Gymnasium studiert habe. Neben freier Unterkunft und Verpflegung würde auch ein gutes Gehalt gezahlt werden. An einer guten Empfehlung durch den hoch geachteten Professor sollte es nicht fehlen,

Überwältigt von der plötzlichen guten Aussicht ließ Christoph Becker den Brief sinken, nachdem er ihn zu Ende gelesen hatte. Der liebe Gott hatte ihm geholfen, und er würde ihm sicher weiter helfen, sich richtig an einem Herzogshof zu benehmen.

Aber um Himmels willen: was war denn dieses Carlsruhe in Schlesien ? Er kannte nur die Hauptstadt des Großherzogtums Baden, die so hieß. Und was machte ein württembergischer Herzog dort in der preußischen Provinz ? Es gab doch nur einen König von Württemberg in Stuttgart ! Und ein Prinz in Schlesien ? Der Herr in Schlesien war der preußische König, und der residierte in Berlin !

Teil II

Fünf Jahre
am Sitz der Herzöge von Württemberg
auf Schloss Carlsruhe in Schlesien

„Hier ist alles anders als sonst"

Carlsruhe, Ostern 1858

Gleich zu Beginn der Osterferien trat der Predigtamts-Kandidat und neugebackene Hauslehrer an einem leibhaftigen Herzogshof, Christoph Becker, seine Reise quer durch ganz Preußen an, fast vom westlichsten bis zum östlichsten Zipfel.

Weite Strecken konnte er bereits mit der Eisenbahn fahren, dem neuen Verkehrsmittel, dem wohl hierzulande die Zukunft gehörte. Obwohl er unterwegs mehrere Male von einem Zug in einen anderen umsteigen musste, erreichte er sein erstes Reiseziel, die Universitätsstadt Halle, schon einen Tag, nachdem er von seinem letzten Wohnort Werther zu Fuß nach Herford zum dortigen Bahnhof gewandert war. Sein Gepäck hatte er schon einige Tage vorher auf die lange Reise geschickt.

In Halle galt sein Besuch dem so freundlichen Förderer und väterlichen Freund, dem Theologie-Professor Tholuck. Von ihm konnte Christoph Becker manches für ihn Wichtige über seinen künftigen Arbeitsplatz erfahren. Als ein besonders nützliches Geschenk erwies sich ein Buch, das ihm der Professor mit dem Rat überreichte, es während der Reise gut zu studieren. Es war ein Buch, das die Etikette an den deutschen Fürstenhöfen genau beschrieb, für den direkten, persönlichen Umgang mit den Monarchen und ihren Familien sowie für den schriftlichen Verkehr.

Der künftige Hauslehrer in Schloss Carlsruhe entnahm daraus, dass er seinen neuen Dienstherren, den Herzog Karl Erdmann von Württemberg, mit dem Titel „Hoheit" anzureden habe, ebenso dessen Frau. Der Titel „Königliche Hoheit" stand nur den Mitgliedern souveräner Herzogsfamilien im Deutschen Bund zu, von denen es ebenfalls etliche gab, doch die Herzöge von Württemberg gehörten nicht dazu. Mitglieder der Familie waren mit den Worten „Prinz" und „Prinzessin" anzureden, Selbstverständlich galt für alle Familienmitglieder die höfliche Anrede mit „Sie", gleichgültig, in welchem Alter sie standen. Und eine körperliche Berührung der hohen Herrschaften war für Nichtadlige ausgeschlossen, selbst ein Händeschütteln war nicht gebräuchlich, es sei denn, der hochgeborene Gesprächspartner bot es selber an.

Fünf Tage nach seiner Abreise von Werther, nach zahlreichem Umsteigen von einer Eisenbahnlinie zur anderen und der Übernachtung in billigen Herbergen in der Nähe der Umsteigebahnhöfe kam der junge Herr Becker in Carlsruhe an. Für die letzte Strecke von Breslau hatte er eine Pferdekutsche mieten müssen. Der Kutscher erzählte ihm, dass eine neue Eisenbahnstrecke von Breslau über Namslau nach Oppeln in Planung sei. Sie würde auch an Schloss Carlsruhe vorbei führen. Aber das könne noch ein paar Jahre dauern.

Weisungsgemäß meldete sich der künftige Hauslehrer beim Haushofmeister des Herzogs, einem Herrn von Varnbühler, der in einem der Kavaliershäuser vor dem Schloss residierte. Hier erfuhr er, dass die Herzogsfamilie einschließlich der Kinder für die Osterzeit nach Oels in Schlesien gereist sei, wo Verwandte der Familie wohnten. „So können Sie sich inzwischen in Ruhe hier eingewöhnen, Herr Becker", meinte der Herr von Varnbühler freundlich in seinem ungewohnten schwäbischen Dialekt. Der Herr war wohl ein Import aus der eigentlichen Heimat der württembergischen Königsfamilie.

Christoph Becker erfuhr, dass er ebenfalls in einem der Kavaliershäuser des Schlosses wohnen werde, allerdings in einem „hinten raus", denn an den in den riesigen Kieferwald führenden Alleen hinter dem Schloss waren in den letzten Jahrzehnten etliche kleinere Häuser für die nicht-adligen höheren Bediensteten des Herzogshofes errichtet worden. Außerdem waren dort Häuser für die sonstigen Bewohner des inzwischen entstandenen Städtchens Carlsruhe aus dem Boden geschossen.

In den nächsten Tagen, wo es für den Hauslehrer noch keine Arbeit gab, hatte dieser Zeit, sich in seiner neuen Umgebung umzusehen und mit einigen ihrer Bewohner Bekanntschaft zu schließen. Carlsruhe war ja nicht nur ein Schloss, sondern in Wahrheit eine kleine Stadt, allerdings völlig anders, als Christoph sie aus seiner Heimat kannte.

In den vielen Jahrzehnten, in denen das Schloss schon bestand. waren immer mehr Menschen hierher gekommen und hatten Arbeit am Hof gefunden oder sich als Handwerker oder Händler angesiedelt. Jetzt lebten schon etwa anderthalb Tausend Menschen hier, verriet man dem neuen Bewohner des Örtchens. Eine schöne evangelische Kirche und sogar eine kleine katholische Kirche gebe es hier. Eine Schnapsbrennerei und ein Heilbad mit dem aus den heimischen Kiefernnadeln gewonnenen medizinischen Extrakt hatten Carlsruhe schon zu einer gewissen Berühmtheit werden lassen. Die allermeisten dieser Einwohner seien deutscher Herkunft und evangelisch, nur ein kleines Häuflein mit polnischer Sprache und katholischer Konfession lebe hier. Allerdings sei die Gegend Schlesiens nicht weit, wo die überwiegende Mehrzahl der Einwohner polnisch spräche und katholisch sei.

Zur Lebenszeit des Vaters und vor allem des Großvaters des jetzigen Herzogs sei das kleine Schloss Carlsruhe eine Art Kunsttempel im östlichen Schlesien gewesen; es habe ein Theater und ein Musikorchester gegeben, doch der jetzige Schlossherr habe dafür wohl kein Geld und kein Interesse.

Das Klima hier sei ziemlich rau, verriet man dem Zugezogenen. Der Winter beginne meist schon Anfang Dezember mit viel Schnee und bis zu 20 Grad unter Null auf den Thermometern, aber es sei normalerweise eine trockene Kälte mit viel Sonne, also gut auszuhalten. Im Sommer sei es dagegen schön warm und angenehm.

Der letzte Besuch, den der künftige Hauslehrer in seinen freien Tagen machte, war der beim Hofprediger Gneist, der ebenfalls in einem der Kavaliershäuser „hinten heraus" wohnte. Er wurde freundlich begrüßt, da er ja gewissermaßen Amtskollege sei. Pfarrer Gneist wusste bereits Bescheid über den neuen Quasi-Kollegen und dessen theologische und philologische Ausbildung.

Hier konnte Christoph Becker zum ersten Mal etwas Näheres erfahren, warum ein Mitglied einer Herrscherfamilie, die ja eigentlich in Süddeutschland heimisch war, so ausgesprochen evangelisch eingestellt war. Die Herzöge von Württemberg seien schon sehr früh, noch zu Lebzeiten Martin Luthers, zu dessen evangelischer Konfession übergetreten, und ihre Untertanen hätten das natürlich auch getan, erzählte Pastor Gneist. Zwar sei im vorigen Jahrhundert zeitweise eine katholische Linie des Herzogshauses an der Regierung in Stuttgart gewesen, aber das habe sich schon längst wieder geändert, die beiden Könige von Württemberg, die seit 1806 in Stuttgart herrschten, seien wieder strikt evangelisch, und die „schlesische Linie", die Herzöge von Württemberg hier in Carlsruhe, die von einem jüngeren Bruder des ersten Königs abstammte, sei es auch. Durch Fürsprache des französischen Kaisers Napoleon, mit dem sich damals der Herzog von Württemberg eng verbündet habe, sei es möglich gewesen, dass er im Jahr 1806 den Königstitel annehmen konnte.

Etwas überwältigt von den vielen neuen Informationen, die Christoph Becker hier im Hause des Carlsruher Hofpredigers erhalten hatte, gestand er dem viele Jahre älteren Gastgeber: „Wissen Sie, sehr geehrter Herr Pastor, ich bin überwältigt von der Fülle des Neuen, was mich hier erwartet. Hier ist alles anders, als ich es von meiner Heimat in Westfalen kenne."

„Jetzt wird's ernst!"

Carlsruhe, Ostern 1858

Weisungsgemäß fand sich Christoph Becker pünktlich um 9 Uhr am Schlossportal an, um zum Herzog, seinem neuen Brotgeber, geführt zu werden. Ein kleines Billet [36], gestern Abend von einem Diener überbracht, hatte ihm das befohlen. Das Herzogspaar war mit seinen Kindern von der Osterreise nach Oels zurückgekehrt. „Jetzt wird's ernst", war der Gedanke des jungen Mannes aus Westfalen, als er vor der Tür stand.

Herzog Eugen Erdmann empfing den künftigen Hauslehrer seines Sohnes freundlich, reichte ihm die Hand und forderte ihn zum Sitzen auf. Er war ein kräftiger Mann mit dunklem schwarzem Vollbart. Er war in einen zivilen Anzug gekleidet, doch hatte er wohl den größten Teil seines Lebens die Uniform der preußischen Armee getragen. Zuletzt war er als Oberst Kommandeur einer Kavallerie-Brigade in Stettin. Nach dem Tod seines Vaters im vorigen Jahr hatte er sich in den vorläufigen Ruhestand versetzen lassen und war mit dem Titel eines Generalmajors [37] verabschiedet worden, um nach Carlsruhe zurückkehren zu können. Er war jetzt erst 38 Jahre alt.

„Ein typischer Haudegen", dachte Christoph Becker bei sich, als er seinen künftigen Vorgesetzten zum ersten Mal sah. Dabei hatte dieser Soldat – im Gegensatz zu seinem Vater – nie einen scharfen Schuss gehört und war nie mit gezogenem Degen seinem Regiment im Sturmangriff einem Feind entgegen geritten, denn Preußen hatte seit 1815 stets im Frieden mit seinen Nach-

---

[36] Schriftliche Mitteilung
[37] Die Ränge oberhalb eines Obersten in der preußischen Armee lauteten: Generalmajor, Generalleutnant, General, Generalfeldmarschall.

barn gelebt. Wie weit er sich für die schulische Ausbildung seiner Kinder interessieren würde, müsse wohl die Zukunft zeigen, dachte der künftige Hauslehrer. Eine künstlerische Ader bei wie seinem im vorigen Jahr verstorbenen Vater traute der künftige Hauslehrer seinem Dienstgeber nicht zu.

Herzog Eugen Erdmann von Württemberg, kgl. preußischer Generalmajor

Jetzt aber war der Herzog eifrig bemüht, die bisherige Ausbildung seiner Kinder zu erläutern. Prinz Wilhelm, 12 Jahre alt, sowie seine zwei Jahre ältere Schwester, Prinzessin Wilhelmine – hier in der Familie stets Minna genannt – hatten als Kinder natürlich durch einen Hauslehrer Lesen und Schreiben und die Anfänge des Rechnens gelernt.

Für den Unterricht im Französischen, hier wie an allen Herrscherhöfen Europas als häufige Umgangssprache unerlässlich, hatte ein Lehrer aus Mömpelgard gesorgt [38]„Für den Unterricht in Englisch war eine Schottin, Miss Plimmer, zuständig. Seine Tochter Pauline sei mit ihren jetzt drei Jahren ja noch zu klein für einen Schulunterricht.

Doch nun sei aber endgültig die Zeit gekommen, wo der Prinz Wilhelm, der schließlich einst den Titel eines Herzogs von Württemberg erben werde und möglicherweise einmal sogar König von Württemberg werden könne, eine Ausbildung bekommen müsse, die einem deutschen Gymnasium gleichwertig sei. Zweckmäßigerweise solle Prinzessin Wilhelmine an diesem Unterricht teilnehmen, selbst wenn das Niveau vielleicht hier und da das für eine Frau ausreichende Schulwissen übersteigen sollte.

Es gehe um die gleichen Fächer, in denen der Herr Becker wohl auch in seiner Privatschule in Westfalen seine Schüler unterrichtet habe: Religion, Deutsch – mit dem Ziel, dass der Schüler sich schriftlich klar und gebildet ausdrücken könne – , Latein und Griechisch, Geschichte, Geographie, Rechnen und höhere Mathematik, Zeichnen.

Das sei ein tüchtiges Pensum, aber er zweifle nicht, dass der Herr Becker das mit seinen Schülern hier in Carlsruhe schaffen werde. Dies habe ihm der so hoch angesehene Professor Tholuck von der Universität in Halle versichert, erklärte der Herzog. Der Lehrer habe das Recht und die Pflicht, bei seinen Schülern Gehorsam und Eifer zu fordern, notfalls zu erzwingen. Im Falle offenen Ungehorsams habe er ausdrücklich das Recht, die Rute zu benutzen. Im Allgemeinen werde aber er, der Herzog, sich nicht in den Schulunterricht einmischen.

---

[38] Die Grafschaft Mömpelgard (Montbeliard) in Südostfrankreich (Bourgogne) hatte seit dem Mittelalter bis 1796 zum Herzogtum Württemberg gehört, seitdem zu Frankreich.

Der Herr des Schlosses Carlsruhe gab dem künftigen Hauslehrer noch einige Hinweise, das Leben hier im Schloss betreffend. Dem Hauslehrer sei wie allen höheren Bedienstetem des Herzogshofes erlaubt, sich in Zivil zu kleiden, alle einfachen Bediensteten würden hier allerdings die übliche Livree [39] des herzoglichen Hofes tragen. Der Hauslehrer habe das Recht, an der herzoglichen Mittagstafel teilzunehmen, zusammen mit den anderen höheren Bediensteten. Wenn der Herr Becker besondere Wünsche bezüglich der Erziehung seiner Zöglinge habe, solle er sich nur vertrauensvoll an ihn, den Herzog, wenden.

Mit einem freundlichen Nicken und einer stillen Bewegung der linken Hand entließ Herzog Eugen Erdmann den neuen Hauslehrer, der mit einer tiefen Verbeugung den Saal verließ, ohne dass er die Möglichkeit gehabt hatte, seinen Erziehungsplan darzulegen, wie er eigentlich vorgehabt hatte.

Der Kammerlakei führte anschließend Christoph Becker in seinen künftigen Wirkungsbereich, eine kleines Zimmer im hinteren Teil des ersten Stocks des Schlosses, das wohl schon seit Generationen als Schulraum diente. Hier saßen seine beiden Schüler schon parat, voller Neugier auf ihren künftigen „Pauker".

„Mein Name ist Christoph Becker, lieber Prinz und liebe Prinzessin!" stellte sich der neue Lehrer vor, „Seine Hoheit, Ihr Herr Vater, hat mich beauftragt, für die nächste Zeit Sie in allen Fächern zu unterrichten, die einem normalen Gymnasium hier in Preußen entsprechen. Bitte verraten Sie mir doch, was Sie in Mathematik und in Geographie zuletzt gelernt haben."

---

[39] Eine Art Uniform für männliche Diener an einem reichen Adels- oder Fürstenhof, meist reich mit Goldfäden bestickte dunkelblaue Fräcke.

Zögernd begannen die Schüler zu berichten. Es war nicht viel an konkretem Wissen, das sie hier vorweisen konnten. Immerhin war es Christoph Becker dadurch möglich, bereits etwas vom Charakter seiner beiden Schüler zu erkennen.

Prinz Wilhelm, der jüngere – aber offenbar im Auge seines Vaters das weitaus wichtigste unter seinen Kindern – schien ein etwas naseweißer Junge zu sein, dem wohl das Lernen nicht besonders leicht fiel. Er schaffte es, seinem Lehrer zwar höflich, aber mit einem Unterton zu antworten, der eigentlich die gesellschaftliche Überlegenheit seines Standes gegenüber einem Lehrer aus dem Bürgertum durchscheinen ließ. „Mit dem werde ich meine Schwierigkeiten haben", dachte der künftige Hauslehrer im Stillen.

Ganz anders war es mit der jungen Prinzessin Wilhelmine. Mit ihren 14 Jahren war sie mitten im Backfisch-Alter [40], aber hübsch und anders als ihr Bruder von echter Höflichkeit, ja Anteilnahme gegenüber ihrem neuen Lehrer. Sie schien auch weit besser behalten zu haben, was sie bisher bei ihren alten Lehrern gelernt hatte.

Am Ende dieser ersten „Schulstunde" fasste Christoph Becker einen Entschluss, der ihm sofort die Herzen seiner künftigen Schüler zufliegen ließ. „Bei diesem schönen Frühlingswetter ist es viel zu schade, hier in der muffigen Schulstube zu sitzen. Lassen Sie uns einen Spaziergang durch den Schlosspark machen, Prinz und Prinzessin, und zeigen Sie mir dabei die Sehenswürdigkeiten dieses schönen Schlosses."

---

[40] Damals der Ausdruck für Mädchen zwischen 12 und 18 Jahren, heute „Teenager".

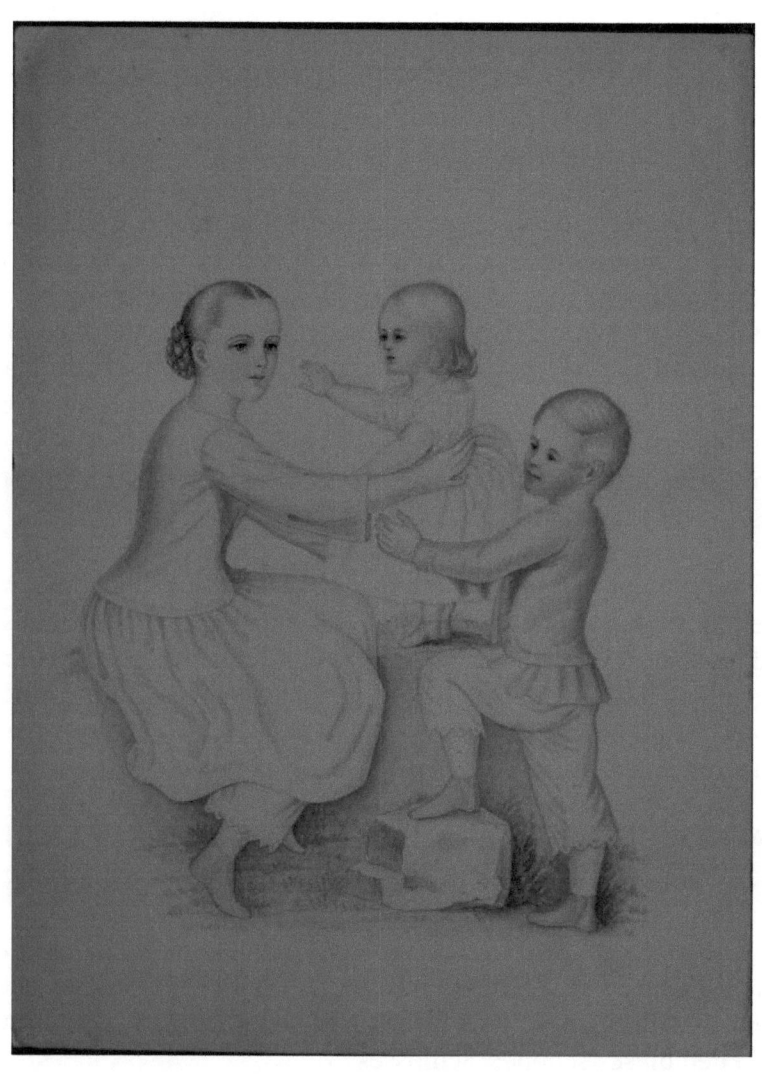

Minna, Wilhelm und Pauline, gezeichnet Weihnachten 1855 von ihrer Mutter,
Herzogin Mathilde, Ehefrau von Herzog Eugen Erdmann
(gut zwei Jahre vor der Ankunft Christoph Beckers in Carlsruhe)

Pädagogische Fortschritte

Carlsruhe, 1858 – 1859

Im Lauf der nächsten Monate fand der Unterricht, den die beiden Herzogskinder beim Hauslehrer Christoph Becker erhielten, etwas Routine und Substanz. Täglich saß er mit ihnen zusammen in der etwas dumpfen Schulstube, aber so oft es ging, wanderte er auch mit seinen Schützlingen zusammen durch den Park des Schlosses und machte die jungen Leute auf zahlreiche Pflanzen, Bäume und Vögel aufmerksam, denen sie begegneten.

In seiner Art als Lehrer unterschied er sich erheblich von dem Gebaren der Sprachlehrer, die gleichzeitig mit ihm die Kinder unterrichteten. Wenn er Fehler zu monieren hatte, dann tat er das nicht, indem er schimpfte, sondern er bemühte sich, jedem der Fehler eine humoristische Note zu geben, so dass die Kinder lachen mussten und sich so den Fehler am besten merkten.

Stets blieb die Distanz zwischen dem bürgerlichen Lehrer und seinen adligen Schülern erhalten, die mit „Sie" und „Prinz" oder „Prinzessin" angesprochen wurden. Aber gleichzeitig entstand so doch ein Vertrauensverhältnis. Dem Hauslehrer wurde fast unheimlich, als er im Laufe der Zeit spürte, dass dieses Vertrauen der jungen Leute zu ihm bald größer war als zu ihren eigenen Eltern. Sie erzählten ihm immer mehr von dem, was sie beschäftigte und was sie dachten, Dinge, die sie wohl nie ihrem Vater oder ihrer Mutter anvertrauen würden.

Dieser Blick in das Innere seiner Schüler ließ den Lehrer auch bald besser den Charakter der beiden Herzogskinder erkennen. Der junge Wilhelm war offenbar der problematischere von den beiden. Im Lernen aufgegebener Lektionen – etwa im Auswendiglernen von Gedichten – hatte er seine Schwierigkeiten; „Drei bis Vier" schätzte der Lehrer ihn auf diesem Gebiet nach den üblichen Schulnoten ein. Dafür hatte er eine weitschweifende Phantasie und beschäftigte sich in seiner Freizeit gerne etwa in Gedanken mit der Konstruktion von Flugmaschinen oder selbstfahrenden Kutschen. Hier konnte der Lehrer den Jungen nur ermuntern, diese hoch interessanten Gedanken fortzusetzen.

Im Charakter allerdings hatte der junge Prinz nach Meinung seines neuen Hauslehrers wohl manche Defizite. Wenn es ihm nützlich erschien, log er ganz unverfroren. Die Bediensteten des Hofes, mit denen er zu tun hatte – außer dem von ihm allmählich verehrten Lehrer Becker –, sah er als „dummes Vieh" an und behandelte sie gerne auch so. Nur wenn er von einem Diener etwas (eigentlich Verbotenes) erreichen wollte, konnte er schmeicheln oder dem Betreffenden goldene Berge versprechen, ohne je daran zu denken, seine Versprechen auch einzuhalten.

Ganz anders war Minna, die zwei Jahre ältere Wilhelmine. Sie war nach Einschätzung des Hauslehrers zweifellos die Intelligentere von den beiden Geschwistern, und auch ihr Charakter unterschied sich von dem ihres Bruders. Lügen, selbst kleine Notlügen eines Kindes oder Jugendlichen, kamen bei ihr eigentlich nicht vor. Allerdings waren wohl auch für sie ihr Vater und ihre Mutter zu hoheitlich, zu weit entfernt, um ihnen alle Nöte oder heimlichen Wünsche zu erzählen. Der Tagesablauf trug dazu bei, denn Eltern und Kinder hatten wenig Zeit, sich gegenseitig zu sehen. Außerdem trug auch die selbst im abgelegenen Carlsruhe eingehaltene Distanz zwischen dem „Herrscherpaar" und ihrem „Hofstaat", selbst innerhalb der eigenen Familie, nicht dazu bei, ein ganz normales Eltern-Kind-Verhältnis entstehen zu lassen.

Mit Erschrecken, ja mit Entsetzen musste der neue Hauslehrer erkennen, welche persönliche Leere seine beiden Schüler umgab. Von der Freundschaft mit ein paar gleichaltrigen Mitschülern oder Spielkameraden konnte keine Rede sein; es gab sie einfach nicht, und Christoph Becker war klar, dass er diesen Mangel niemals würde beheben können. Eine derartige Bitte würde bei seinem Dienstgeber auf völlig taube Ohren stoßen. Dabei gab es gewiss unter den Bewohnern des Ortes Carlsruhe jeweils einige gleichaltrige Jungen und Mädchen, die sogar eine eigene Schule im Ort besuchten. Aber ein solcher Kontakt wäre für den standesbewussten Herzog wohl völlig undenkbar gewesen.

Ebenso wenig konnte der Hauslehrer gegen eine Störung seines Unterrichts unternehmen, die durch das recht häufige Auftauchen der Herzogin Mathilde in seinen Schulstunden eintrat. Im Gegensatz zum Vater war die Mutter sehr am Unterricht ihrer Kinder interessiert, hatte aber natürlich von Pädagogik oder dem jeweils mitgehörten Schulstoff keine Ahnung und meinte oft, eigene Noten erteilen oder ihre Kinder tadeln zu müssen. Das führte oft zu Strafarbeiten, die die Mutter ihren Kindern auferlegte – und der darüber entsetzte Hauslehrer musste die Zähne zusammen beißen, durfte nichts dagegen sagen und musste seine Zöglinge zur Ausführung der mitunter unsinnigen Aufgaben zwingen.

Herzogin Mathilde entstammte dem Fürstenhaus Schaumburg-Lippe, das den wohl kleinsten souveränen Staat im Deutschen Bund regierte [41]; und Christoph Becker dachte oft bei sich, diese Kleinheit zeige sich wohl auch in den Köpfen der dortigen Herscherfamilie. Aber natürlich mussten solche aufrührerischen Gedanken sorgfältig verschwiegen werden.

Etwas merkwürdig war auch das Verhältnis des studierten Hauslehrers zu seinen Kollegen, den beiden Sprachlehrern. Schon vor zwei Jahren waren sie in Carlsruhe eingezogen, um den Herzogskindern die Fremdsprachen Französisch und Englisch beizubringen.

---

[41] Fürstentum Schaumburg-Lippe, 340 Quadratkilometer und knappe 40000 Einwohner am Wesergebirge zwischen Minden und Hannover

Monsieur Gontard stammte aus Mömpelgard, wie man das französische Montbeliard in Kreisen der württembergischen Herrscherfamilie immer noch nannte. Im Zuge der französischen Revolution war dieser Jahrhunderte lange Besitz Württembergs in die Souveränität Frankreichs übergegangen, aber es gab auch dort noch manche Menschen, die wehmütig an die langen guten Beziehungen ihres Ländchens zu Württemberg dachten. Monsieur Gontard gehörte dazu. Er hatte wohl seinen Schülern recht gut die Sprache der „grande nation" beigebracht, aber er war halt ein sehr herkömmlicher, strenger Lehrer, der bei seinen Schülern nicht besonders beliebt war.

Ähnliches galt auch für die Lehrerin in Englisch, Miss Plimmer. Sie war eine Schottin, und ob das etwas hart ausgesprochene Englisch, das sie den Herzogskindern lehrte, am englischen Königshof zu Westminster Gefallen gefunden hätte, war fraglich. Nur konnte das in Carlsruhe niemand beurteilen.

Zwischen Miss Plimmer und dem neuen Hauslehrer Christoph Becker hatte sich ein merkwürdiges Verhältnis entwickelt. Sie war mit dem Neuankömmling etwa gleichaltrig, aber unverheiratet und daher bereits so etwas wie eine „alte Jungfer". Sie schien sich vorgenommen zu haben, den interessanten Junggesellen für sich zu angeln und machte ihm deutliche Avancen, wenn die beiden einmal allein waren. „Give me a kiss behind the door" flüsterte sie ihm mehr als einmal zu, doch der „sture Westfale" war nicht bereit, auf ihre Liebeserklärungen zu reagieren.

Standesherren und freie Bauern

Sommer 1859

Als einem der wenigen „höheren Bediensteten" gehörte es zu den Privilegien des Hauslehrers, regelmäßig am Mittagstisch des Herzogspaares teilzunehmen. Andere Gäste waren im Normalfall außer dem Herzogspaar und seinen beiden größeren Kinder der Haushofmeister v. Varnbühler, die Erste Hofdame der Herzogin, eine Gräfin Brühl, der Hofprediger Gneist, der Stallmeister Oberndörfer, und gelegentliche Gäste von Rang, Die Herzoginmutter Helene, die ebenfalls im Schloss lebte, nahm nicht daran teil. Sie vertrug sich nicht besonders gut mit ihrem Stiefsohn Eugen Erdmann und dinierte [42] lieber allein in ihren Gemächern im 1. Stock des Schlosses.

Je nach den Gesprächsthemen konnte es immer wieder interessante Diskussionen geben, mal über wirtschaftliche Fragen für das Schloss Carlsruhe, mal über politische Ereignisse, mal über die Besetzung von Posten innerhalb der nicht unbeträchtlichen „einfachen" Bedienstetenschaft des Schlosses oder über gesellschaftliche „faux pas" [43] von Bewohnern des Schlosses. Die noch nicht erwachsenen Kinder des Herzogs hatten dabei normalerweise zu schweigen, Hauptzweck ihrer Teilnahme war, dass sie das richtige Benehmen eines hohen Adligen bei Tisch lernten. Auch Christoph Becker hielt sich meist bescheiden zurück in seinen Diskussionsbeiträgen, aber wenn es um theologische oder pädagogische Fragen ging, wandte man sich schon gerne an ihn.

---

[42] dinieren: im 19. Jahrhundert noch allgemein gebräuchliches Fremdwort (aus dem Französischen) für „zu Mittag essen"
[43] „Fehltritte",

Eine der Unterhaltungen am Mittagstisch des Herzogs sollte sich ganz unerwartet zu einer aufschlussreichen Lehrstunde entwickeln: über die staatsrechtlichen Unterschiede der verschiedenen Territorien im Deutschen Bund, aber auch über die gesellschaftlichen Schichten in Deutschland, hoch und niedrig. Nicht nur der Hauslehrer Christoph Becker lernte dabei Neues, der bisher in seinem Theologiestudium kaum etwas von diesen sehr weltlichen Dingen gehört hatte. Auch für die anderen Zuhörer mochte das Thema sehr neu sein und manche nachdenklich machen.

Die Gelegenheit ergab sich, als der Haushofmeister, der Herr von Varnbühler, dem Herzog bei Tisch über einige Lieferungen von Kiefernöl aus der Carlsruher Ölfabrik an den Haushalt des Grafen von Maltzan in der Standesherrschaft Militsch berichtet hatte, die ja gar nicht weit von Carlsruhe entfernt lag. Christoph Becker fasste sich ein Herz, sich in das Gespräch einzumischen: „Erlauben Eure Hoheit die Frage: Ist hier unser Carlsruhe auch so eine Standesherrschaft? In meiner Heimat Westfalen ist mir dieser Begriff noch nie begegnet."

Der Herzog nahm seinem Hauslehrer dieses fehlende Wissen nicht übel, er freute sich im Gegenteil, einmal dem sonst so allwissenden Lehrer seiner Kinder selbst etwas beibringen zu können, noch dazu auf einem Gebiet, wo er sich bestens auskannte. „Nein, mein lieber Herr Becker, eine Standesherrschaft, das ist rechtlich und staatsrechtlich etwas ganz Anderes als mein Besitz hier in Carlsruhe. Schon meinem Urgroßonkel hat das Land hier gehört, und er hat hier das Schloss bauen lassen, um das Jahr 1750, also vor gut hundert Jahren, auf Grund und Boden, das ihm als Allod gehörte. Wissen Sie, Herr Becker, was ein Allod ist?"

Als der Hauslehrer höflich verneinte, erklärte Herzog Eugen Erdmann gerne: „Ein Allod gehört einer Adelsfamilie als volles Eigentum, nicht etwa als ein durch ein Lehnsverhältnis beschränkter Besitz. Man kann es frei vererben oder auch verkaufen. Das geht bei einer Standesherrschaft nicht, die eigentlich ein Überbleibsel aus dem mittelalterlichen Lehnsrecht ist. Wenn die Inhaberfamilie in einer solchen Standesherrschaft ausstirbt, also etwa die Grafen Maltzahn in Militsch, fällt der Besitz an den übergeordneten Lehnsgeber wieder zurück und könnte theoretisch an eine andere Adelsfamilie vergeben werden. Heute ist das mit dem Verlehnen nicht mehr üblich, aber solche Besitzansprüche aus alter Zeit werden noch geachtet, soweit sie noch bestehen."

Der Herzog machte eine kurze Pause, um seine Gedanken zu ordnen. Dann fuhr er fort: „Hier in Schlesien ist es ziemlich kompliziert, denn manche dieser Standesherrschaften stammen noch aus der Zeit der böhmischen Herzöge aus der Familie der Podiebrad [44], die einst im Mittelalter in dem damals zu Böhmen gehörenden Schlesien Orte und Land als Lehen an verdiente Familien vergeben haben, und sie haben danach den Wechsel unter die Krone Österreichs und vor gut 100 Jahren unter die Krone Preußens erlebt. Von der einstigen teilweisen – nur sehr teilweisen ! - Souveränität dieser Standesherren ist heute fast nichts mehr übrig geblieben, nur ein paar kleine Vorrechte als Adlige."

„Und hier die Herrschaft Carlsruhe ...?!" traute sich Christoph Becker nachzufragen. „Ja, ich sagte schon, das ist ganz etwas Anderes. Hier ist der Sitz der schlesischen Linie der Familie des Königs von Württemberg. Mein Großvater war der jüngere Bruder des einstigen Herzogs und späteren Königs von Württemberg, Friedrich I., und daher nicht thronfolgeberechtigt. Seit ihm gibt es die schlesische Linie [45]. Doch ist es nicht völlig ausgeschlossen, dass einst mein Sohn, Herzog Wilhelm Eugen - Ihr Schüler, werter Herr Becker ! - einmal in Stuttgart als König herrschen kann,

---

[44] eine slawische Herrscherfamilie aus Böhmen
[45] genau genommen de 2. schlesische Linie, davor gab es bereits Herzöge von Württemberg-Oels.

denn der jetzige Kronprinz Karl hat bisher keine Kinder, und es sieht auch nicht so aus, als würde er noch welche bekommen. Allerdings gibt es noch den Herzog Wilhelm, den Sohn meines verstorbenen Vetters Wilhelm aus der königlichen Linie, der nach dem jetzigen Kronprinzen thronberechtigt würde. Doch wenn d e m vor dem Regierungsantritt etwas passiert, dann rückt die schlesische Linie nach, und mein Sohn Wilhelm Eugen wäre der nächste Thronanwärter."

„Du hast es gehört, Wilhelm," wandte sich Eugen Erdmann nun direkt an seinen Sohn, der wie immer bescheiden am hinteren Ende des Tisches neben seinen Schwestern zu sitzen und normalerweise den Mund zu halten hatte. „Weil du möglicherweise einmal König von Württemberg werden kannst, solltest du dich jetzt schon sehr bemühen, so viel wie möglich zu lernen. Ein König muss zwar nicht alles wissen, dafür hat er seine Berater. Aber eine sehr gute Allgemeinbildung ist nun einmal unumgänglich, wenn ein König nicht sich und sein erlauchtes Haus unsterblich blamieren will. Ich hoffe, dein Lehrer, der Herr Becker hier, wird dir dabei sehr gut helfen." Ergeben nickte der 13-jährige Prinz mit dem Kopf. Was er dabei dachte, äußerte er nicht.

„Dann ist Schloss Carlsruhe so etwas wie ein Nebensitz des Stuttgarter Königsschlosses, nur nach Schlesien in den Staat Preußen ausgelagert?" wagte der Hauslehrer nachzufragen. „Das kann man durchaus so sagen," meinte der Herzog nach kurzer Pause, in der er den Satz durch seinen Kopf gehen ließ. „Natürlich haben wir hier nichts im Königreich Württemberg zu regieren, aber die täglichen Geschäfte der vielen Bewohner von Schloss und Herrschaft Carlsruhe sind doch so umfangreich, dass ich schon genug damit zu tun habe."

„Wie ist es denn bei Ihnen zu Hause, lieber Herr Becker," warf nun die junge Gräfin Brühl in das Gespräch ein. Sie war die Erste Hofdame der Herzogin Mathilde, und offensichtlich mochte sie den etwa gleichaltrigen stattlichen Hauslehrer Becker gut leiden, sonst hätte sie nicht den Gesprächsfaden auf dessen Heimat geleitet. „Sie stammen doch aus Westfalen, erzählen Sie doch, wie es da mit den Adelsgütern bestellt ist."

Fast schien es, der Hauslehrer sei ein klein wenig schockiert, dass er hier so direkt nach seiner Herkunft angesprochen wurde. Doch er fing sich sofort. Höflich, aber durchaus selbstbewusst, wenn auch etwas nachdenklich begann er seine Antwort. „Gnädige Frau Gräfin, Sie wissen vielleicht nicht, dass mein Vater ein Heuerling ist. In meiner Heimat nennt man so einen Knecht eines Bauern, aber mein Vater war Knecht aus Erbschaftsgründen. In meinem heimatlichen Teil Westfalens, im Ravensbergischen, gilt das so genannte Jüngsten-Erbrecht, das heißt, der jüngste Sohn eines Bauern erbt das väterliche Gut ungeteilt. Die älteren Brüder – und das war mein Vater - und Schwestern müssen sich einen anderen Beruf suchen, oder aber sie können auf dem väterlichen Hof als Knechte und Mägde arbeiten. Das war das Los meines Vaters, ich bin in einem Kotten groß geworden, das heißt in einem kleinen Haus mit einem winzigen Garten und Ziegenstall, nicht einmal in einem richtigen Bauernhof. Aber mein Vater war ein kluger Mann, er hat mir schon früh Lesen und Schreiben beigebracht."

Christoph Becker machte eine kurze Pause, die aber von niemandem in der Tischgesellschaft ausgenützt wurde, um dem Gespräch eine andere Wendung zu geben. Offenbar waren alle am Esstisch des Herzogs von Württemberg ein wenig überrascht, aber auch fasziniert von dem Gedanken, hier mit einem Abkömmling der untersten Gesellschaftsschicht zusammen zu sitzen, der es dennoch so weit gebracht hatte, als gleichberechtigter Gesprächspartner hier im Kreise der Herzogsfamilie zu plaudern.

„Mein Onkel, der eigentliche Bauer im Hof Holtkamp Nr. 15– Gott hab ihn selig, er ist vor zwei Jahren gestorben – war ein freier Bauer, und vor ihm seine Ahnen waren das auch, über ungezählte Generationen hinweg. Nie hat, so viel ich weiß, ein Adliger irgendwelche Rechte über ihn gehabt. Es gibt zwar einzelne Adelsgüter auch im Ravensberger Land, etwa Gut Patthorst, eine knappe Meile von meiner Heimat entfernt, ein schönes Wasserschloss mit Gräfte [46] im Besitz einer Familie von Closter und später von Eberstein. Aber mit den vielen, vielen freien Bauern bei uns zu Hause hat es nichts zu tun. Die Vorfahren der Herren von Closter sind, so weit ich weiß, erst viel später ins Land gekommen als meine eigenen Vorfahren und deren Nachbarn. Sie haben ihr kleines Stück Land vor ein paar hundert Jahren von irgendeinem Grafen bekommen, meine Vorfahren waren dagegen schon immer da und haben nur den König über sich und keine adligen Gutsherren. Sie waren stets freie Bauern."

Christoph Becker hatte zuletzt mit spürbarer Erregung gesprochen, und der Stolz auf die Abkunft seiner, wenn auch bäuerlichen, Familie war ihm anzumerken.

„Es sind doch offenbar ganz andere Verhältnisse bei Ihnen im Westen Deutschlands als hier im Osten," gab Gräfin Brühl zu bedenken, wohl im Bemühen, den anderen Tischgenossen ja keine Gelegenheit zu geben, eine direkte oder indirekte abschätzige Bemerkung über die niedrige soziale Herkunft des Tischgenossen einzuwerfen und damit das Gespräch auf ein falsches Niveau herunterzuziehen. „Seien Sie versichert, lieber Herr Becker, dass ich Sie nicht wegen Ihrer Abkunft von freien Bauern verachte".

Die Betonung auf dem „Ich" in diesem Satz der Gräfin Brühl war nur für einen aufmerksamen Zuhörer zu bemerken. „Schließlich leben wir im fortschrittlichen 19. Jahrhundert und haben schon so viele gesellschaftliche Umwälzungen hinter uns, dass dies heute keine Rolle mehr spielen sollte."

---

[46] Wassergraben

Der Hausherr, Herzog Eugen Erdmann, war jetzt offensichtlich bemüht, dem Gespräch eine andere Wendung zu geben, es schien ihm in ein gefährliches, ja nahezu revolutionäres Fahrwasser zu geraten. „Ihr Bericht vorhin, lieber Herr von Varnbühler, über die Lieferung von Kiefernöl erinnert mich daran, dass ich gerne bei Gelegenheit mehr von Ihnen wüsste über diesen Gewerbezweig, der sich offenbar hier bei uns in Carlsruhe gut entwickelt."

Das war ein deutliches Zeichen, dass es nicht geraten war, das Thema von den freien Bauern und den Adligen in Württemberg oder in Preußen am Mittagstisch des Herzogs von Württemberg schlesische Linie im Schloss Carlsruhe allzu sehr zu vertiefen.

Ein Kavaliershaus am Schloss Calsruhe

Probleme bei der Erziehung von Prinzen

Carlruhe, 1859 -1861

Für den Hauslehrer und seine beiden Schüler trat allmählich der Alltag ein. Er stellte fest, dass bei beiden Kindern ein guter Lernerfolg vor allem dann zu erzielen war, wenn der Lehrer es einrichten konnte, dass sie untereinander im Wettbewerb stehen mussten. Die ganz andere Art des Schulunterrichts, die Christoph Becker eingeführt hatte, gegenüber den althergebrachten Methoden vorhergegangener Lehrer, verschaffte ihm immer mehr Vertrauen seiner Schüler und auch erfreuliche Lernerfolge.

Allerdings musste der Hauslehrer bald feststellen, dass es ihm nicht so leicht möglich war, seine Planungen für das ganze kommende Schuljahr einzuhalten. Das lag an der etwas unüberlegten Art, mit der die herzoglichen Eltern über ihre Zeit und die ihrer Kinder zu verfügen pflegten.

Die Mutter nutzte die Sommerzeit zu einem ausgedehnten Besuch bei ihren Eltern, dem Fürsten und der Fürstin von Schaumburg-Lippe, und sie nahm ihre drei Kinder dazu mit. Im Kleinstädtchen Schaumburg verbrachten diese schöne Ferien zusammen mit ihren Vettern und Kusinen, den Prinzen und Prinzessinnen von Schaumburg, in dem Schloss, das nur wenig größer war als das von Carlsruhe. Für die Kinder war es natürlich wunderbar, dass diese Sommerferien viel länger dauerten als die üblichen sechs Wochen an öffentlichen Schulen. Aber der Lehrer musste sehen, wo er mit seinen Plänen für eine vernünftige Verteilung des Lehrstoffes auf das ganze Schuljahr blieb.

Immerhin schrieben beide Zöglinge gerne aus Schaumburg an ihren Lehrer Briefe, und der versuchte dann, in seinen Antwortbriefen den Kindern Aufgaben zu stellen, ohne dass dies zu sehr nach Schulaufgaben aussah.

Auch andere längere Ausfälle von Schulunterricht hinderten den Hauslehrer, den von ihm sorgfältig geplanten Stoff an seine Schüler zu vermitteln. Mehrmals wurde Prinz Wilhelm für einige Wochen krank, einmal auch die Prinzessin Wilhelmine, sogar für drei Monate. Und auch den Hauslehrer plagte längere Zeit eine Halsentzündung; ihretwegen musste er sogar für vier Wochen das bekannte Heilbad Cudowa [47] aufsuchen.

Allmählich aber gewöhnte sich der Hauslehrer an den seltsamen Umgangston an einem herzoglichen „Hof", der an sich ja nichts anderes war als ein großes Adelsgut in einer preußischen Provinz. Doch der in Ehren in den Ruhestand verabschiedete preußische General Eugen Erdmann legte offenbar großen Wert auf seinen Rang als Repräsentant der „schlesischen Linie" des württembergischen Königshauses und erweckte manchmal den Anschein, hier im kleinen oberschlesischen Carlsruhe residiere ein wichtiger Teil dieser Königsfamilie. So musste ja auch der Hauslehrer seine beiden einzigen Schüler behandeln.

Nach den Osterferien des Jahres 1860, beim Beginn des neuen Schuljahres, fand sich in seiner Schulstube gelegentlich ein süßes kleines Mädchen ein und wollte auch Schule haben. Es war Prinzessin Pauline, die inzwischen sechs Jahre alt geworden war und von einem anderen Privatlehrer das ABC beigebracht bekam. Aber sie hatte den freundlichen Lehrer ihrer beiden Geschwister lieb gewonnen und hätte viel lieber bei ihm Lesen und Schreiben gelernt als bei dem langweilige Schulmeister, den die Eltern für sie angestellt hatten. Aber die Eltern waren der Ansicht, dass der

---

[47] Altes Heilbad im Heuscheuergebirge (Niederschlesien), an der Grenze zu Böhmen (Tschechien)

Herr Gymnasiallehrer Becker seine Zeit nicht für den Unterricht einer Sechsjährigen verschwenden solle.

Christoph Becker fand mit der Zeit auch Kontakt zu den Bewohnern des Städtchens Carlsruhe, die nicht direkte Bedienstete des Hofes waren. Hier hatten sich im Laufe der über hundert Jahre, die das Schloss schon alt war, verschiedene Gewerbe angesiedelt und fanden ihr Auskommen. Es gab einen Kretscham [48] und einen Kaufmannsladen. Ein ehemaliger Bauer hatte eine Schnapsbrennerei aufgemacht, und ein unternehmungslustiger Privatier eine Fabrik, in der aus den in den Wäldern um Carlsruhe überreichlich vorhandenen Fichtennadeln ein angeblich sehr heilsamer Extrakt hergestellt wurde.

Alle diese Gewerbetreibenden hatten Hilfsarbeiter und Hausmägde, und diese hatten wiederum Familien. Die Kinder aus diesen Familien und die der zahlreichen Bediensteten des Schlosses brauchten eine Schule, Tatsächlich war schon ein Jahrhundert früher ein ausreichend großes Schulgebäude im Städtchen Carlsruhe errichtet worden, noch vom Gründer des Ortes, dem inzwischen sagenumwobenen Herzog Carl Christian Erdmann von Württemberg-Oels. Mit dem derzeitigen Lehrer dieser Schule nahm Christoph Becker recht bald Kontakt auf, schließlich war er ja ein Amtskollege.

---

[48] In Schlesien Bezeichnung für Gastwirtschaft

Unbotmäßigkeit oder Heldenmut ?

Anfang Dezember 1860

Im Stall des Schlosses stand neben vielen Pferden auch ein Esel. Normalerweise war er der geduldige Träger von Säcken, Kisten und anderem Gepäck in die verschiedenen Häuser, die zum Schlosskomplex gehörten. Doch im Winter hatte er eine zusätzliche Aufgabe, nämlich – getrieben von seinem Halter, dem Schlossknecht Willy Kowalzik – eine Fußspur durch den hohen Schnee zu treten, zwischen dem Schloss-Eingang und den verschiedenen Kavaliershäusern zu beiden Seiten. Sonst hätte jeder Verkehr dazwischen eine Kraftanstrengung verlangt, die man mindestens den höheren Beamten des Hofes nicht zumute wollte.

Dass Kowalzik und sein Esel an diesem Morgen bereits unterwegs waren, war für die Einwohner Carlsruhes, die so früh aus dem Fenster blickten, ein Zeichen, dass der Winter endgültig seinen Einzug gehalten hatte. In der Nacht hatte es fast eine Elle [49] Neuschnee gegeben, und das bot ein verlässliches Zeichen für eine weiße Weihnacht. Der blaue Himmel versprach einen wunderbaren Wintertag mit viel Sonne.

Der frisch gefallene Schnee war auch der Auslöser für eine hektische Betriebsamkeit für einige Bewohner des Schlosses und der umliegenden Häuser. Denn Herzog Eugen Erdmanns Nachbar, der Herr von Winterberg, hatte ihn und einige Herren aus seinem Hofstaat zur Jagd eingeladen, „sobald der erste frische Schnee gefallen ist". Denn dann konnte man mit Pferdeschlitten gut über die Waldwege kommen. Sein Gut Dombrowka lag etwa anderthalb Meilen [50] von Carlsruhe entfernt. Daher waren am heutigen

---

[49] Altes Längenmaß, ca. 50 Zentimeter
[50] ca. 11 Kilometer, 1 Meile (preußisch) ca. 7,5 Kilometer

Morgen der Herzog und sein Adjutant, Oberleutnant a. D. von Minkwitz, sowie der frisch angetraute Ehemann der Zweiten Ehrendame der Herzogin, der junge Herr von Bodenteich, eifrig dabei, sich für den Ausflug in die frische kalte Luft genügend warm anzuziehen. Die lange Fahrt auf dem Pferdeschlitten und nachher der Ansitz, um ein paar Wildschweine zu erlegen, mussten ja ohne Erfrierungen überstanden werden. Der Hofjäger von Schloss Carlsruhe, Carl Meier, sowie einige Jagdknechte, sollten zur Verstärkung der Winterberg'schen Treiber in einem besonderen Schlitten den Herren hinterher fahren.

Früh um 9 Uhr verließ die kleine Jagdgesellschaft Schloss Carlsruhe, begleitet von den aufmunternden Tönen des Jagdhorns. Für den Rest der Schlossbewohner begann der normale Alltag. Prinz Wilhelm und seine Schwester Minna hatten bei Herrn Becker Schule und mussten eine größere Mathematik-Aufgabe lösen. Die Herzogin zog sich mit ihrer Hofdame v. Bodenteich zu einer Sichtung ihres Kleiderschranks zurück, eine Arbeit, die sie sich schon lange einmal für einen ruhigen Tag vorgenommen hatte.

Der übliche Mittagstisch für die herzogliche Familie und ihren kleinen Hofstaat fiel diesmal sehr klein aus, weil ja drei männliche Teilnehmer abwesend waren. Während der Mittagsruhe, die danach die Herzogin Mathilde einzuhalten pflegte, kam der Begleitschlitten des Herzogs an. Der Hofjäger Meier berichtete der jungen Frau von Bodenteich, der Herzog und der Herr von Minkwitz würden etwa eine Stunde später ebenfalls im Schloss eintreffen. Nur der Herr von Bodenteich sei wegen einer Unpässlichkeit bei einem Vorwerk des Gutes Dombrowka ausgestiegen und halte sich dort noch auf, etwa eine gute Meile von Carlsruhe entfernt.

Was genau dem jungen Herrn von Bodenteich fehlte, konnte der Jägermeister nicht sagen. Für seine Frau war die Mitteilung jedoch das Signal für eine hektische Tätigkeit. Sie warf einen

Pelzmantel über, zog sich feste Schuhe an und eine Pelzmütze auf den Kopf. Ihre Dienerin musste dasselbe tun, und dann verließen die beiden jungen Frauen das Schloss, kaum zehn Minuten nach dem Eintreffen der Nachricht.

War es nicht klar, dass der Jungvermählten jetzt nichts wichtiger war als das Ergehen ihres Mannes? Zu ihm wollte sie - weiter überlegte sie nicht dabei. Dass es gefährlich war, wenn zwei junge Frauen durch den hohen Schnee unterwegs waren, wo der Mittag schon weit vorüber war und es bald dunkel werden würde, dass der Weg von einer Meile viel zu lang war, und dass es zum Gut Dombrowka nicht einmal im Sommer eine gut ausgebaute Straße gab, sondern nur Waldwege, die der Jägermeister und seine Knechte wohl gut kannten, nicht aber das Hoffräulein. Das alles bedachte die junge Frau in ihrer Aufregung nicht. Auch nicht, dass sie ihrer Herrin, der Herzogin, unbedingt hätte Mitteilung von ihrem Vorhaben machen müssen und sie um Urlaub hätte bitten müssen.

Eine Stunde später kam der herrschaftliche Schlitten mit den beiden Männern wieder an, dem Herzog und dem Herrn von Minkwitz, beladen mit zwei Wildschweinen, dem Carlsruh'schen Anteil an der gemeinsamen Jagd. Selbstverständlich wurde dem Herzog brühwarm von dem überhasteten Aufbruch der jungen Frau von Bodenteich und ihrer Dienerin berichtet. Man war ihr unterwegs nicht begegnet.

Nicht umsonst war Herzog Eugen Erdmann den größten Teil seines bisherigen Lebens Soldat gewesen. Sofort befahl er seinem Jägermeister und einem Reitknecht, den Schlitten auf der Stelle umzudrehen und in höchstem Tempo den Frauen nachzufahren, um sie irgendwo auf der Strecke im Wald aufzulesen. Erst dann war er bereit, sich die Klagen seiner Frau darüber anzuhören, dass es dem „unvernünftigen jungen Ding" doch tatsächlich eingefallen sei, ihre Herrin, die Herzogin, ohne ein Wort der Entschuldigung zu verlassen und dass sie, ohne um Erlaubnis zu fragen, das Schloss verlasse habe.

Inzwischen hatte sich die frühe Dunkelheit des Winterabends über Schloss Carlsruhe gesenkt, und dessen Bewohner warteten nervös auf die Rückkehr des nach Dombrowka ausgesandten Schlittens. Doch tatsächlich fuhren nach zwei Stunden gleich zwei Schlitten vor, sie hatten durch hell leuchtende Fackeln, die in einem Halter am Schlittenrand gesteckt waren, während der Fahrt genügend Licht gehabt. Ein Schlitten war der vom Schloss Carlsruhe mit dem Jägermeister und einem Jagdknecht. Er war unterwegs dem anderen Schlitten begegnet, in dem der Herr des Gutes Dombrowka den bei ihm gestrandeten jungen Herrn von Bodenteich nach Hause befördern ljeß. Unterwegs hatte man auch die beiden jungen Frauen aufgegabelt, halb erfroren und ängstlich wegen der Dunkelheit, aber sonst ganz wohlbehalten. Dem Herrn von Bodenteich war unterwegs plötzlich übel geworden, er hatte sich übergeben müssen und war deswegen auf dem Dombrowka'schen Vorwerk zurückgeblieben. Jedenfalls waren nun alle Herrschaften, die nach Carlsruhe gehörten, mehr oder weniger gesund und wohlbehalten wieder zu Hause.

Natürlich waren am folgenden Tag diese aufregenden Vorfälle das Hauptgesprächsthema der meisten Bewohner von Carlsruhe. Der Hauslehrer Christoph Becker benutzte sie zu einem pädagogischen Beispiel über das richtige Verhalten von Menschen, als er am kommenden Vormittag den strahlenden Sonnenschein zum Anlass nahm, mit seinen beiden Schülern einen Spaziergang durch den Schnee in den großen Schlosspark zu machen. An einem solchen Tag war der Aufenthalt an der frischen Luft unbedingt einer Lektion in der dunklen Schulstube mit einer Übersetzung aus Caesars „De bello Gallico" vorzuziehen.

„Was war denn nun das Verhalten der jungen Frau von Bodenteich nach Ihrer Meinung, lieber Prinz und liebe Prinzessin?" fragte er seine Schüler. Prinz Wilhelm hatte mit angehört, wie am vorigen Abend seine Mutter empört ihre Hofdame gescholten hatte, sie habe jede Achtung vor ihrer Herrschaft, einer leibhaftigen Herzogin von Württemberg, vermissen lassen, indem sie ohne Mitteilung und ohne ausdrückliche Zustimmung ihrer Herrin das Schloss verlassen habe. Das gehöre sich nicht für eine Edeldame am Hof eines Herzogs aus der württembergischen Königsfamilie. Prinz Wilhelm war, ohne lange darüber nachzudenken, auch der Meinung, hier habe die junge Frau falsch gehandelt, sie hätte unbedingt erst die Einwilligung ihrer Vorgesetzten, der Herzogin, einholen müssen.

Doch die Prinzessin, inzwischen 16 Jahre alt, hatte wohl eine andere Einstellung. „Vielleicht liegt es daran, dass ich auch eine Frau bin," erklärte sie dem Erzieher, „aber ich bin hier anderer Meinung. Die liebe Frau von Bodenteich hat doch angenommen, es gehe darum, ein Menschenleben zu retten. Dass das tatsächlich gar nicht der Fall war, konnte sie gestern Nachmittag noch nicht wissen. Sie hat, wie ich meine, die einzig richtige Folgerung gezogen und hat sich aufgemacht, um ihren Mann zu suchen und ihm zu helfen. Wir wissen jetzt, dass sie dabei nicht genügend nachgedacht hat, w i e sie das verwirklichen könne. Darauf kommt es aber überhaupt nicht an, wie ich finde. Wichtig ist mir die Grundeinstellung, einem anderen Menschen in Not auf jeden Fall zu helfen. Ich meine, die Frau von Bodenteich hat ein großes Lob verdient, statt von meiner Mama ausgescholten zu werden."

„So, wie du das sagst, Minna, muss ich dir recht geben", sagte Prinz Wilhelm dazu. Der Lehrer Becker warf seinem Schüler einen warmen Blick zu und versuchte vorsichtig seine Meinung auszudrücken, die vielleicht von der seiner Herrschaft, dem Herzogspaar, erheblich abwich. „Gibt es nicht auch falsche Anstandsregeln, selbst an Herzogshöfen, Regeln, die zurückstehen müssen, wenn es darum geht, Menschen zu retten ? Was meinen Sie, Prinz ?"

Der junge Wilhelm dachte einen Augenblick nach. „Ich bin ja zu jung, um hierzu etwas s a g e n zu dürfen, wie es wohl Erwachsenen zusteht. Aber ich denke, ich werde morgen der lieben Frau von Bodenteich einen schönen Tannenzweig als Adventsgruß vor die Tür legen, damit sie etwas hat, worüber sie sich freuen kann." Dankbar blickte Christoph Becker seinen Schüler an und strich ihm mit der Hand über das dunkelbraune Haar, das unter seiner Pelzmütze hervorschaute. Dass er damit bereits einen „Fauxpas" beging – den Angehörigen eines leibhaftigen Herzogs als bürgerlicher Bediensteter zu berühren – kam in diesem Augenblick weder dem Schüler noch dem Lehrer in den Sinn.

Noch mehr freute sich der Hauslehrer über das, was die junge Prinzessin Minna als ihr Fazit des Gesprächs beisteuerte. „Ich bin ein bisschen älter als du, Willy, und ich traue mich, dazu auch etwas zu s a g e n . Ich werde ihr sagen, dass ich sie bewundert habe, wie sie als tapfere Ehefrau für ihren Mann gehandelt hat, und dass sie sich keine Sorgen darüber machen soll, dass man sie ausgeschimpft hat. Ich traue mich, das auch in Gegenwart unserer Eltern zu sagen, immerhin bin auch ich eine Prinzessin von Württemberg."

Das „Jahrhundertfest"

Carlsruhe, Juni 1861

Es war im Frühsommer des Jahres 1861, als unter den Bewohnern des Städtchens Carlsruhe ein merkwürdiges Gesprächsthema auftauchte. Im Kretscham „Zur Gans" kam man am Stammtisch der dortigen Honoratioren immer wieder darauf, dass die hiesige Schule schon vor 100 Jahren gebaut worden sei. Wäre das nicht ein gegebener Anlass, endlich einmal eine schöne Feier zu veranstalten, die die Bewohner des Städtchens und des Schlosses, also des Hofes, vereinen könnte ? Keiner der heutigen Einwohner Carlsruhes konnte sich an ein großes Fest erinnern, wie sie hier vor hundert Jahren gang und gäbe gewesen waren.

Bald kam das Thema auch beim Mittagsmahl des Herzogs mit seinem Hofstaat zur Sprache. Jemand berichtete, dass im Städtchen der lebhafte Wunsch nach einem hübschen Fest bestehe, einem Fest, das seinen Anlass einmal nicht bei Hofe haben würde, sondern gewissermaßen aus der Mitte der Bevölkerung kam.

Herzog Eugen Erdmann wollte anfangs davon eigentlich gar nichts hören. Er war sowieso kein Freund von Festlichkeiten, und mit den Anliegen der Bewohner des Städtchens beschäftigte er sich auch nur ungerne. Im Gegensatz zum Gründer Carlsruhes war er im Grunde ein geiziger Mensch, der die nach seiner Meinung ohnehin zu knappen Gelder aus der Apanage[51] vom württemberger Hof in Stuttgart lieber sparte als ausgab. Doch hartnäckig kam das Thema immer wieder während der Diners an der Herzogstafel auf.

---

[51] Apanage, vom Hof eines regierenden Fürsten an dessen Verwandte bewilligte Gelder, die damit eine angemessene Lebensführung finanzieren sollten

Der Hauslehrer als ständiger Gast am Tisch des Herzogs hatte bei den Diskussionen über die mögliche „Jahrhundertfeier" der Carlsruher Schule bisher klugerweise den Mund gehalten, aber aufmerksam zugehört. Wie wohl alle anderen Tischgäste war er höchst erstaunt, als Prinzessin Minna unerwartet das Wort nahm und meinte: „Ich finde, das ist doch eine sehr gute Idee der Einwohner von Carlsruhe, ein solches Fest organisieren zu wollen. Es zeigt, dass sie nicht sprachlose Untertanen sind, sondern richtigen Bürgersinn entfalten. Und das von diesen Leuten geplante Fest scheint mir ein sehr harmloses und zugleich würdiges Vergnügen werden zu sollen. Wenn Sie, verehrter Herr Vater, nicht direkt in Verbindung damit gebracht werden möchten, wäre es nicht vielleicht möglich, wenn ich als Ihre Tochter quasi die Schirmherrschaft über das Fest übernähme? Dann hätte das Bürgerfest dennoch einen engen Bezug zu unserem Herzogshaus."

Es gab zu diesem überraschenden Vorschlag einiges Hin und Her, aber schließlich entschied Herzog Eugen Erdmann, dann solle in Gottes Namen die Minna die Schirmherrin für dieses Fest werden. Schließlich werde sie vermutlich, wenn sie erwachsen und die Ehefrau eines regierenden Fürsten sei, solche Ehrenämter noch vielmals ausüben müssen. Im Grunde war er froh, auf diese Weise eine ihm unangenehme Entscheidung vermeiden zu können. So musste er sich nicht mehr um dieses seltsame, ihm irgendwie widerstrebende Fest kümmern. Dass er es auch nicht schlicht verbieten konnte, war ihm klar.

Prinzessin Wilhelmine, von ihrer Familie stets „Minna" genannt, war inzwischen zu einer bildhübschen jungen Frau von fast 17 Jahren herangereift, und sie hatte so viel Bildung und Selbstbewusstsein angesammelt, dass man sie wahrlich nicht mehr als unmündiges Kind behandeln konnte. Insgeheim war ihr klar, dass ein erheblicher Teil ihrer Reife auf den Unterricht, vielleicht sogar ein wenig auf das Vorbild ihres Lehrers Christoph

Becker zurückzuführen war. Zu ihm hatte sie volles Vertrauen gefasst.

So fand sie es auch selbstverständlich, dass sie ihn bat, sie zu begleiten, als sie noch am gleichen Abend den Kretscham „Zur Gans" aufsuchen wollte, um dort mit den Prominentesten unter den Bürgern nähere Einzelheiten des geplanten Festes zu besprechen. Allein, ohne eine Ehrenbegleitung, hätte eine Dame ihres Ranges nicht dorthin gehen können.

Die Runde am Stammtisch „zur Gans" war höchst erstaunt, aber zugleich auch erfreut, als die hübsche Prinzessin Wilhelmine sich als künftige Schirmherrin des geplanten Stadtfestes vorstellte. Bald war ein lebhaftes Gespräch im Gange, was zur Vorbereitung und Durchführung des Festes alles unternommen werden müsste. Wilhelmine war überwältigt von der Fülle banaler Probleme, die gelöst werden mussten, Dinge, von denen sie in ihrem abgeschiedenen Zirkel im Schloss nebenan nie eine Ahnung gehabt hatte. Ihr Mentor und Begleiter Christoph Becker beteiligte sich gelegentlich auch an der Diskussion, allerdings waren auch ihm viele Dinge bisher fremd geblieben.

Es zeigte sich, dass es eigentlich der Wunsch der Leute im Städtchen nach einem größeren Fest gewesen war, der die Diskussion ausgelöst hatte. Dann war jemand auf die überraschende Tatsache gekommen, dass es genau hundert Jahre her war, seit in Carlsruhe das alte Schulgebäude eingeweiht worden war. „Nehmen wir das doch als Anlass für unser Fest!"

Man wusste, dass einst im Städtchen ein größeres Gebäude als Theatersaal gedient hatte. Heute hatte der Fabrikant von Fichtennadel-Extrakt ein Warenlager darin, aber er war gerne bereit, es aus Anlass des Festes vorübergehend freizuräumen. Musiker mussten aus Nachbarstädten eingeladen werden, denn das einstige Orchester von Carlsruhe existierte ja auch schon seit mehr als 50 Jahren nicht mehr. Schmuck für den Saal, musste ausgeborgt werden, ebenso Bänke und Tische. Der Wirt des Kretscham musste all seinen Vorrat an Gläsern und Besteck zur Verfügung stellen und natürlich auch für das leibliche Wohl der Festgäste zuständig sein.

Das alles kostete Geld. „Versprechen Sie sich bitte keinen großen Zuschuss aus dem Schloss", musste Hauslehrer Becker anstelle der eigentlich für diese Frage zuständigen Prinzessin einwenden, „Seine Hoheit, der Herzog, ist leider nicht ein so reicher Mann wie sein Vorfahr," Aber durch Umlagen unter den Betreibern der verschiedenen Gewerbe im Städtchen kamen wohl auch genügend Mittel zur Deckung der Unkosten zusammen. Die Teilnehmer des Festes sollten dann ein geringes Eintrittsgeld bezahlen, um die Kosten auszugleichen.

Das Vorbereitungstreffen war ein voller Erfolg. Und weitere Besprechungen – immer unter interessierter Teilnahme der jungen Schirmherrin aus dem Schloss und ihrem Ehrenbegleiter – sorgten dafür, dass das erste große Stadtfest all den vielen Gästen aus Carlsruhe und Umgebung in bester Erinnerung blieb, als es am 17. Juni des Jahres 1861 endlich stattfand, genau hundert Jahre nach der Einweihung des Schulgebäudes.

Es wurden Ansprachen gehalten, bei denen sich der Hofprediger Gneist aus dem Schloss besonders hervortat, man zog gemeinsam zum Schulgebäude und schmückte es mit frischem Grün aus den Wäldern rund um das Schloss. Anschließend spielte im einstigen Theatersaal die für diesen Anlass zusammengestellte Kapelle muntere Weisen, und die Schirmherrin des bürgerlichen Vergnügens, Ihre Hoheit Prinzessin Wilhelmine von Württemberg, tanzte anmutig den Ehrentanz mit dem reichsten Mann Carlsruhes (außer dem Herzog), dem Fichtennadel-Extrakt-Fabrikanten Droemer.

Als am späten Abend nach dem Ende des Festes die junge Prinzessin zurück zum Schloss ging, wie immer höflich begleitet von ihrem Hauslehrer, blieb sie am Eingang stehen. „Ich bin so glücklich, wie noch nie in meinem Leben, mein lieber Herr Becker", brach es aus ihr heraus. „ich habe in den wenigen Wochen so viel gelernt, wie noch nie in Ihrer Schule, Sie nehmen mir das nicht übel. Wissen Sie, es ist Wissen für das praktische Leben, davon habe ich ja bisher kaum je etwas gehört gehabt. Ich meine, ich wäre in den drei vergangenen Wochen um mindestens fünf Lebensjahre älter und reifer geworden. Und das habe ich Ihnen zu verdanken, lieber Herr Becker, Sie haben mich so treu begleitet und beraten, ich weiß gar nicht, wie ich Ihnen dafür danken soll!"

Und in einem völlig unstandesgemäßen Anfall von Fehlverhalten lehnte sie sich an den stattlichen jungen Lehrer und schlang ihre Arme um seinen Körper. Sie war ja nicht nur die hoheitliche Prinzessin, sie war auch ein weibliches Wesen, ein junges Mädchen auf dem Wege zur Frau.

Dann riss sie sich los und verschwand in der Eingangstür des Schlosses.

Ein pädagogisches Gutachten

Carlsruhe, August 1861

So gerne der Carlsruher Hauslehrer Christoph Becker inzwischen an seine Schülerin Prinzessin Wilhelmine und ihre unübersehbaren Fortschritte dachte, umso bedenklicher schien ihm immer mehr das Verhalten seines anderen Schülers, des Prinzen Wilhelm. Über dessen Wissensfortschritte konnte er nicht klagen. Dank seiner anregenden Unterrichtsmethoden hatte der Lehrer es geschafft, dass auch Willi sich für den Stoff seiner verschiedenen Fächer zu interessieren begann. Dumm war er ja nicht. Aber die Charakterentwicklung machte dem Lehrer doch Sorgen. Gerade weil er sich inzwischen rühmen konnte, das Vertrauen seines Schülers zu genießen, gewann der Lehrer immer deutlicher Einblick in dessen Verhältnis zu den Eltern und zu den vielen Bediensteten im Schloss. Das schien dem inzwischen recht erfahrenen Pädagogen sich doch in eine recht bedenkliche Richtung zu entwickeln.

Lange hatte er den Plan aufgeschoben, dem Vater durch ein ausführliches schriftliches Gutachten davon Kenntnis zu geben. Denn im Gegensatz zur Mutter hatte Herzog Eugen Erdmann bisher noch nie Anteil am Unterricht seiner Kinder genommen oder auch nur sich bei seinem Hauslehrer nach deren Fortschritten erkundigt. Seufzend machte sich der Lehrer Becker daran, an mehreren Abenden einen umfangreichen Brief an den Herzog zu entwerfen, eine schwere Arbeit, kam es doch darauf an, die Wahrheit zu sagen und doch den Empfänger dieser Schrift nicht vor den Kopf zu stoßen – noch dazu, wo der sich fast wie ein regierender Monarch fühlte.

In der von den „Briefstellern für den schriftlichen Umgang mit Personen des Hochadels" vorgeschriebenen ehrerbietigen Wendungen und mit dem eigenen etwas umständlichen Briefstil legte Christoph Becker dem Carlsruher Schlossherrn dar, was er von seinem Schüler, dem Prinzen Wilhelm, hielt [52]:

„Durchlauchtigster Herzog, gnädiger Herr! Durch die Gnade Eurer Hoheit habe ich nun seit drei und einem halben Jahr den hochwichtigen Beruf, Euer Hoheit Mitarbeiter in der Erziehung Ihres einzigen Sohnes zu sein. ... Eine Unterlassung lastet jedoch schon seit geraumer Zeit auf meiner Seele, dass ich so selten oder eigentlich nie Gelegenheit gesucht habe, Eurer Hoheit Rechenschaft von meinen Resultaten, von meiner Beobachtung der Entwicklung des Charakters und der Bildung des Prinzen darzulegen..."

Sehr lobend hob der Hauslehrer am Anfang seines Briefes die erheblichen Fortschritte hervor, die der Prinz in seinem Wissen erzielt hatte, seit er, Christoph Becker, vor über drei Jahren den Unterricht für die Prinzenkinder übernommen habe.

Sehr behutsam deutete Christoph Becker in seinem pädagogischen Gutachten an, dass der intensive Einfluss der gnädigen Frau Herzogin auf die Schulerziehung ihrer Kinder nicht immer das beste Ergebnis erzielt habe.

Noch viel schwerer fiel es ihm, in vorsichtigen Wendungen klarzumachen, wie es mit dem Verhältnis des Prinzen Wilhelm zu seinen Eltern bestellt sei. Selbstverständlich werde der Prinz alle Anordnungen seines Vaters befolgen – aus Furcht, allerdings nicht aus kindlicher Liebe zu seinem Vater. Überhaupt könne er bei seinem Zögling zu seinem großen Bedauern keine wirkliche Elternliebe entdecken, wenn auch natürlich Respekt und Furcht vor den Anordnungen des Herrn Vaters.

---

[52] der umfangreiche handschriftliche Entwurf dieses Briefes ist im Besitz des Autors. Die Zitate stammen aus diesem Text

Eine andere bedenkliche Eigenschaft des jungen Prinzen sei seine Neigung, sich der Verstellung oder der Lüge zu bedienen, wenn es darum gehe, sich persönlich Vorteile zu verschaffen oder sich gegen Vorwürfe zu wehren. In seinem Brief führte der Hauslehrer einige bezeichnende Beispiele dafür auf – sehr vorsichtig formuliert, um den Empfänger seines Briefes nicht allzu sehr zu schockieren.

Der Hauslehrer bekannte offen, dass es ihm persönlich widerstrebe, wie Prinz Wilhelm sich gegenüber den einfachen Bediensteten des Hofes verhalte; er sehe sie nicht nur als Untergebene an, sondern auch als Angehörige einer Menschenklasse, die von Natur aus weit unter dem Adel stehe und für die er eigentlich nur Verachtung aufbringen könne. Er halte diese Leute für Menschen, die ausschließlich auf den eigenen Vorteil bedacht seien und dafür Lüge und Täuschung einzusetzen bereit seien, durch die Bank, wie der junge Prinz meine.

Diese bedenkliche Einstellung gegenüber den Menschen aus den unteren Klassen habe leider auch zur Folge, dass es dem Prinzen an Menschenkenntnis mangele. Er schere alle ihm untergebenen Menschen über einen Kamm, ohne darüber nachzudenken, dass auch sie menschliche Wesen mit einem oft ganz verschiedenen Charakter seien, dass es unter Menschen mit einfacher Herkunft und Erziehung erstaunlich oft unbeirrbar treue und gradlinige Männer und Frauen gebe.

Als Christoph Becker nach immer wiederholter Prüfung seines langen Briefes und längerem Zögern die Reinschrift endlich dem Kammerdiener des Herzogs zur Weiterleitung an seine Hoheit übergeben hatte, atmete er tief durch. Würde der Herzog ihn gleich zu einem persönlichen Gespräch bestellen – oder würde er ihn sofort entlassen?

Er erhielt nie eine Antwort, weder mündlich noch schriftlich.

Westfalen, Schlesier, Württemberger

Carlsruhe, September 1861

Im Herbst des Jahres 1861 kam eine Zeit, in der Christoph Becker seinen König persönlich sehen sollte und dabei unerwartet Wichtiges über die Menschen seiner Umgebung lernte.

In Preußen war zu Anfang des Jahres endlich Prinz Wilhelm seinem älteren Bruder König Friedrich Wilhelm IV. offiziell gefolgt, nachdem er bereits einige Jahre den kranken König – man sprach von einer Geisteskrankheit – vertreten hatte. Am 18. Oktober dieses Jahres sollte er sich endlich in Königsberg feierlich die preußische Krone aufs Haupt setzen, nach dem Vorbild seines Urahnen Friedrich I. im Jahr 1701.

Doch zuvor schon hatte der neue König Reisen in mehrere wichtige Provinzen des preußischen Staates geplant, wo zu seinen Ehren große Militärparaden stattfinden sollten. Für September war eine solche Feier in Breslau geplant, wo gleichzeitig ein Denkmal seines Vaters, des Königs Friedrich Wilhelm III. eingeweiht sollte. Hier in Breslau hatte ja dieser bei der Bevölkerung unvergessene König im Jahr 1813 den Aufstand gegen Napoleon und damit die Befreiungskriege [53] eingeleitet.

Als in Carlsruhe die Nachricht vom bevorstehenden Besuch des Königs in Breslau eintraf, packte Christoph Becker sein Bewusstsein, Preuße zu sein. Er wollte unbedingt einmal den König sehen und gleichzeitig zeigen, dass er ein treuer, ja begeisterter Bürger dieses Staates war. Das hatte auch mit der Geschichte des Ravensberger Landes zu tun, aus dem er ja stammte. Denn diese

---

[53] in Deutschland die übliche Bezeichnung der verschiedenen Kriege gegen Napoleon 1813 - 1815

alte Grafschaft rühmte sich, bereits seit Jahrhunderten treu zum Herrscherhaus der Hohenzollern gestanden zu haben, seit diese das Land in der frühen Neuzeit geerbt hatten. Das war auch einer der Unterschiede zwischen den Menschen im östlichen Teil Westfalens zu denen im westlichen Teil. Von den Münsterländern behauptete man noch heute, sie seien ja nur „Muss-Preußen".

Gelegentlich betrat der Hauslehrer vom Schloss Carlsruhe abends einmal den Kretscham [54] „Zur Gans" im eigentlichen Ort Carlsruhe, um ein Glas Bier zu trinken und auch um mit den Menschen dort zu sprechen, wenn er einmal etwas Abstand vom allzu betonten Hofleben im Schloss gewinnen wollte. Dessen Wirt, Schneider mit Namen, war ein alter einheimischer Schlesier, und Christoph kannte ihn gut, denn er war einer der treuesten Unterstützer der evangelischen Gemeinde außerhalb des Schlosses. Der Hauslehrer hatte in der großen evangelischen Kirche des Ortes schon mehrmals gepredigt, wenn er den eigentlich dafür zuständigen Hofprediger Gneist vertreten hatte.

Im Kretscham „Zur Gans" war der kommende Besuch des preußischen Königs in Breslau schon Wochen zuvor ständiges Gesprächsthema, und der Wirt verkündete laut, er werde unbedingt mit seiner Kutsche zu diesem Ereignis nach Breslau fahren. Christoph Becker ergriff die günstige Gelegenheit und fragte, ob er mitfahren könne. Aus diesem Anlass erfuhr er auch, warum viele Schlesier so begeisterte Anhänger der preußischen Könige waren.

Es waren die Menschen in dieser Provinz, die sich schon vor Jahrhunderten zum Glauben Martin Luthers bekannt hatten. Unter der Herrschaft der verschiedenen Herzöge in Schlesien aus der Familie der Podiebrads hatte das keine große Rolle gespielt, aber

---

[54] schlesischer Dialekt: Gastwirtschaft

später, unter der Herrschaft der Habsburger in ihrer Eigenschaft als Könige von Böhmen, hatten katholische Geistliche die Evangelischen in Schlesien immer stärker unterdrückt. Erst als der evangelische Preußenkönig Friedrich der Große Schlesien annektiert hatte, brachen für die Evangelischen in Schlesien freie Zeiten an. Daher war gerade dieser Teil der Bevölkerung hier noch immer mit Begeisterung Preuße.

„Und die Herzöge von Württemberg hier im Schloss?" fragte der Carlsruher Hauslehrer seinen Gesprächspartner. „Wie stehen die eigentlich dazu? Fühlen die sich als Preußen? Sie leben doch schon so lange hier. Ich würde mich allerdings nicht trauen, den Herzog oder die Herzogin danach zu fragen."

Der alt-eingesessene Gastwirt Schneider wusste da erstaunlich gut Bescheid. „Die Hoheiten sind ja Abkömmlinge eines der ältesten Herrengeschlechter im alten Reich, mindestens ebenso alt wie die Hohenzollern, die ja eigentlich auch aus der Ecke da im Schwäbischen abstammen [55]. In dieser Beziehung fühlt sich ein Angehöriger des Hauses Württemberg den Hohenzollern völlig gleichrangig. Hätte man sie als Ehrengast zu der Feier in Breslau eingeladen, so wären sie wohl gerne gekommen, aber das ist wohl nicht geschehen. Sie achten sicher alle Gesetze des Staates Preußen, aber als Untertanen des Preußenkönigs fühlen sie sich nicht."

Ordnungsgemäß erbat sich der Hauslehrer für einen dringenden Besuch in Breslau vom Herzog drei Tage Urlaub und erhielt ihn auch anstandslos bewilligt. Zusammen mit seinem Bekannten, dem Gastwirt Schneider, fuhr er einen Tag vor dem Termin der Parade in die schlesische Hauptstadt. Zusammen mit zehntausenden von begeisterten Schlesiern stand er dann vor dem Breslauer Schloss und bewunderte den Truppenaufzug, zu dem alle Regi-

---

[55] Die Stammburg Hohenzollern liegt bei Hechingen in Schwaben

menter des 6. Armeekorps, das in Schlesien stationiert war, Abordnungen geschickt hatten. Voran ritt der König höchstselbst, umgeben von einer Schwadron Kürassiere mit ihren silberglänzenden Panzern und langen Lanzen.

Es war für Christoph Becker und alle Schlesier ein höchst beeindruckendes Bild. Er hatte den König von Preußen persönlich gesehen, konnte er sich zukünftig sagen. Das war etwas, was nur wenige Einwohner des großen Staates später ihren Kindern erzählen konnten.

Die Reise ins Reich des Rübezahl

Ostern 1863

Für die Osterferien hatte sich der Carlslruher Hauslehrer Christoph Becker diesmal vorgenommen, auch einmal etwas für seine eigene Bildung zu tun. Er wollte die Ferienzeit dazu benutzen, um das berühmte Riesengebirge [56] in Niederschlesien dazu besuchen, mit dem höchsten Berg Preußens, der Schneekoppe. Selbstverständlich musste er dafür den Herzog um Urlaub ersuchen, den er aber ohne Probleme erhielt.

Die Reise dahin legte er wie ein reicher Bürger zurück, denn er hatte inzwischen von seinem Gehalt in Carlsruhe so viel gespart, dass er sich die Extravaganz [57] glaubte, leisten zu können. Mit der Postkutsche fuhr er nach Breslau, von dort mit der Berliner Eisenbahn bis nach Liegnitz. Nach Hirschberg stand wieder eine regelmäßig mehrmals am Tag verkehrende Postkutsche zur Verfügung, und von dort sogar eine Verbindung bis in die halbe Höhe des Grenzgebirges nach Krummhübel [58].

In einer dortigen billigen Pension, die sich schon auf die vielen Gäste aus anderen Teilens Preußens eingerichtet hatte, die inzwischen zuhauf ab dem Frühjahr kamen, konnte er übernachten, um das „Reich Rübezahls" zu besichtigen. Nach einer alten Sage lebte in den Wäldern des Riesengebirges ein merkwürdiger Berggeist, Rübezahl genannt, der guten Menschen wohl gesonnen war, bösen jedoch, vor allem solchen, die ihn wegen seines Namens verspotteten, schlechtes Wetter schickte. Christoph Becker späh-

---

[56] höchster Teil des Sudeten genannten Bergzuges entlang der schlesisch-böhmischen (heute polnisch-tschechischen) Grenze
[57] alter Ausdruck: eigentlich überflüssige Ausgabe
[58] heute auf polnisch Karpacz

te bei seinem Weg durch die Wälder des Gebirges sorgfältig nach der berühmten Gestalt aus, konnte sie allerdings nirgends entdecken. Vielleicht war der Berggeist heute in einer anderen Gegend des umfangreichen Gebirges ?

Die erste Etappe seines Anstiegs auf die Höhe des Gebirges endete bei der berühmten „Kirche Wang". Das war eine der berühmten „Stabkirchen" aus Holz aus Norwegen. Der Preußenkönig Friedrich Wilhelm IV. hatte sie 1841 vor dem Abbruch bewahrt, indem er sie kaufte und ins Riesengebirge transportieren und dort wieder genau wie in der norwegischen Heimat aufbauen ließ. Seitdem war sie eine viel besuchte Attraktion, ihr Besuch gehörte für jeden Touristen, der ins Riesengebirge kam, dazu.

Danach machte sich der Besucher aus Oberschlesien an den steilen Aufstieg auf den Kamm des Gebirges, doch zeigte sich, je höher er kam, dass dort der Winter noch nicht zu Ende war. Christoph Becker war mit seinen Schuhen und seiner sonstigen Kleidung nicht auf so viel Schnee eingerichtet, den es dort oben noch gab, so dass er wohl oder übel umkehren musste, ohne die berühmte Schneekoppe bestiegen zu haben. Rechtzeitig vor Einbruch der Dunkelheit erreichte er eine der berühmten Bauden [59], die Schindler-Baude, in der er zu übernachten beschloss.

Die Überraschung war auf beiden Seiten groß, als eine der beiden weiblichen Bedienungen im Gastraum dem Touristen Becker das bestellte Warmbier brachte. War das nicht ... ? Das war doch die Henriette Suhrbier, die ältere Schwester eines der Schüler aus seiner Zeit als Privatschullehrer in Werther ? Auch die junge Frau erkannte den Lehrer wieder, mit dem sie mehrere Male bei der „Zippelkirmes" [60] getanzt hatte. Auch Christoph Becker erinner-

---

[59] im Riesengebirge Name von Restaurationen für Essens- und Übernachtungsgäste, in der Mitte des 19. Jahrhunderts noch einfach gebaut, aber durchaus schon auf gewissen Massentourismus eingestellt.
[60] „Zwiebelkirmes", jährliches Volksfest in Werther/Westfalen

te sich an die Tochter des Apothekers in Werther, die wohl gerne mehr von dem ansehnlichen jungen Mann gewollt hätte, als nur mit ihm zu tanzen.

Wann immer die Jette es einrichten konnte, kam sie heute abend an den Tisch ihres einstigen Landsmannes, um sich gegenseitig von ihren Schicksalen in den vielen zurückliegenden Jahren zu erzählen. Die junge Frau hatte nach mehreren Zwischenstationen als Bedienung in einer Gastwirtschaft hierher ins Riesengebirge gefunden, weil der gute Lohn, den der Baudenwirt zahlte, sie reizte. Auch Christoph erzählte von seinem jetzigen Leben, soweit er das für notwendig hielt. Er freute sich, endlich einmal wieder im westfälischen Platt reden zu können,

Als vermögendem Gast war dem Lehrer vom Bauden-Wirt eine eigene kleine Kammer mit Bett und frischer Bettwäsche zum Übernachten zugeteilt worden. Einfachere Reisende mussten mit einem Massenquartier auf Stroh vorlieb nehmen.

Es war wohl schon mitten in der Nacht und Christoph Becker hatte schon eine Weile geschlafen, als er von einem Knarren seiner Kammertür wach wurde. Jemand kam offenbar, um ihn zu besuchen. Eine weibliche Gestalt in einem Nachthemd schlüpfte leise in sein Bett.

„Ich bin's, Jette" flüsterte sie und schlang ihre Arme um den jungen Mann, „Ich habe so Sehnsucht nach dir!" Christoph war jetzt hellwach, aber es dauerte eine Weile, bis er sich bewegen und sprechen konnte. Langsam setzte er sich auf und umfasste die junge Frau, die so überraschend in sein Bett gekommen war, auch mit seinen Armen. Aber das, was er ihr sagte, war gewiss nicht nach deren Geschmack.

„Jette, du bist ein schönes Mädchen, ich weiß das noch von früher. Aber du solltest dich für einen guten Mann aufheben, den du verdient hast. Lass es sein, dich einem beliebigen Bekannten anzubieten. Ich kann und ich werde nicht dein Bettpartner für diese Nacht sein. Bitte hör mir zu!"

Lange saßen die beiden Gestalten in ihren Nachthemden auf dem Bettrand nebeneinander und hielten sich in den Armen, während Christoph auf die junge Frau leise und beruhigend einredete; sie war zuletzt in Tränen ausgebrochen. Ruhig und freundlich versuchte der junge Lehrer und Pfarramts-Kandidat seiner alten Bekannten klarzumachen, dass es ihm nach seiner Erziehung ganz unmöglich sei, mit einer Frau intimen Verkehr zu haben, mit der er nicht verheiratetet sei. Und auch für sie, Jette, als Tochter eines Mannes aus einer angesehenen Familie, sei ihr jetziges Verhalten einem fremden Mann gegenüber „shocking", wie ein Engländer sagen würde. „Lass uns die heutige Nacht vergessen, Jette, und lass uns gegenseitig als frühere Freunde an einander denken, bitte versprich mir das, Jette!"

Als die alte Bekannte aus einer völlig anderen Zeit endlich doch verschwunden war, dauerte es lange, bis Christoph Becker wieder einschlafen konnte. Irgendwie hatte das Geschehen in der Nacht ihn doch erregt. Als er schließlich doch eingeschlafen war, träumte er von einer wunderschönen jungen Frau, die er in seinen Armen hielt, und mit der er Leib an Leib im Bett lag. Das war doch …. Nein, es war nicht die Apothekerstochter aus Werther, die er soeben noch in seiner Nähe gehabt hatte. Das war ….

Schweißgebadet wachte Christoph Becker aus seinem Traum auf, der gewiss kein Alptraum gewesen war. So etwas Schönes hatte er noch nie geträumt! Und im Wachen gingen seine Gedanken nach dem Schloss Carlsruhe, und hier zu einer reizenden jungen Frau, die er bald wiedersehen würde.

Träumereien zwischen Kopf und Herz

Mai 1863

Dem würdigen Hauslehrer prinzlicher Schüler und Pfarramtskandidaten Christoph Becker auf Schloss Carlsruhe in Schlesien war in diesen Tagen, als sei ein kleiner Kobold in seinen Verstand gefahren. Während er in den letzten drei Tagen der Osterferien in seinem Zimmer saß und Pläne machte, welche Aufgaben er in den nächsten Monaten seinen Schülern stellen könne, tanzte vor seinem inneren Auge ein junges hübsches Mädchen in der Kleidung einer jungen Bürgersfrau Walzer, seligen Walzer mit i h m , und dieses Mädchen lächelte ihn an. Unverkennbar war es das Gesicht der Prinzessin Wilhelmine, das ihm nicht mehr aus dem Sinn ging, so oft er sich auch mit Gewalt davon loszureißen .versuchte.

In den Momenten kühler Überlegung, zu denen er sich immer wieder zwang, war ihm klar geworden, dass er im Augenblick bis über beide Ohren verliebt war in seine Schülerin. Das Erlebnis mit seiner Bekannten Jette aus dem Kleinstädtchen Werther in der nächtlichen Kammer in der Schindler-Baude im Riesengebirge – es hatte ihn, wie er sich klar wurde, für kurze Zeit auch körperlich erregt – war vielleicht der Auslöser für diese Erkenntnis geworden. Jetzt jedenfalls war sein Geist – und nicht nur der, sondern auch sein ganzes Sinnen und Trachten – auf seine inzwischen längst erwachsen gewordene schöne Schülerin gerichtet.

Nicht nur das war für einen Lehrer völlig unmöglich, Er wusste sehr genau, dass ein solches Verhalten sogar strafbar sein könnte, wenn es auch nur im Geringsten zu entsprechenden Worten oder sogar Taten gegenüber dem Objekt seins Begehrens führen sollte. Dabei wäre ein Kuss auf die vollen Lippen Minnas im Augenblick bereits der Höhepunkt seiner Wünsche .....

Hier, in seiner Situation als Hauslehrer am Hofe des Herzogs Eugen Erdmann von Württemberg auf Schloss Carlsruhe, war die Unmöglichkeit einer Liebesbeziehung zu seiner hochgeborenen Schülerin noch viel größer. Sie war unmöglicher als unmöglich, so sagte er sich selbst immer wieder in den Momenten klaren Verstandes.

In den Jahren seines Aufenthalts im Herzogsschloss hatte er die Einstellung des Hochadels gegenüber bürgerlichen oder gar bäuerlichen Kreisen zur Genüge kennen gelernt. Sicherlich dachten nicht alle Menschen in dieser kleinen, der angeblich höchststehenden, Gesellschaftsschicht so verächtlich über die gesellschaftlich unter ihnen stehenden Menschen wie sein anderer Zögling, Prinz Wilhelm. Dazu hatte der Lehrer in der letzten Zeit zahlreiche Beispiele erlebt, die ihn heimlich sehr erfreut hatten.

Das änderte aber nichts daran, dass Ehen von Männern oder Frauen aus den hochadligen Familien, aus den Häusern der Könige, der Herzöge oder Fürsten in Deutschland oder Europa, mit Angehörigen bürgerlicher Familien völlig unvorstellbar waren. Beim niederen Adel, bei Grafen, Freiherren und einfachen Adelsfamilien, schien man das heutzutage gelegentlich etwas lockerer zu sehen.

Es kam hinzu, dass Christoph Becker sehr wohl wusste, wie auch in Kreisen des gehobenen Bürgertums gedacht wurde, bei Offizieren, höheren Beamten, Akademikern, vor allem natürlich auch unter Pfarrern. Gerade in Fragen der Beziehungen der beiden menschlichen Geschlechter zu einander war hier der moralische Anspruch auf „schickliches Verhalten" in den letzten Generationen ungeheuer angestiegen. In der bäuerlichen Umgebung, die der Lehrer einst in seiner Jugend erlebt hatte, war man da großzügiger, obwohl man auch hier nicht von einem völligen Fehlen von Prüderie [61] sprechen konnte.

Die gewisse Zwanglosigkeit, die noch vor wenigen Generationen im Umgang zwischen den Geschlechtern und mit Fragen des Geschlechtslebens in Deutschland geherrscht hatte, hatte längst einer mehr als strengen Auffassung auch und gerade in Bürgerkreisen Platz gemacht. Diese Einstellung war bereit, jeden, aber auch jeden noch so harmlosen Kontakt zwischen einem Mann und einer Frau v o r ihrer in Kirche und Standesamt geschlossnen Ehe für „shocking" und für „unmöglich" zu erklären. Selbst Verlobte durften nicht ohne Aufsicht eines älteren Verwandten mit einander sprechen, die Erwähnung einer weiblichen Unterhose in Gegenwart eines Mannes war „shocking" [62] und musste streng gemieden werden.

All das wusste natürlich der Hauslehrer Christoph Becker, und er machte sich das immer wieder klar. Aber was half das gegen den Kobold, der in seinem Herzen und in seinem Gemüt tanzte, mit dem Gesicht der reizenden Prinzessin Wilhelmine, die ihn anlächelte?

Natürlich hatte er bisher noch nie ein Wort mit seiner adligen Schülerin über derlei Dinge gewechselt, aber er ahnte instinktiv, dass es ihr vielleicht nicht anders als ihm erging. Nachts träumte er davon, mit dem reizenden Mädchen an der Hand an einem Getreidedefeld entlang in einen lichten Wald zu spazieren…

Wie würde dieser innere Kampf zwischen Kopf und Herz, zwischen Verstand und Gemüt bei ihm ausgehen?

---

[61] übertriebene Sittsamkeit in geschlechtlichen Dingen
[62] Nach der langjährigen englischen Königin Victoria im 19. Jahrhundert wurde diese auf die Spitze getriebene Prüderie „viktorianisch" genannt

Der Wohltätigkeitsball

Carlsruhe, Juni 1863

Das Mittagsdiner beim Herzog wurde in den Tagen nach den Osterferien immer wieder von einem Thema beherrscht: einem „Wohltätigkeitsball".

Irgend jemand hatte davon berichtet, dass im vergangenen Winter der Graf Schaffgotsch auf seinem Schloss Hermsdorf unter'm Kynast in Niederschlesien einen solchen Ball veranstaltet habe und dabei junge Leute aus den Adelsfamilien halb Schlesiens versammelt habe. Diese Grafen waren ein uraltes schlesisches Adelsgeschlecht und steinreich. Aber der Ball sei ein fabelhafter Erfolg gewesen, wurde berichtet, trotz des hohen Aufwandes dafür sei der Ertrag, der am Ende für die Unterstützung armer Familien in der Schaffgotsch'schen Standesherrschaft übrig geblieben war, sehr beachtlich gewesen.

„Können wir so was nicht auch hier bei uns in Carlsruhe machen, lieber Herr Papa?" hatte Prinzessin Wilhelmine gefragt und immer wieder das Thema zur Sprache gebracht, so oft auch der Herzog es ziemlich unwillig beiseite wischen wollte. Das einst so schüchterne Mädchen schien plötzlich eine selbstbewusste junge Dame geworden zu sein, die ihre gesellschaftliche Stellung als Tochter eines Herzogs von Württemberg mitunter deutlich hervortreten ließ. Es dauerte nur wenige Tage, bis sie ihrem Vater die Erlaubnis abgeschwatzt hatte, hier in Schloss und Ort Carlsruhe eine ähnliche Veranstaltung durchzuführen, mit ihr, Wilhemine, als herzogliche Schirmherrin. Als Termin war schon die Zeit um den längsten Tag des Jahres, den 21. Juni, ausgemacht.

Sogleich begann die Prinzessin eifrig, mit ihren einstigen Gesprächspartnern beim „Jahrhundertfest" der Carslruher Schule vor zwei Jahren das große Ereignis vorzubereiten. Zu ihrer Begleitung in den Ort wählte sie diesmal die Gräfin Brühl, die Erste Ehrendame ihrer Mutter, eine hübsche Frau, die trotz ihres Alters – sie zählte schon Mitte Dreißig und war immer noch nicht verheiratet – vor Leben sprühte.

Mit höchster Aufmerksamkeit beobachtete der Hauslehrer Becker die Vorgänge um diesen Wohltätigkeitsball und vor allem die Aktivität „seiner" Wilhelmine dabei. Wenigstens in seinen Gedanken bezeichnete er sie so. Bei den mittäglichen Gesprächen darüber hielt er wohlweislich den Mund, und auch sonst hütete er sich, dieses bevorstehende Ereignis in Gesprächen mit seiner Schülerin anzusprechen.

Doch insgeheim war er voller Bewunderung über die Fortschritte seiner Schülerin, die sich diesmal nicht in Schulwissen äußerten, sondern in praktischer Lebenserfahrung, in der Fähigkeit, mit Menschen verschiedenen Standes umzugehen, und in einer Zielstrebigkeit, die der Lehrer einst seiner „kleinen Minna" nie zugetraut hätte. Andererseits fühlte er sich ein wenig zurückgesetzt, dass nicht er, sondern die Gräfin Brühl zur ständigen Begleiterin der Prinzessin bei ihren Wegen in den Ort Carlsruhe geworden war. Spukte da etwa das kleine Teufelchen der Eifersucht in seinem Kopf herum?

Bei den vielen Besprechungen zur Vorbereitung des Balles zeigte sich, dass diesmal Schloss und Ort Carlsruhe eng zusammenwirken mussten, um eine solche Veranstaltung zu ermöglichen. Der eigentliche Ball – also das große Tanzvergnügen – konnte wieder nur im einstigen Musiksaal stattfinden, dafür war der Fabrikant Droemer bereit, ihn wieder einmal leer räumen zu lassen.

Aber zur Unterbringung der vielen erwarteten Übernachtungsgäste mussten im Schloss, in allen sogenannten Kavaliershäusern und in allen Häusern der reicheren Bürger des Städtchens Zimmer zur Verfügung gestellt werden, die wenigen Fremdenzimmer im Kretscham „Zur Gans" hätten dafür niemals ausgereicht. Doch die Gäste aus einer bekanntermaßen wohlhabenden Bevölkerungsschicht würden dafür gut bezahlen können. Insgesamt war den Gewerbetreibenden unter den Bewohnern des Ortes Carsruhe schnell klar geworden, dass dieser Wohltätigkeitsball – oder richtiger die erwarteten Gäste – eine Menge Geld im kleinen Örtchen lassen würden. Das förderte die Bereitschaft sehr, dass zunächst etwas skeptisch betrachtete Vorhaben zu unterstützen.

Das Vierteljahr von Ostern bis zur Sommersonnenwende verging wie im Fluge mit all den notwendig gewordenen Vorbereitungen, während die prinzlichen Schüler des Hauslehrers Becker wie eh und je vormittags in ihrer Schulstube saßen und sich bemühten, die von ihrem Erzieher gestellten Aufgaben so gut es ging zu lösen und dabei Forschritte in ihrem Wissen zu machen.

Und dann endlich war der so lange ersehnte Tag da. Aus ganz Schlesien kamen junge Adlige beiderlei Geschlechts nach Carlsruhe, um an dem so seltenen Ereignis – einem richtigen Ball, einem Tanzvergnügen für die bessere Gesellschaft – teilzunehmen. Da traf ein 20-jähriger Herzog von Ujest ein, dessen hoher Titel im Grunde nur auf einer Standeserhöhung durch den preußischen König Friedrich Wilhelm IV. beruhte, eigentlich war das Dorf in Oberschlesien nur durch Erbschaft an Abkömmlinge der Fürsten von Hohenlohe-Ingelfingen gekommen. Und auch eine Tochter des Fürsten von Pless war nach Carlsruhe gereist, um hier vielleicht den Mann ihres Lebens zu finden; auch dieser Fürstentitel war, wie man sich im Kreis der anderen Ball-Teilnehmer zuraunte, nur dem Reichtum des Vaters zu verdanken, dem mehrere sehr ertragreiche Kohlegruben in Schlesien gehörten.

Für die Teilnehmer an dem Ball schrieb der Brauch vor, dass die Damen am Beginn des Abends eine Liste führten, in die sich der eine oder der andere Tänzer einschreiben durfte, schön der

Reihe nach. Der erste Tanz war stets ein Tanz aus einer Zeit hundert Jahre zuvor, eine Quadrille, als man noch an den Höfen der europäischen Monarchen würde- und stilvoll tanzte, nicht so wild und obszön wie heutzutage, wie wenigstens die Älteren unter den Ballbesuchern sich heimlich zuraunten. Dann folgten beschwingtere Tänze, wie die einst von dem berühmten Komponisten Schubert in Noten geschriebenen Ländler, und schließlich die berühmten Wiener Walzer der „Walzer-Könige" Johann Strauß Vater und Sohn, ohne die heutzutage kein „Ball für die Angehörigen der besseren Stände" denkbar war.

Christoph Becker war in seinem schwarzen Anzug, in dem er auch seine gelegentlichen vertretungsweisen Predigten zu halten pflegte, als Gast im „Musiksaal" erschienen; er saß bescheiden an einem Tisch am Rande und beobachtete höchst aufmerksam „seine" Prinzessin. So konnte er auch erkennen, dass sie ihn auffordernd zu sich winkte, als es um das Einschreiben in ihre Tanzliste ging. War es Zufall oder Absicht, dass der fünfte Tanz, der bei dieser Dame zu vergeben war, ein Strauß'scher Walzer war?

Die erste Stunde des Balles verging für Christoph nur schwer, er musste dabei mit ansehen, wie seine Prinzessin an der Hand irgend eines adligen Schnösels irgendwelche bestimmten Tanzfiguren auszuführen hatte, sehr vornehm und sehr distanziert.

Dann endlich war es so weit, der erste Strauß'sche Walzer wurde von der Kapelle angekündigt. Ein unüberhörbares Raunen und Wispern ging durch den Saal. Christoph Becker durfte zum Tisch seiner Prinzessin gehen und sie mit einer höflichen Verbeugung für den nächsten Tanz auffordern.

Und dann standen die beiden jungen Leute auf der Tanzfläche, eine Hand auf den Rücken des Partners gelegt, die andere Hand in der des Anderen, die Gesichter eng vor einander, und das selige Wiegen im Walzerschritt begann. Diese Walzer-Nummer dauerte besonders lang; mehrere bekannte Kompositionen der berühmten Musiker aus Wien wurden ohne Pause vorgetragen. Die Kapelle schien zu wissen, was die jungen Leute auf dem Tanzparkett gerne hatten.

Nach diesem Walzer-Tanz nachte die Kapelle eine Pause, um sich selbst auch einmal erholen zu können. Zugleich wurden die Türfenster des Saales geöffnet, um die frische Luft der lauen Sommernacht ins Innere zu lassen. Manche Paare nutzten die Gelegenheit, um nach draußen zu treten und im nahen Schlosspark Erholung zu suchen.

Auch Prinzessin Wilhelmine zog ihren Tänzer am Ärmel behutsam ins Freie und suchte mit ihm eine Bank, die wie von Gott geschickt in der Nähe stand, von einigen Bäumen barmherzig gegen Blicke aus dem Musiksaal abgeschirmt.

Hier saß das junge Paar erst einmal ein paar Minuten lang, ohne ein Wort zu sagen. Dann war es die Prinzessin, die als erste das Wort nahm. „Wissen Sie, lieber Herr Becker", begann sie leise, „dass ich diesen ganzen Ball eigentlich nur organisiert habe, um mit Ihnen diesen Walzer tanzen zu können?"

Der Hauslehrer auf Schloss Carlsruhe war von diesem dezenten und doch so eindeutigen Liebesgeständnis so überwältigt, dass er nichts anderes tun konnte, als die Hand seiner Prinzessin zu ergreifen und dieser Hand einen Kuss zu geben. Wieder herrschte einige Minuten Schweigen. In Christoph Beckers Kopf polterten die Gedanken wie der Schnee einer Lawine im Winter umeinander. War das überhaupt Wirklichkeit, dass hier eine Nachfahrin eines der ältesten Herrschergeschlechter Europas mit dem Sohn eines Bauernknechtes eng an eng auf einer Bank zusammen saßen, allein und unbeobachtet, und sich an den Händen hielten?

Schließlich war es wieder der Lehrer, der sich zu einer Äußerung zwang, die vom Comment [63] der Zeit diktiert war. „Sie wissen, liebe Prinzessin, dass es höchst unschicklich ist, wie wir hier sitzen, allein, eine junge Dame und ein Mann dicht zusammen, ohne Aufsicht eines Verwandten ?" –„Was meinen Sie, lieber Christoph, wie viele Paare gerade jetzt so wie wir hier tête-a-tête [64] im Park von Carlsruhe sitzen und sich die Hände halten ? Ist das nicht einfach menschlich ?" Diese Antwort der jungen Prinzessin überwältigte den Hauslehrer so, dass er nichts anderes tun konnte, als seinem Gegenüber stumm die Hand zu drücken und sie erneut an seinen Mund zu ziehen, um einen Kuss darauf zu platzieren.

Wie lange die beiden Verliebten hier auf der verschwiegenen Bank im Carlsruher Schlosspark gesessen hatten, wusste später niemand mehr zu sagen.

Auch der Rest des Wohltätigkeitsballes in Carlsruhe ging vorüber, ohne irgendeine Erinnerung im Gedächtnis des Hauslehrers Christoph Becker zu hinterlassen. Umso fester waren die Minuten bei ihm gespeichert, in denen er Hand in Hand mit seiner geliebten Prinzessin auf einer Bank im Wald nahe dem Schloss Carlsruhe gesessen hatte und sich beide klar wurden, dass sie in einander verliebt waren. Doch weder in Worten noch in Taten kam dieses Verliebtsein zum Ausdruck. Beide waren dafür viel zu sehr von den Konventionen ihrer Zeit und vor allem ihrer Gesellschaftsschichten geprägt, als dass sie sich zu so etwas hätten hinreißen lassen.

---

[63] Brauch, allgemeines Benehmen
[64] Kopf an Kopf

Flucht vor der Liebe – aus Liebe

Herford, Ende Juni 1863

Der Tag nach dem Wohltätigkeitsball war glücklicherweise ein Sonntag, an dem es ja keinen Schulunterricht gab. Dem Hauslehrer Becker wäre es wohl auch unmöglich gewesen, einen solchen jetzt zu erteilen, so, als wäre nichts gewesen. Dafür waren seine Gefühle gegenüber seiner so schönen und geliebten Schülerin zu sehr aufgewühlt.

In den Stunden, in denen er danach in seinem Bett lag und später, als er in seinem Morgenmantel am Schreibtisch seiner Stube saß, zwang er sich immer wieder zu sachlichen, „vernünftigen" Gedanken. Es war irgendwie merkwürdig: gerade die Gewissheit, dass seine Liebe zur Prinzessin nicht einseitig war, dass diese doch auch von Minna erwidert wurde, ließen wieder Überlegungen zu, die nicht allein von körperlichen Wünschen gesteuert waren.

Jetzt konnte er sich auch wieder daran erinnern, welch ungeheurer, abgrundtiefer Unterschied zwischen den Gesellschaftsschichten bestand, denen sie beide angehörten. Und gerade weil Christoph Becker, der studierte Lehrer und Kandidat für ein Pfarramt in der Evangelischen Kirche, ein so ernsthafter Mensch war, konnte er sich auch eine körperliche Annäherung zwischen Mann und Frau nicht anders als in der Form einer Ehe vorstellen.

Sein anderer Schüler, der Prinz Wilhelm, so fiel es Christoph merkwürdigerweise gerade hier ein, würde wohl ganz anders darüber denken. Wie viele hübsche Bürgerstöchter würde der wohl in seinem Leben unglücklich machen, indem er ihnen goldene

Berge versprach, um sie für ein nächtliches Abenteuer bereit zu machen – um sie dann hinterher in Minutenschnelle zu vergessen ?

So eine Einstellung war ganz gewiss nichts für den Hauslehrer Christoph Becker. Er war jetzt inzwischen schon 33 Jahre und hätte gerne eine Familie und einen Hausstand gegründet. Zeit dafür wäre es gewiss. Aber das mit seiner geliebten Minna zu tun, das war nun wirklich völlig ausgeschlossen. Vielleicht wäre die junge Frau in ihrer augenblicklichen bis zum Himmel reichenden Verliebtheit dafür sogar bereit gewesen – aber wie hätte das für ein solches Paar in einem Vierteljahr oder gar in zwei, drei Jahren ausgesehen ?

Christoph Becker war viel zu sehr Realist, um sich hierüber falsche Hoffnungen zu machen. Die Prinzessin aus der uralten Monarchenfamilie der Württemberger wäre mit Schimpf und Schande aus ihrer Familie ausgestoßen worden, keiner ihrer Verwandten, ja aus ihrer gesamten Gesellschaftsschicht hätte je wieder mit ihr ein Wort gewechselt, so machte er sich mit Erschrecken klar.

Und er selbst, der ehemalige Hauslehrer und Pfarramts-Kandidat, hätte jede Hoffnung auf eine Pfarrstelle in der Evangelischen Kirche Preußens vergessen können. Dafür waren die Verbindungen dieser Kirche mit der Aristokratie in Deutschland viel zu eng; der preußische König war schließlich „summus episcopus" [65] der Evangelischen Kirche, und viele der Konsistorialräte [66] in den Landeskirchen gehörten selbst zum Adel. Vielleicht als kleiner Handwerker hätte das Oberhaupt einer solchen „kaltgestellten" Familie irgendwo in einem abgelegenen Dorf sein Leben und das seiner Frau und Kinder fristen können. Ganz abgesehen davon, dass sich Christoph eine solche Art des Broter-

---

[65] „oberster Bischof"
[66] hohe Kirchenbeamte in den evangelischen Kirchen

werbs für sich überhaupt nicht vorstellen konnte, war das auch ganz gewiss nicht das Leben, das er seiner geliebten Minna gewünscht hätte.

Immer klarer wurde es Christoph Becker an diesem schicksalsträchtigen Sonntagvormittag: Gerade weil er seine kleine Prinzessin so aufrichtig liebte, durfte er ihr dieses Schicksal nicht antun. Er musste aus ihrem Leben verschwinden, sofort und unverzüglich, ehe vielleicht doch noch ein nicht wieder gutzumachendes Unglück geschah. Das war für beide so Verliebte schwer, fast unmöglich zu ertragen, und doch wohl der einzige Ausweg aus einer sonst unvermeidlichen Katastrophe. Er musste die Flucht vor seiner Liebe antreten, eben um dieser Liebe zu seiner Prinzessin willen.

Noch an diesem Sonntag packte der Hauslehrer Christoph Becker an Kleidung und Büchern zusammen, was gerade in seinen Koffer hineinpasste. Der Rest musste ihm irgendwie nachgeschickt werden. Er wusste, dass noch an diesem Sonntagnachmittag eine Postkutsche nach Breslau abging, von wo aus er mit der Eisenbahn bis nach Herford fahren konnte, wenn er dafür auch mehrmals umsteigen und unterwegs übernachten musste.

Er schrieb noch schnell einen kurzen Brief an seinen Brotgeber, den Herzog, in dem er ihn pflichtgemäß um Urlaub bat, um während der dicht bevorstehenden langen Sommerferien in der Heimat sich um eine Anstellung als evangelischer Pfarrer bemühen zu können. Diesen Brief gab er, kurz bevor er Carlsruhe endgültig verließ, dem Kammerlakaien des Herzogs mit der Bitte, dem Schlossherren dieses Gesuch gleich nach seiner Abreise zu übergeben.

Herford war jetzt das Ziel seiner „Flucht". Aus gelegentlichem Briefwechsel mit seiner einstigen Gastfamilie, den Hackmanns, wusste er Bescheid über die Schicksale der Glieder dieser Familie, in der er wohl vorübergehend auch wieder willkommen sein würde. Vor allem mit seinen beiden ehemaligen Schülern Julius und Auguste hatte Christoph Kontakt gehalten. Die letztere hatte sich inzwischen verlobt gehabt, aber diese Verlobung wieder gelöst. Irgendwie hatte wohl das junge Brautpaar doch nicht gut zusammen gepasst. Auch mit Auguste hatte Christoph einige Briefe gewechselt; vom einstigen Nachhilfeunterricht her waren sich beide noch recht vertraut. Er hatte ihr vor einem Jahr zur Verlobung gratuliert, und er hatte sein Mitgefühl ausgesprochen, als er von der Auflösung der Verlobung erfahren hatte.

Den wahren Grund verschleiern

Herford, Juli 1863

Noch während seiner langen Eisenbahn-Fahrt vom Osten in den Westen Preußens begann der Hauslehrer Christoph Becker, an zwei Briefen zu arbeiten, die er unbedingt abschicken musste, sobald er in Herford angekommen sein würde. Beide sollten in das Schloss Carlsruhe gehen, in dem er nun mehr als fünf Jahre ein- und ausgegangen war, und das so verschiedene Erinnerungen in ihm weckte. Beide Briefe hatten ganz unterschiedlichen Inhalt, und beide waren schwierig für den Verfasser, sehr schwierig.

Schon auf der langen Zugfahrt von Breslau nach Berlin, die gleich am nächsten Morgen früh begann, legte sich der würdige Lehrer eine Schreibunterlage auf die Beine und klemmte das offene Tintenfass zwischen ein Bein und eine Wand des Zugabteils, damit die Tinte nicht beim Ruckeln des Zuges über die Schienen auslaufen konnte. Dann tauchte er den zu einem Schreibgerät zugeschnittenen Kiel seiner Gänsefeder hinein und begann, einen Entwurf zu verfassen. Er wusste aus Erfahrung, dass er mehrere Entwürfe würde herstellen müssen, bis er mit dem Inhalt zufrieden war und dann eine gut lesbare Reinschrift verfassen konnte. Was die Mitreisenden in seinem Abteil über diese Schreibarbeit denken mochten, war ihm gleichgültig.

Der eine Brief musste an seine geliebte Minna gehen, die er aber in seinem Brief mit „Hochgeschätztes, teures Fräulein" anredete. Vielleicht waren die Umwege, die er im Text seines Briefes einschlug, um ihr seine plötzliche Abreise zu erklären, eigentlich überflüssig, aber es war nun einmal der etwas umständliche, oft auch weitschweifige Stil des Predigtamts-Kandidaten Christoph Becker, den er in seinen Predigten und Briefen anzuwenden pflegte. „Wenn man an einem Anfang steht, fühlt man: ‚Aller Anfang ist schwer'..." So leitete er sein Herzensbekenntnis ein.

Auch der geliebten Prinzessin enthüllte er nicht den letzten, den wahren Grund seiner plötzlichen Abreise. Er versicherte ihr, dass sein Herz in steter tiefer und verehrungsvoller Zuneigung zu ihr gebunden sei. Mehr sei ihm allerdings nicht möglich; seine Erziehung, sein Beruf und eben seine Verehrung für das hochgeborene Fräulein ließen eine weitere Annäherung an sie nicht zu.

Er machte in seinem Brief nachdrücklich klar, welche entsetzlichen Folgen etwa eine Mesalliance [67] für die Prinzessin haben würde. Das sei etwas, was er seinem schlimmsten Feinde nicht wünschen würde, erst recht natürlich nicht einem so bezaubernden Wesen, wie es sein „teures Fräulein" sei.

Er beschrieb dann auch, dass er in seiner westfälischen Heimat versuchen wolle, endlich die Aussicht auf eine Pfarrstelle zu erhalten,. Er ließ bewusst offen, ob er nach den Sommerferien wieder nach Carlsruhe zurückkehren werde, um den Unterricht an seinen prinzlichen Schülern fortzusetzen.

Nach einer nochmaligen sorgfältigen Lektüre dieses Entwurfes packte er die Blätter in seinen Koffer, die Reinschrift würde er in Herford ausführen müssen.

Dann ging es an den Entwurf des anderen Briefes, den an den Herzog Eugen Erdmann. Hier durfte natürlich mit keinem Wort, mit keiner noch so kleinen Andeutung von seinen Gefühlen für die hochgeborene Prinzessin die Rede sein.

Stattdessen war es wichtig, hier überzeugende Argumente zu finden, um die wahren Gründe für die „Flucht aus Carlsruhe" zu

---

[67] „Fehlerhafte Verbindung", die Heirat einer Hochadligen mit einem Angehörigen einer tieferen Gesellschaftsschicht.

verschleiern. Was er in zwei Zeilen seines Urlaubsgesuchs schon angesprochen hatte, wurde hier umständlich ausgeführt. Es sei nun für ihn, den Pfarramts-Kandidaten Christoph Becker, wirklich an der Zeit, sich um eine Pfarrstelle in seiner Heimatprovinz zu bemühen. Diese Erklärung schien ihm als Bemäntelung der plötzlichen Abreise aus Carlsruhe am einleuchtendsten, und er hatte das ja auch tatsächlich vor.

In diesem Brief schilderte er ausführlich die Schwierigkeiten, die ihn bei diesem Vorhaben begegnen würden: die begrenzte Zahl evangelischer Pfarrstellen in der ganzen Provinz Westfalen, die ganz verschiedenen, historisch bedingten, Verhältnisse in den einzelnen Gemeinden bezüglich des Rechts, frei werdende Stellen neu besetzen dürfen. Auch dass die langjährige Abwesenheit des Pfarramts-Kandidaten in einer anderen preußischen Provinz das hochwürdige Evangelische Konsistorium zu der falschen Ansicht verleitet habe, der Petent [68] habe gar kein Interesse mehr an einer Pfarrstelle in Westfalen.

Auch in diesem Brief-Entwurf ließ Christoph Becker offen, ob er beabsichtige, nach den Sommerferien zur Wiederaufnahme seines Unterrichts nach Carlsruhe zurückzukehren.

Endlich, nach dreitägiger Fahrt in ruckelnden Eisenbahnwagons und mehrmaligem Umsteigen, war er in Herford angekommen, der Stadt, in der er seine Zeit als Gymnasial-Schüler verbracht hatte. Es war ihm natürlich nicht möglich gewesen, die Hackmanns, in deren Haus er damals fast wie ein Sohn der Familie gewohnt hatte, vor seiner Ankunft zu benachrichtigen [69]. Aber er hoffte, in dem gastfreundlichen Haus auch ohne Anmeldung Aufnahme zu finden.

---

[68] Antragsteller
[69] Theoretisch gab es im Jahr 1863 schon die Möglichkeit, ein „Telegramm" (über Kabel versandte und in „Morsezeichen" umgewandelte Kurznachricht) zu versenden, aber nur zwischen ganz wenigen Städten.

Das war auch der Fall, zur großen Erleichterung Christoph Beckers. Hier führte er dieselben Gründe für seine Reise von Oberschlesien nach Westfalen – die einzige in den letzten fünf Jahren – an, die er auch dem Herzog von Württemberg in seinem Brief mitgeteilt hatte. Und man wünschte ihm viel Glück bei seinen Bemühungen,

Wenige Tage nach seiner Ankunft in Herford ergab sich eine Gelegenheit, allein mit der jungen Auguste zu sprechen, der Tochter des Hauses, der er einst als Schülerin Nachhilfeunterricht gegeben hatte. Sie war nun 21 Jahre alt, also durchaus im heiratsfähigen Alter, und sie hatte ja schon eine wieder aufgelöste Verlobung hinter sich. Christoph Becker hatte einst das junge Mädchen gerne betreut, er empfand Sympathie für sie, ohne dass dieses Gefühl damals in Verliebtheit umgeschlagen war.

Jetzt, als er ihr unter vier Augen voller Vertrauen Vieles von dem erzählen konnte, was er in den Jahren im fernen Oberschlesien erlebt hatte, wuchs erneut die Nähe zu dieser jungen Frau. Und schließlich machte er ihr einen Heiratsantrag, in allem Ernst und mit der Warnung, dass die Frau eines künftigen evangelischen Pfarrers kein leichtes Leben haben werde. Und vor allem gestand er ihr ganz offen, dass sein Herz eigentlich einer anderen gehöre, die allerdings völlig unerreichbar für ihn sei: seiner Schülerin in Carlsruhe, der reizenden Prinzessin Wilhelmine.

Was mochte es gewesen sein, was Christoph Becker so schnell zu diesem nicht mehr zu widerrufenden Schritt veranlasst hatte? War es eine plötzlich neu erwachte Liebe zu einer anderen Frau - oder war es die von Vernunft geprägte Überlegung, dass nur eine baldige andere Heirat die Flucht vor der Liebe zu einer Frau, die er nicht erreichen konnte, endgültig abschließen konnte?

Liebeskummer

Carlsruhe, Juli 1963

Was macht ein junges verliebtes Mädchen, wenn der Gegenstand ihrer Liebe plötzlich verschwunden ist und es ihr nicht möglich ist, etwas über sein Schicksal zu erfahren? Es legt sich in seinem Zimmer ins Bett, zieht die Decke über den Kopf und weint.

Genau so machte es Prinzessin Wilhelmine in Schloss Carlsruhe, als sie am Tag nach der plötzlichen Abreise ihres Hauslehrers davon erfuhr. Ihren Eltern ließ sie durch ihre Zofe mitteilen, sie habe sich den Magen verdorben, sie brauche einen Tag Ruhe und werde nicht zum Essen erscheinen.

Weder Herzogin Mathilde, die Mutter, noch der Herzog selbst machten sich große Sorgen um die Tochter. Ihr Verhältnis zu dem inzwischen erwachsenen Kinde war nicht so eng, dass sie sie ständig bemutterten, es hatte schließlich eine junge Zofe, die nach ihr sah. Außerdem stand auch das höfischer Zeremoniell, ein wenig nach dem Vorbild des Stuttgarter Königshofs, das Herzog Eugen Erdmann in Carlsruhe wieder eingeführt hatte, als er dort beim Eintritt in den Ruhestand einzog, einem völlig ungezwungenen Verkehr der herzoglichen Familienangehörigen untereinander ziemlich im Wege.

Als am zweiten Tag die „Magenverstimmung" der Tochter immer noch nicht nachgelassen hatte und diese sich nicht zu den gemeinsamen Mahlzeiten sehen ließ, wurde die Mutter doch unruhig. Sie schickte einen Diener zum Arzt Dr. Hofstetter mit der Aufforderung, doch einmal nach der Prinzessin zu sehen und ihr, wenn möglich, zu helfen.

Der Arzt wohnte nicht im Schloss oder in dessen Kavaliershäusern, sondern im Städtchen Carlsruhe. Er gehörte auch nicht zum Hofstaat des Herzogs, war aber natürlich bei allen Unpässlichkeiten der Schlossbewohner dort ein häufiger Gast. Er erschien auch befehlsgemäß so schnell wie möglich, um der „hohen Patientin" seine Dienste anzubieten.

Dr. Hofstetter berichtete der Herzogin nach seinem Krankenbesuch, es scheine sich nicht um einen schweren Fall zu handeln, er habe der Patientin ein leichtes Pulver verschrieben, das ihr sicher bald wieder zur völligen Wiederherstellung ihrer Gesundheit verhelfen werde.

Doch als nach weiteren drei Tagen sich Prinzessin Wilhelmine immer noch in ihrem Zimmer verkroch und sich nicht am Esstisch der Eltern sehen ließ, bekam es ihre Mutter doch mit der Angst zu tun, und sie suchte sie persönlich in ihrem Zimmer auf. Das war seit Jahren schon nicht mehr geschehen. Umso größer war das Erstaunen – und das heimliche Entsetzen der Tochter, das aber sorgfältig verborgen bleiben musste – über den persönlichen Besuch der Mutter.

Es gelang ihr, den Brief ihres verehrten Lehrers mit dem Absender Herford, unter der Bettdecke zu verstecken. Der Briefträger hatte ihr heute morgen das so lange ersehnte Schriftstück gebracht, vielmehr war er so diskret gewesen, es der Zofe der Prinzessin in die Hand zu drücken, ohne dass die Eltern etwas davon merkten.

Doch die Nachricht in diesem Brief, dass sie Christoph Becker wohl nie wieder sehen werde, hatte die junge Prinzessin erneut in ein Chaos der Gefühle gestürzt und ihre Tränendrüsen wieder in Aktion gesetzt, die doch in den letzten Tagen angefangen hatten, sich zu beruhigen.

Mit ziemlicher Mühe war es der Prinzessin möglich, ihrer Mutter einzureden, dass sie wohl einen Rückfall der Magenverstimmung erlitten habe, dass sie aber hoffe, in wenigen Tagen werde es ihr wieder besser gehen.

Aufatmend beobachtete Wilhelmine, wie ihre Mutter endlich die Tür ihres Zimmers wieder von außen schloss. Danach warf sie sich wieder in ihr Bett und zog die Decke über den Kopf.

Endlich konnte sie wieder unbeobachtet ihren Gefühlen freien Lauf lassen und weinen, weinen …

„Wer sündigt, muss bestraft werden"

Carlsruhe, Juli 1863

Es kam selten vor, dass das Herzogspaar allein und ohne Anwesenheit irgendwelcher Lakaien oder anderer Personen im Arbeitszimmer des Herzogs zusammen saß und mit einander redete. Heute war ein solcher Tag.

Unmittelbar nach ihrem Krankenbesuch bei der Tochter hatte Herzogin Mathilde ihren Mann aufgesucht und den Kammerlakaien energisch angewiesen, in der Küche etwas auszurichten. Seine Dienste würden vorerst vom Herzogspaar nicht benötigt werden.

„Erdmann, unsere Tochter muss so schnell wie möglich verheiratet werden!" Mit diesen Worten überfiel sie ihren Mann, als sie mit ihm allein war. „Minna ist gar nicht krank", erklärte sie, „das ist nur vorgetäuscht. Denk dir nur, was ich in ihrem Zimmer gesehen habe!"

Mit allen Anzeichen der Empörung berichtete Herzogin Mathilde ihrem Mann, was sie im Zimmer ihrer Tochter entdeckt habe. Da habe doch in einer Ecke ein Bild des Hauslehrers an der Wand gehangen, eine von diesen neumodischen Photographien. Und dieses Bild sei von einem grünen Zweig umkränzt gewesen, und eine Kerze habe darunter gestanden. „Wenn das kein Zeichen einer angehenden Mesalliance ist, dann will ich nicht mehr Herzogin von Württemberg heißen!"

Sie habe schon lange den Verdacht, dass da zwischen ihrer Tochter Wilhelmine und dem Hauslehrer „etwas laufe", erzählte Mathilde aufgeregt, doch habe sie bisher nie etwas Konkretes entdecken können. Jetzt aber sei sie überzeugt, dass es da ein Verhältnis gebe. Immerhin sei ihre Minna längst im heiratsfähigen Alter, und die Gefahr sei groß, dass ein Fauxpas [70] passiere.

Der Vater hatte sich bisher nie besonders für die heranwachsende Tochter interessiert, ihm waren die Jagd in den Forsten rings um Carlsruhe und manche andere Steckenpferde [71] wichtiger gewesen. Doch natürlich musste er jetzt, wo seine Frau ihn direkt darauf ansprach, sich ernsthaft damit beschäftigen.

„Wieso meinst du, dass Minna deswegen unter die Haube muss ?" fragte er. „Das ist doch klar," behauptete seine Frau, „wer weiß, wie weit dieses schändliche Verhältnis zwischen den beiden gegangen ist. Für den Fall, dass es nicht ohne Folgen geblieben sein sollte, muss schleunigst eine ebenbürtige Eheschließung her, damit das Balg, das dabei herauskommen sollte, wenigstens dem Namen nach von einem Mann aus einer Hochadelsfamilie stammt."

Herzog Erdmann machte seiner aufgebrachten Ehefrau klar, dass selbst unter den günstigsten Umständen eine schnelle Heirat erst nach Monaten gefeiert werden könne, und dann sei es vermutlich zu spät, um ein inzwischen auf die Welt gekommenes oder sichtbar im Werden befindliches „Missgeschick" der Prinzessin zu bemänteln.

„Wer könnte denn überhaupt als möglicher Ehepartner für unsere Minna in Frage kommen ?" fragte der Herzog. „Hast du da schon irgendwelche Ideen ?"

Beiden war bewusst, dass Ehen noch immer, auch und gerade im Kreise des deutschen und europäischen Hochadels, von den jeweiligen Eltern aus politischen oder finanziellen Gründen ar-

---

[70] Fehltritt
[71] Hobbies

rangiert wurden; die Gefühle der zu Verheiratenden spielten dabei kaum eine Rolle.

Doch zumindest für die „Verhandlungsobjekte" in der „zweiten Reihe" der souveränen Herrscherfamilien im Deutschen Bund war das Angebot heiratsfähiger junger Hochadliger – sowohl männlich wie weiblich - erstaunlich groß. Denn auch die mehreren hundert Familien aus diesem Stand, die seit den Umwälzungen zu Beginn des 19. Jahrhunderts [72] formal ihre Souveränität verloren hatten, galten wenigstens als „ebenbürtig" zum Zwecke der Heirat. Und so konnte ein Angehöriger der württembergischen Königsfamilie sehr wohl eine junge Frau etwa aus dem Haus der Fürsten von Hohenlohe-Langenburg heiraten, ohne sich etwas zu vergeben. Ob das wirtschaftlich zweckmäßig war, stand auf einem anderen Blatt, denn die „Langenburger" galten als die ärmere von den beiden Hohenloher Fürstenlinien, die „Ingelfinger" galten als viel reicher.

Für die Söhne und Tochter der eigentlichen Souveräne, die Könige und Großherzöge im Deutschen Bund, gewissermaßen die „erste Reihe", galt das nur beschränkt. Hier zählten viel eher der internationale Ruf, die kriegerische und wirtschaftliche Macht ihrer Länder als Empfehlung für einen Heiratskandidaten, natürlich auch bereits bestehende enge familiäre Verflechtungen. Aber auch hier gab es ja von den Königen von Großbritannien über die russischen Zaren und die Könige von Preußen oder Spanien genügend Auswahl unter deren heiratsfähigen Kindern.

Immerhin, bei großen Hochzeitsfeiern etwa, wo alte und junge Adlige aus allen möglichen Familien zusammen kamen, bestand

---

[72] Gemeint sind die einschneidenden Beschlüsse des sogenannten „Reichsdeputationshauptschlusses" von 1803 sowie des Endes des „Heiligen Römischen Reiches deutscher Nation" im Jahr 1806, die hunderte bisher formal souveräner Kleinherrschaften innerhalb dieses Reiches enteignete und der Souveränität der übrig gebliebenen größeren Monarchien unterstellte.

immer die Chance, dass sich junge Leute unterschiedlicher Familien kennen lernten und in einander verliebten, was zu durchaus standesgemäßen weiteren Hochzeiten führen konnte. Doch, allen Standesgenossen war klar, dass solche Fälle einer Liebesheirat eher die Ausnahme waren.

„Nein, da habe ich natürlich noch keine Zeit dazu gehabt", musste Herzogin Margarethe eingestehen. „Mein Wissen über einen möglichen Fauxpas unserer Tochter ist ja auch erst keine halbe Stunde her. Doch eine Sünde war es auf jeden Fall, und wir müssen im Interesse des Rufes unseres Hauses Württemberg alles tun, um diese Schande nicht publik werden zu lassen."

Lange Zeit beriet das Herzogspaar, wer denn in diesem prekären Fall möglicherweise als Ehepartner in Frage käme. Nicht nur das Ansehen und die relative Wohlhabenheit des betreffenden Adelshauses waren dabei zu erwägen. Hier ging es auch vorrangig um ganz praktische Fragen: wo lebte ein geeigneter junger Mann, was für einen Ruf hatte er, war er überhaupt „verfügbar" ? Natürlich wusste das Carlsruher Herzogspaar nur von den wenigsten etwas darüber. Aber der Fall war ja eilig, sehr eilig sogar.

Plötzlich fiel Herzogin Mathilde etwas ein. „Ich habe eine Idee. ‚Warum in die Ferne schweifen, sieh', das Gute liegt so nah' ! Wir haben doch in der eigenen Familie jemanden, der dringend eine Ehefrau braucht. Denke doch an deinen Stiefbruder Nikolaus!"

Herzog Eugen Erdmann und sein Bruder Nikolaus; Sohn der zweiten Frau seines Vaters, waren sich von Kind an spinnefeind gewesen. Das hatte dazu geführt, dass der 13 Jahre jüngere Nikolaus, der seine Jugend auch in Carlsruhe verlebt hatte, schon mit zehn Jahren dazu verdonnert wurde, in Breslau am dortigen Gymnasium ausgebildet zu werden. Und kaum hatte er die Schule hinter sich, schob ihn sein Vater ab in fremde Militärdienste. Diesmal war es nicht das russische Militär, daran hatte Vater Eugen inzwischen zu schlechte Erinnerungen. Doch in der Marine des Kaiserreichs Österreich-Ungarn nahm man den 18-jährigen Prinzen von Württemberg gerne als Leutnant auf. In der Adria, dem Meer zwischen Venetien und Dalmatien – beide Landkomplexe gehörten seit dem Wiener Frieden zum Wiener Kaiserstaat – unterhielt Österreich-Ungarn eine durchaus beachtliche Anzahl von Kriegsschiffen.

Allerdings zeigte sich bald, dass der junge Württemberger wohl für die Marine nicht so geeignet war, er wurde beim geringsten Seegang seekrank. Aber in den zahlreichen Infanterieregimentern des kaiserlich-königlich österreich-ungarischen Heeres fand der Prinz die richtige Beschäftigung, Er wurde jeweils entsprechend seinem Alter zum Oberleutnant, zum Hauptmann und zum Major befördert. Inzwischen war er 30 Jahre alt – und noch unverheiratet!

Ihm ging jedoch der Ruf voraus, dass er es „mit Männern halte". Unter Offizieren und auch selbst unter Hochadligen kam eine solche Geistesverirrung gar nicht so selten vor, aber sie musste strengstens verschwiegen und verborgen werden.

Natürlich wusste das Herzogspaar in Carlsruhe oberflächlich über den militärischen Werdegang des Stiefbruders Bescheid, und auch die moralisch so verabscheuungswürdige Neigung des Verwandten war ihm nicht unbekannt. Aber man redete kaum je über ihn, daher geriet er leicht in Vergessenheit.

„Die Verwandtschaft zwischen Nikolaus und Minna wäre ja auch nicht enger als zwischen Cousin und Cousine", überlegte die Herzogin, „und das gilt ja durchaus nicht als Hindernis für eine Hochzeit in unseren Kreisen."

„Meinst du nicht, Erdmann, dass Dein Stiefbruder längst eine Ehe hätte schließen müssen, eine standesgemäße natürlich, um nach außen seine Veranlagung zu vertuschen?" Herzogin Margarethe gab ihrem manchmal etwas begriffsstutzigen Ehemann Schritt für Schritt vor, was er als Chef des Hauses der Herzöge von Württemberg, Schlesische Linie, zu entscheiden habe sollte.

„Ich meine, Erdmann, du solltest gleich an Deinen Bruder schreiben und ihm sehr dringlich den Wunsch, ja die strikte Weisung, mitteilen, dass er sich zu verheiraten habe. Unsere Tochter sei im besten Heiratsalter, und an der nötigen Aussteuer sollte es auch nicht fehlen. Wenigstens zur offiziellen Verlobungsfeier müsste er schon hierher nach Carlsruhe kommen, so bald wie möglich."

Herzog Erdmann erinnerte sich etwas vage, dass sein Stiefbruder zur Zeit wohl bei einem Infanterie-Regiment in Laibach [73] stationiert war. Dorthin, dachte er innerlich seufzend, würde er also schreiben müssen; er schrieb so ungerne Briefe.

„Aber bitte, Mathilde," bemühte er sich, eine unangenehme Pflicht als Konsequenz aus dem vergangenen Gespräch von sich abzuhalten, „die Mitteilung von unserem Beschluss gib bitte du unserer Minna bekannt. Als Mutter bist du näher an ihr dran als ich!"

Die Herzogin erklärte sich damit einverstanden. Aber ihre Gedanken beschäftigten sich vor allem mit einem anderen Aspekt des Themas, das sie in der letzten Stunde so intensiv mit ihrem Mann besprochen hatte. Hier kam eine Charaktereigenschaft zum Vorschein, die nicht gerade zu ihren besten gehörte, eine gewisse Rachsucht, ja Boshaftigkeit gegenüber anderen Menschen, und seien es ihre eigenen Kinder.

Sie redete und redete weiter von der möglichen Schande, die da über ihr Haus kommen könne, ja sie redete sich richtig in Rage

---

[73] Heute Llubjana, Hauptstadt des Staates Slowenien, damals zur „österreichischen Reichshälfte". gehörend.

über ihre Tochter, zu der sie nie eine besonders enge mütterliche Liebe verspürt hatte.

„Eigentlich ist das eine Fügung des Schicksals, dass die beiden Sünder in unserer Familie künftig durch eine unsichtbare Kette, die untrennbare Ehe, miteinander verbunden sein werden," sinnierte sie, und der Gedanke schien ihr zu gefallen. „Ihre Sünden sind verschieden, aber sie haben beide mit den fleischlichen Gelüsten zu tun. Doch wird sündigt, muss bestraft werden. Und dies das ganze Leben lang1"

Das Ende der Prinzen-Schule

Carlsruhe, Juli 1863

Für den männlichen Schüler des Carlsruher Hauslehrers, für den Prinzen Wilhelm, war dessen überraschendes Fehlen in der Woche nach dem „Wohltätigkeitsball" kein Anlass zur Trauer, eher zu heimlicher Freude. Es gab dann eben keinen Unterricht, war das nicht herrlich ?

Dem Herzogspaar fiel an diesem Vormittag in seiner so grundsätzlichen Aussprache ein, dass ja noch andere Personen außer ihrer Minna und dem Stiefbruder Nikolaus von ihren Beschlüssen betroffen waren. Hier musste man sehr überlegt vorgehen, damit nicht durch unerwünschte Informationen der Ruf der Familie beschädigt werden könnte.

Eine Entscheidung betraf den Hauslehrer, den Herrn Becker. „Wenn es so ist, wie du sagst, Mathilde", meinte der Herzog missmutig, „dann soll der Kerl auf keinen Fall noch mal hier in Carlsruhe auftauchen. Allerdings wollen wir daraus bloß keine öffentliche Affäre machen, ganz im Gegenteil ! "

An diesem Morgen war auch beim Herzog der umfangreiche Brief des Hauslehrers eingetroffen, den er aus Herford gleich nach der Ankunft abgeschickt hatte. Mit der Lektüre dieses Briefes war Eugen Erdmann gerade beschäftigt gewesen, als seine Frau mit ihrer so aufregenden Entdeckung im Zimmer ihrer Tochter bei ihrem Mann auftauchte.

„Vielleicht ist das, was der Herr Becker mir hier geschrieben hat, eine sehr gute Camouflage [74] dafür, was wir ja erreichen wollen. Er möchte sich nach einer Pfarrstelle in Westfalen umsehen, schreibt er hier. Da kann ich mich doch großzügig zeigen und ihm Urlaub ad libitum [75] gewähren, und weitere Gehaltszahlung, bis er eine Pfarrstelle dort in Westfalen gefunden hat. Das macht sich nach außen gut, und keiner kann danach vermuten, dass wir ja eigentlich ganz andere Gründe haben, den Mann nicht mehr hierher nach Carlsruhe zu lassen."

Der Herzogin Mathilde fiel etwas ein, was daraus für ihre Kinder folgen würde: sie konnten dann keinen Unterricht bei ihrem gewohnten Hauslehrer mehr haben. „Willi wird in Kürze 17 Jahre alt, wie du weißt, Erdmann" meinte sie. „Eigentlich müsste er ja noch ein Jahr Schule haben, um das Abitur nachweisen zu können. Was machen wir da ?"

Herzog Erdmann überlegte nur kurz. „Ach was, ich glaube, unser Willi hat bei dem Herrn so gut und so viel gelernt, dass das dem Abitur ungefähr gleich kommt. Wie wäre es, wenn wir ihn zum Studium auf eine Universität schicken ? Dann ist er von hier weg, und die Notwendigkeit für einen Hauslehrer hier in Carlsruhe würde ganz von selbst entfallen."

Ausführlich erörterte das Herzogspaar diese Idee, für die sich vor allem der Vater immer mehr erwärmte. „Wenn wir ihn nach Tübingen schicken, der alten Haus-Universität des Staates Württemberg, dann möchte ich den Rektor dort sehen, der einem 17-jährigen Prinzen von Württemberg den Zugang zu seiner Universität verweigert, weil er angeblich kein Abitur nachweisen kann."

„So machen wir das," entschied Herzog Erdmann schließlich, „schick mir gleich., wenn wir hier fertig sind, den Willi her, da-

---

[74] Bemäntelung, Mittel zum Verbergen
[75] auf unbegrenzte Zeit

mit ich ihm unseren Willen verkünden kann. Er wird sich freuen, denke ich. Und er soll auch gleich an den Herrn Becker schreiben, was ich ihm mitteilen möchte. Du weißt, Mathilde, ich schreibe so ungerne Briefe."

Prinz Wilhelm schwebte im siebenten Himmel, als sein Vater ihm die so umstürzende Mitteilung machte. Keine Schule mehr, kein ständiges Lernen ! Dabei musste er innerlich zugeben, dass dieses Lernen bei seinem Lehrer Becker manchmal durchaus Spaß machen konnte. In den fünf Jahren des sehr engen Zusammenwirkens hatte sich ein durchaus freundschaftliches, ja vertrautes Miteinander zwischen Lehrer und Schüler entwickelt, auch wenn sich beide gelegentlich anbrüllten, wenn es einmal Streit gab.

Allerdings musste der junge Prinz seine Gefühle nach außen sorgfältig verbergen, vor allem seinen Eltern gegenüber, wie das vom Comment [76] am Hofe des Herzogs von Württemberg, Schlesische Linie, im Schloss Carlsruhe vorgeschrieben wurde. Das zumindest hatte Prinz Wilhelm im dem mühsamen Jahren seines Älterwerdens gelernt. Das Sich-Verstellen, das Vortäuschen kindlichen Gehorsams gegenüber dem Vater, den er fürchtete, aber nicht lieben konnte, das war für den jungen Prinzen fast zur zweiten Natur geworden. Anders hätte er wohl diese Jahre des Heranwachsens hier im abgelegenen Schloss Carlruhe nicht überlebt, bildete er sich ein.

Diesmal allerdings war er mit dem Entschluss seines Vaters voll und ganz einverstanden. Ihm war jedoch noch längst nicht klar, dass das „Beziehen einer Universität" keineswegs das Ende des intensiven Lernens bedeutete, im Gegenteil. Dort musste er selbst der Antreiber sein, jemand, der sich selbst zum Lernen zwang.

---

[76] Übung, Gebrauch

Gerne übernahm Prinz Wilhelm den Auftrag seines Vaters, dem so plötzlich entschwundenen Lehrer das Wohlwollen des Herzogs zu übermitteln und ihn in einem Brief mitzuteilen, dass eine Rückkehr des Herrn Becker nach Carlsruhe nicht mehr nötig sei, Denn er, Prinz Wilhelm, werde in Kürze nach Tübingen gehen, um dort die Universität zu beziehen. Auftragsgemäß richtete er in seinem freundlichen Brief an den ehemaligen Lehrer Grüße des herzoglichen Elternpaares und seiner Schwester aus.

Er ahnte nicht, welches Grübeln diese Bemerkung beim Empfänger des Briefes auslöste. Was mochte Prinzessin Wilhelmine mit diesem Gruß gemeint haben ? War es ein freundlicher Gruß an einen gut bekannten Freund - oder war es in Wahrheit ein trauriger Abschied für immer ?

Teil III

Vier Herzogskinder und ein evangelischer Pfarrer – was für ganz verschiedene Schicksale!

Eine Hilfspredigerstelle muss zur Heirat reichen

Herford, Rietberg, 1864 – 1870

Im Roman gibt es nach den gehörigen Verwirrungen am Schluss üblicherweise ein Happy End. „Sie lebten glücklich und zufrieden, und wenn sie nicht gestorben sind, dann leben sie noch heute", heißt es auch im Märchen.

Was bisher in diesem Buch erzählt wurde, endete aber alles andere als „happy". Zwei Menschen aus ganz verschiedenen Gesellschaftsschichten waren durch das Schicksal ganz nahe zusammengeführt worden, aber eben dieses Schicksal riss sie auch wieder auseinander, unabwendbar und auf ewig.

Und für die meisten der Hauptpersonen gab es auch später wenig „happiness". Was hier erzählt wird, ist ja auch kein Roman. Doch der Leser möchte wohl wissen, was diese Hauptpersonen in der zweiten Hälfte ihres Lebens oder als Erwachsene erlebten. Und wie merkwürdig: gerade diese Erlebnisse – oder wenigstens wichtige Teile davon – hängen eng mit der Geschichte unseres Landes zusammen, viele davon mit Zuständen und wichtigen Ereignissen, obwohl sie heute praktisch vergessen sind.

*

Der Predigtamts-Kandidat Christoph Becker lebte nun wieder in seiner Heimat Westfalen, bei Menschen, die ihm wohl gesonnen waren, und er war verlobt. Aber eine Amtsstelle als Pfarrer hatte er noch nicht. In seinem Brief an seinen einstigen Brotgeber, den Herzog Eugen Erdmann von Württemberg im Schloss Carlsruhe in Oberschlesien, hatte er nicht übertrieben, als er die Schwierigkeiten schilderte, die dem Finden einer solchen Stelle entgegenstanden.

Im nächsten Vierteljahr musste Christoph Becker mehrmals in eine weit entfernte evangelische Gemeinde reisen, wo der Pfarrer krank geworden war und eine vorübergehende Vertretung brauchte – in der vagen Hoffnung, dass aus dieser Vertretung vielleicht eine endgültige Einsetzung in die dortige Pfarrstelle werden könne.

Die Pflegeeltern in Herford, die Familie des reichen Bäckers und Gastwirts Hackmann, hatten ihm ein Reitpferd zur Verfügung gestellt, damit er die zum Teil längeren Reisewege zu seiner Vertretungs-Gemeinde etwas schneller zurücklegen konnte. Denn weder die bisher in der Provinz Westfalen verlegten Eisenbahnlinien noch die angebotenen Linien von Postkutschen waren in der Lage, ihn so schnell, wie es nötig war, dorthin zu bringen. Und reiten konnte der Pfarramts-Kandidat tatsächlich, für angehende Pfarrer in der Mitte des 19. Jahrhunderts äußerst ungewöhnlich. Das war eine Frucht seines Aufenthalts im Schloss Carlsruhe und als Lehrer eines herzoglichen Prinzen. In den letzten Jahren hatte er den Prinzen Wilhelm mehrfach auf Ausflugsritten durch den ausgedehnten Carlsruher Schlosspark begleiten müssen.

Das Reitpferd stand im Stall hinter dem Hackmann'schen Haus in Herford, zusammen mit den Pferden für die Kutsche des Herforder Ratsherren Hackmann. Ein besonderer Knecht war für die Betreuung der Pferde und für das Fahren der Kutsche da. Auf den Straßen der Stadt herrschte an Werktagen ein ständiges Geklapper der Pferdehufe auf dem Pflaster und ein Rumpeln der eisenbeschlagenen Räder der Lastwagen und Kutschen, die ständig durch die Stadt fuhren. Die vielen Gewerbe benötigten Rohstoffe für ihre Produktion und danach wieder das Ausfahren der Produkte an ihre Empfänger. An dem ständigen Lärm von den Straßen her merkte man, dass Herford eine höchst lebendige Stadt mit vielfältigem Gewerbe war. Das war auch der Grund für den verhältnismäßigen Reichtum ihrer Bürger.

Bevor Christoph Becker nicht eine Pfarrstelle gefunden hatte, war an eine Heirat nicht zu denken. Außerdem war es auch durchaus üblich, dass Verlobte ein oder zwei, wenn nicht mehr Jahre auf ihre Hochzeit warten mussten. Immerhin musste er nicht auf Kosten seiner „Vize-Eltern", den Hackmanns, leben, da er dank der Großzügigkeit des fernen Herzogs von Württemberg weiterhin sein Gehalt aus Carlsruhe überwiesen bekam,

Doch bereits zum Ende des Jahres 1863 zeichnete sich eine Hoffnung ab. Im Städtchen Rietberg würde eine Stelle frei werden. Es war allerdings nur eine Hilfspredigerstelle, mit einem Gehalt von nur 350 Talern pro J a h r bei freier Wohnung. Das war zwar nur die Hälfte des Gehalts für eine normale Pfarrstelle. Aber da er die Zusicherung des so wohlwollenden Herzogs in Carlsruhe hatte, dass ihm bis zum endgültigen Antritt einer vollgültigen Pfarrstelle noch eine Jahrespension von 200 Talern ausgezahlt werden solle, konnte der inzwischen gar nicht mehr so junge Mann erleichtert aufatmen und mit frohem Herzen dieser Lösung zustimmen.

Dieses Städtchen Rietberg. in das er nun kommen sollte, war schon ein Ort mit ganz eigener Prägung. Es gehörte zum katholischen Teil der Provinz Westfalen und war doch erstaunlicherweise kaum mehr als zwei Meilen [77] von Christoph Beckers Heimat Isselhorst entfernt.

Aber es hatte aber eine ganz andere Geschichte als das weiter westlich liegende Münsterland. Die Gegend um das Städtchen hatte im Mittelalter eine eigene kleine Grafschaft gebildet, die durch Erbschaften erst an das Grafenhaus der Ostfriesen, später an ein böhmisches Adelsgeschlecht der Kaunitz geraten war. Ein Graf Kaunitz war im 18. Jahrhundert der berühmte Kanzler der österreichischen Kaiserin Maria Theresia gewesen, doch um sei-

---

[77] Ca. 15 Kilometer

nen Besitz im fernen Westfalen hatte er sich praktisch nie kümmern können, zumal ihm auch noch zahlreiche Güter in Böhmen und Mähren gehörten.

Nach den Umwälzungen des Zeitalters Napoleons kam das Gebiet, wie das benachbarte frühere Besitztum der Bischöfe von Münster, an das Königreich Preußen, aber die Bewohner blieben natürlich katholisch, bis auf wenige im Laufe der Zeit zugewanderte Evangelische. Für die – und für die wenigen Evangelischen in der benachbarten Gemeinde Schloss Holte – hatte die Evangelische Kirche von Westfalen eine Hilfspredigerstelle eingerichtet, und die wurde gerade zum Jahreswechsel 1863/64 frei.

Mit den Grafen von Kaunitz hatte das Städtchen Rietberg eigentlich nichts mehr zu tun, denn der letzte Erbe hatte den lästigen Grundbesitz um das Jahr 1830 an einen reichen bürgerlichen Westfalen, einen gewissen Kaufmann Tenge, verkauft. Aber ein altes Schloss gab es noch im Städtchen, und ein Haus, in dem der evangelische Hilfsprediger kostenlos wohnen konnte. Im größten Raum des Hauses musste er auch sonntags den Gottesdienst für die rund 80 Evangelischen im Städtchen ausrichten. Außerdem musste er unter der Woche für die etwa 30 evangelischen Schüler Schule halten.

Für das Evangelische Konsistorium für die Provinz Westfalen muss der Bewerber Becker ein Glücksfall gewesen sein, der sowohl als Pfarre amtieren konnte wie auch die notwendigen Befugnisse hatte, Schulunterricht zu geben. Das sparte der Kirchenverwatung viel Geld.

Im Oktober 1864 konnte Christoph Becker endlich seine Auguste Hackmann heiraten und in die neue, wenn auch sehr enge, Wohnung in Rietberg führen. Wie sehr Christoph bei dieser Gelegenheit an eine junge Frau im fernen Schloss Carlsruhe in Schlesien gedacht hat – wer will das schon wissen?

Die Wohnung in Rietberg war eng, aber sie wurde noch enger, als knapp ein Jahr später, im September 1865, das erste Kind geboren wurde, ein Junge, der den Namen Ludwig erhielt.

Dem Hilfsprediger Becker gelang es im nächsten Jahr, bei einigen wohlhabenden Gemeindemitgliedern Spenden einzusammeln. Damit wurde es möglich, an das der Gemeinde gehörende Wohn-, Kirchen- und Schulhaus einen Anbau zu finanzieren, in dem künftig die Gottesdienste (und auch die Schule) stattfinden konnte. Eine Kirche als Anbau an ein privates Wohnhaus – sicherlich eine ziemlich selten vorkommendes Ereignis in unseren Landen !

Das Pfarrer-Wohnhaus in Rietberg mit angebauter Kirche (um 1910)

Nun war auch Platz in der Pfarrerswohnung für weitere Kinder. Sie kamen auch prompt der Reihe nach, zwei Mädchen und

145

schließlich auch noch ein Junge, der hier im Jahr 1870 das Licht der Welt erblickte [78].

Doch damit war auch die Zeit der Enge für die Familie Becker zu Ende, denn eine richtige, vollgültige Pfarrstelle eröffnete sich für Christoph Becker. In der Kreisstadt Halle in Westfalen war eine solche frei geworden. Auch die lag nicht weit von seiner bäuerlichen Heimat entfernt. Der inzwischen gar nicht mehr so junge Pfarrer ahnte, dass er in diesem Städtchen endlich die Erfüllung all seiner Wünsche finden und nach so vielen Ausflügen in andere Welten zur Ruhe finden würde.

---

[78] Hermann, geboren am 18. Mai 1870 (gestorben 1970 !) , er wurde der Großvater der Kinder des Autors dieses Buches

Eine Verlobte muss auf ihre Ehe warten

Carlsruhe 1863 - 1868

Für die junge Prinzessin Wilhelmine im Schloss Carlsruhe verging der Herbst des Jahres 1863 wie unter einer Dunstglocke. Sie erledigte wieder ihren gewohnten Tageslauf, sie reagierte auf die Wünsche ihrer Eltern oder anderer Personen im Schloss so, wie man es von ihr erwartete, aber innerlich empfand sie keinen Antrieb, kein bewegendes Gefühl. Alles war wie abgestumpft. Die unerwartete und so plötzliche Abreise ihres geliebten Christoph hatte ihre Gefühle in einen Zustand der Lähmung versetzt. Daran änderte auch der freundliche Abschiedsbrief ihres Geliebten nichts, den sie wie ein Vermächtnis hütete. Es dauerte lange, bis sie darüber hinweg kam.

Irgendwann hatte auch die Mutter ihr klar gemacht, dass die Eltern bereits einen Heiratskandidaten für sie ins Auge gefasst hatten: ihren Stiefonkel Nikolaus. In ihrer gegenwärtigen Seelenverfassung hatte Wilhelmine diese Nachricht ebenso fast teilnahmslos entgegengenommen wie etwa die Mitteilung, dass das tägliche Mittags-Diner mit den Eltern und dem Hofstaat auf Schloss Carlsruhe einmal aus besonderen Gründen ausfallen müsse. Sich dagegen zu wehren, dafür hatte Wilhelmine in ihrer gegenwärtigen seelischen Verfassung nicht die Kraft. Aber auch unter normalen Umständen wäre ihr das wohl nicht möglich gewesen.

Seit früher Jugend wusste die Prinzessin, dass es ihr Los als Erwachsene sein werde, einmal die Ehefrau irgendeines mehr oder weniger jungen Mannes aus einer europäischen Hochadelsfamilie zu werden. Das war nun einmal das Schicksal als Tochter eines Herzogs von Württemberg. Nach ihren Gefühlen wurde dabei nicht gefragt, genau so wenig wie bei ihrem männlichen Gegenpart danach gefragt wurde. Doch es konnte sein, dass sie dabei Glück hatte und auf einen Menschen traf, den sie mochte, ja, in den sie sich vielleicht sogar verlieben konnte – und umgekehrt. Allerdings: die Regel war das nicht. Aber immerhin, so viel wusste die Prinzessin mit ihren inzwischen 19 Jahren, auch so genannte „Vernunft-Ehen" konnten sich als durchaus passable, ja geradezu glückliche Verbindungen von Mann und Frau herausstellen.

Von der besonderen Veranlagung ihres künftigen Mannes wusste die junge Ehe-Anwärterin nichts. Ihre Eltern hatten dieses Geheimnis wohl gehütet. Sie würde es wohl erst bemerken, wenn sie einmal verheiratet war.

Herzog Eugen Erdmann hatte rasch an seinen Stiefbruder geschrieben und ihm seinen Beschluss als Familienoberhaupt und Chef des Hauses der Herzöge von Württemberg, Schlesische Linie, mitgeteilt, dass er doch bald einmal eine Ehe eingehen solle. Als sehr geeignete Partnerin stellte er seine ältere Tochter Wilhelmine vor, die er über den grünen Klee lobte.

Nikolaus wusste, dass er nicht in der Position war, dagegen aufzubegehren, und er schrieb freundlich zurück, dass er von diesem Ehe-Angebot sehr erfreut sei und so bald wie möglich zu einer Verlobung nach Carlsruhe kommen werde. Allerdings könne er dafür jetzt noch keinen Zeitpunkt nennen, ebenso wenig für die spätere Hochzeit. Seine militärische Laufbahn im österreichischen Heer sei noch etwas „undurchsichtig", wie er schrieb. Prinzessin Wilhelmine nahm diese Nachricht auf, wie es sich gehörte: als gehorsames Kind und in Erwartung einer künftigen Ehe, aber ohne echte innere Anteilnahme.

Wenn die Prinzessin Wilhelmine in ihrer augenblicklichen Stimmung etwas bestimmt wollte, dann war es, sich in ihrem künftigen Leben um die „Wohltätigkeit" zu kümmern. Mit der Organisation des Wohltätigkeitsballes im Ort und Schloss Carlsruhe hatte sie gewissermaßen eine Fährte aufgenommen, die sie so leicht nicht wieder aufgeben wollte. Es hatte ihr Freude gemacht, und es hatte sie ausgefüllt. Sie ahnte – und hatte an ihrer Mutter ein negatives Vorbild – dass sie sich als erwachsene Frau nur allzu häufig langweilen würde. Das Gefühl, eigentlich in ihrem Leben nicht gebraucht zu werden, ließ sie schaudern, und das hatte nichts mit der Aussicht zu tun, dass sie in absehbarer Zeit Ehefrau und hoffentlich auch Mutter sein würde.

Anders herum gesehen war es für die Ehefrau eines Abkömmlings der regierenden Familien durchaus eine angemessene, ja fast erwartete Tätigkeit, sich um soziale Belange zu kümmern. Von der württembergischen Kronprinzessin Olga, einer Nichte des russischen Zaren, wusste man zum Beispiel, dass sie intensiv für verschiedene Waisenhäuser und ähnliche Einrichtungen sorgte. Hier vergab sich die Prinzessin Wilhelmine also nichts, wenn sie später Ähnliches vorhatte.

Rührend kümmerte sie sich daher im Herbst des Jahres 1863 darum, den drei oder vier ärmsten Familien im Ort Carlsruhe mit Hilfe der beim Wohltätigkeitsball übrig gebliebenen 95 Talern 3 Silbergroschen und 8 Pfennigen irgendwie zu helfen, ohne dieses Geld geradezu zum Fenster hinaus zu werfen. Unter Beratung durch den Gastwirt des Kretschams „Zur Gans" überlegte sie, wie man dieses Geld sinnvoll anwenden konnte. Hätte man es den Ehemännern dieser Familien in bar in die Hand gegeben, wäre das Geld – für diese war es ein Vermögen ! – im Umsehen in Form von Schnaps vertrunken worden.

So aber bekamen jetzt die Ehefrauen einen dringend benötigten Kochtopf oder eine Kinderwiege sowie etwas Bettwäsche –und es blieb noch etwas Geld übrig, das im Laufe des nächsten Jahres für diese Familien zur Verfügung stand. Es war für die junge

Prinzessin unglaublich befriedigend, sich mit solchen Problemen zu beschäftigen und sie zu lösen.

Im Winter hatte Prinzessin Wilhelmine ein Erlebnis, das sie zugleich tief erschreckte wie auch innerlich erfreute.

Es war in der Mitte des Monats Dezember 1863. Wie jedes Jahr bedeckte tiefer Schnee die Dächer von Carlsruhe und die Wälder ringsum. Es war ein trüber. nebliger Tag, als am frühen Nachmittag drei Reiter vor dem Tor des Schlosses standen. Es waren hohe Offiziere in österreichischen Uniformen,

Zum Erstaunen des Herzogs stellte sich heraus, dass es seine beiden Stiefbrüder Wilhelm und Nikolaus waren, die es inzwischen im österreichischen Heer zum Obersten und zum Major gebracht hatten. Zusammen mit einem jungen Leutnant, der wohl so etwas wie ein Ordonnanz-Offizier [79] darstellte, erklärten sie, in einem strammen Ritt von Breslau her gekommen zu sein, um die Verlobung des Bruders Nikolaus mit Prinzessin Wilhelmine zu feiern. Eine Gelegenheit dazu habe sich durch Zufall ergeben, und sie hätten auch nur Zeit für einen Abend hier in Carlsruhe. Schon morgen früh müssten sie wieder aufbrechen, um rechtzeitig in Breslau ihren Zug zu erreichen.

Das alles klang sehr geheimnisvoll. Unter sechs Augen teilten die beiden Offiziere ihrem älteren Bruder, dem preußischen General in Pension, etwas Näheres über die Hintergründe ihres plötzlichen Auftauchens mit, mit der Bitte um tiefste Verschwiegenheit darüber. Die Öffentlichkeit würde vermutlich in Kürze Näheres dazu erfahren, aber einstweilen sei die Anwesenheit österreichischer Soldaten in der preußischen Provinz Schlesien noch ein striktes militärisches Geheimnis.

---

[79] Junger Offizier, einem Befehlshaber zur Befehlsübermittlung zugeteteilt.

So blieb für alle im Schloss Carlsruhe bis auf den Herzog ein Rätsel, was die so unerwartet mögliche Verlobungsfeier im kleinsten Kreis der Familie plötzlich erlaubt hatte.

Für die Braut war das unerwartete Auftauchen ihres Bräutigams natürlich eine Überraschung, aber durchaus keine unangenehme. Der Major Nikolaus entpuppte sich als ein ansehnlicher junger Mann – er zählte jetzt 30 Jahre –und war damit im besten Heiratsalter – , der auch gute Manieren hatte und seiner künftigen Frau einen guten, ja ansprechenden Eindruck machte.

So wurde die improvisierte Verlobungsfeier im Carlsruher Schloss für die junge Braut zu einem angenehmen Erlebnis, wenn auch von rätselhaften Vorgängen umgeben – was die Attraktivität des künftigen Ehemanns keineswegs geringer machte.

Schon am nächsten Morgen früh verschwanden die drei Reiter wieder im Schnee. Wann würde die junge Braut ihren Verlobten einmal wiedersehen ? Das blieb alles im Dunklen, aber es trug durchaus dazu bei, den Bräutigam für Prinzessin Wilhelmine interessanter zu machen, mehr jedenfalls, als das wohl ohne diesen überraschenden Besuch der Fall gewesen wäre.

Danach hieß es wieder warten, warten . . .

Mit den Preußen, gegen die Preußen –
Hauptsache, noch nicht verheiratet!

1863 - 1868

Für den österreichischen Major Nikolaus mit dem schönen Familiennamen „Herzog von Württemberg" brachte der Kurzbesuch in Carlsruhe sehr zwiespältige Erinnerungen mit sich. Er war hier geboren und hatte die ersten zehn Jahre seiner Jugend hier verbracht. In d e m Zimmer hatte er einst geschlafen und in d e n Ecken des Schlossparks hatte er als Kind gespielt. Aber gleichzeitig erinnerte ihn alles an die vielen Kränkungen, die er damals hatte hinnehmen müssen.

Im Jahr 1833 war Nikolaus zur Welt gekommen, als Sohn des kaiserlich russischen Generals Eugen, der in Carlsruhe ja seine zweite Lebenshälfte verlebt hatte. Die erste Gemahlin seines Vaters war früh verstorben, eine geborene Prinzessin von Waldeck-Pyrmont. Aus dieser Ehe stammte der viel ältere Stiefbruder Eugen Erdmann. Nach den Erbregeln im Hause der Könige von Württemberg war der damit der künftige „Chef des Hauses" dieser Könige in ihrer „Schlesischen Linie". Doch der Vater hatte bald noch einmal geheiratet, eine junge Frau aus dem Haus der Fürsten von Hohenlohe-Langenburg, und noch weitere vier Kinder wurden in Carlsruhe groß, zwei Mädchen und zwei Jungen.

Vor allem diese Jungen hatten unter den heimlichen Bosheiten ihres Stiefbruders zu leiden, der im Jahr 1828 geborene Wilhelm und er selbst, der fünf Jahre jüngere Nikolaus. Diese Abneigung zwischen den beiden „Generationen" der herzoglichen Nachkommen hatte auch dazu geführt, dass beide, Wilhelm und Nikokaus, in Breslau das öffentliche Gymnasium besuchen mussten, kaum dass sie zehn Jahre alt geworden waren. Und gerade als sie diese Schule hinter sich hatten, gelang es dem Vater dank seiner einstigen militärischen und politischen Beziehungen, sie als junge Offiziere im Dienst des österreichischen Kaiserreichs unterzubringen. So konnten die jungen Prinzen in Carlsruhe nicht mehr stören.

Doch dort, im fernen Österreich-Ungarn, machten die Jungen aus Carlsruhe alle beide eine gute Karriere. Der ältere, Wilhelm, brachte es schneller, als es eigentlich seinem Lebensalter angemessen war, zum Hauptmann, Major und Oberst und zu lobender Erwähnung (und natürlich zu einem entsprechenden Orden) im Krieg Österreichs gegen Italien im Jahr 1859.

Der jüngere Bruder Nikolaus trat zuerst in die österreichische Marine ein. Doch zeigte sich bald, dass Nikolaus bei jedem kleinen Wellengang seekrank wurde, so schied er rasch aus der Marine wieder aus und wechselte als Leutnant zur Infanterie.

Auch hier machte der junge Prinz aus dem Hause Württemberg die übliche Karriere-Leiter durch, vielleicht half ihm sein Name dabei auch etwas. Allerdings zeigte sich in dieser Zeit bei ihm eine „Neigung zu Männern". Wenn man es genau nahm, kam diese Neigung gerade im Hause der Könige von Württemberg und ihrer weiteren Familie gar nicht so selten vor. Nikolaus' älterer Bruder Wilhelm wies sie genauso auf wie der gegenwärtige Thronfolger in Stuttgart, Karl. Im engsten Familienkreis wusste man davon, aber nach außen gesprochen wurde davon niemals, niemals.

Auch unter den Offizieren des österreichischen Heeres war die besondere sexuelle Veranlagung, die Neigung zu Männern, offenbar so häufig, dass sie nicht mehr als Hindernis für Beförderungen empfunden wurde.

Jedoch, natürlich musste die Veranlagung – oder „Krankheit", wie man damals annahm – mit allen Mitteln vor der Öffentlichkeit verborgen gehalten werden. Zu diesen Mitteln gehörte auch eine standesgemäße Ehe des betreffenden Mannes; er hatte sie genauso zu akzeptieren wie seine künftige Frau. Was für Tragödien sich daraus in den Schlafzimmern der „Zwangs-Ehepaare" ergaben, das ging die Öffentlichkeit ja nun wirklich nichts an, oder ?!

Nach außen hin, also seinem Stiefbruder und dessen Familie gegenüber, spielte Nikolaus den erfreuten Verlobten und künftigen Ehemann. Doch in Wahrheit bemühte er sich darum, dem „Joch der Ehe" so lange wie möglich zu entgehen.

Vielleicht gab es sogar dazu noch eine andere Gelegenheit. Es war nicht völlig unwahrscheinlich, dass er vorher „auf dem Felde der Ehre fallen" würde, wie in Offizierskreisen der Tod auf dem Schlachtfeld in einem Krieg idealisierend umschrieben zu werden pflegte. Auch dann müsste er ja nicht mehr heiraten. Die Möglichkeit dazu bot sich im Spätherbst 1863 ganz überraschend an. Und das kam so.

In diesen Wochen entstand ein Streit zwischen dem Königreich Dänemark und dem Deutschen Bund, diesem merkwürdigen Staatenbund in der Mitte Europas, aus 34 Monarchen und vier „Freien Städten" und einem Gesandten-Kongress als Leitungsorgan – und den beiden übermächtigen Staaten Preußen und Österreich-Ungarn darin. Wenn diese beiden sich einig waren, konnten sie in diesem Bund fast alles durchsetzen, im anderen Fall ging gar nichts.

Der König von Dänemark gehörte in seiner Eigenschaft als Herzog von Holstein zu diesem Bund, während das Herzogtum Schleswig „auf ewig" als Teil Dänemarks galt. Das war im Grunde ein Erbe des späten Mittelalters und passte eigentlich nicht mehr in die heutige Zeit. Die fast ausschließlich deutschen Einwohner dieser beiden Herzogtümer hatten bereits im Jahr 1849 einen Aufstand gegen die dänische Herrschaft gewagt, aber letztlich verloren. Jetzt hatte das dänische Parlament eine neue Verfassung beschlossen, die für „ganz Dänemark bis zur Eider" gelten sollte – das war der Grenzfluss zwischen den beiden Herzogtümern Schleswig und Holstein.

Plötzlich war genau zu dieser Zeit auch noch der dänische König Frederik VII. gestorben, und ein Thronanwärter trat auf, der aus dem Haus der Herzöge von Schleswig –Holstein-Sonderburg-Glücksburg kam, er nannte sich Christian IX. Die familiären Verhältnisse im dänischen Königshaus waren so verwickelt, dass angeblich nur ein bestimmter Geschichtsprofessor wirklich etwas davon verstand – und der sei gestorben, so hieß es gelegentlich spöttisch in Diplomatenkreisen. In den Verhandlungen innerhalb des „Bundestages", des Gesandten-Kongresses des Deutschen Bundes, spielte das auch nur vordergründig eine Rolle, Dahinter standen Machtfragen und der neuerdings wachsende Nationalismus, der alle Menschen, die deutsch sprachen, in einer „Nation" vereint sehen wollte, auch wenn sie unter die Herrschaft noch so vieler Monarchien verteilt waren.

Erstaunlicherweise waren sich hier die beiden Großmächte Preußen und Österreich-Ungarn einig. Um militärischen Druck auszuüben und bereits als Vorsorge für einen möglichen echten Krieg mit Dänemark beschlossen die Regierungen in Berlin und Wien, Militärkontingente beider Reiche in das eindeutig zum Deutschen Bund gehörende Herzogtum Holstein zu entsenden, zunächst noch unter strenger Geheimhaltung.

Kaum war im österreichischen Heer die Absicht dazu bekannt geworden, meldete sich der Major Nikolaus von Württemberg freiwillig zur Teilnahme an dieser Expedition und wurde angenommen. Erstaunlicherweise gehörte auch sein älterer Bruder Wilhelm, inzwischen Oberst und Kommandeur eines Infanterieregimentes in Graz, zu dieser recht kleinen Truppe, die insgesamt nur etwas mehr als 22 000 Soldaten und Offiziere umfassen sollte.

Glücklicherweise waren die Netze der österreichschen und preußischen Eisenbahnen inzwischen längst miteinander verbunden, so dass ein Transport mit der Eisenbahn möglich war. Von Wien über Brünn in Mähren an die schlesische Grenze, von dort nach Breslau und von dieser Stadt wieder weiter über Berlin bis Hamburg sollten die österreichischen Soldaten, ihre Kanonen, Pferde, Munition und sonstige Ausrüstung relativ bequem in Zügen transportiert werden.

In Breslau, wo sie in andere Züge umsteigen mussten, hatte der fürsorgliche preußische Generalstab einen dreitägigen Erholungsaufenthalt für die österreichischen Kameraden eingeplant, in Kasernen, die gerade leer standen, weil die dortigen preußischen Regimenter ihrerseits schon nach Hamburg gereist waren, als Teile des preußischen Kontingents für diese Militäraktion. Das bot den beiden hohen österreichischen Offizieren, den Herzögen von Württemberg, überraschend die Möglichkeit zu einem Kurz-Ausflug nach Schloss Carlsruhe. Allerdings musste der Anlass dafür vorerst noch strikt geheim gehalten werden.

Im Januar des Jahres 1864 steigerten sich die Gegensätze zwischen den beiden Mächten Dänemark und dem Deutschen Bund immer mehr. Die Gesandten der beiden Königreiche Bayern und Württemberg stimmten zwar im Bundestag in Frankfurt am Main gegen die Wünsche der Großmächte Preußen und Österreich-Ungarn; aber es war ihr Schicksal, dass sie dann nichts ausrichten konnten, wenn diese Großmächte sich einig waren.

Am 1. Februar 1864 begann der erwartete Krieg. Militärisch dauerte er nur wenige Wochen und endete mit der Kapitulation der recht schwachen dänische Armee. Immerhin gab es vorher zwei größere und ziemlich blutige Gefechte. In Preußen sprach man nur von der tapferen Erstürmung der „Düppeler Schanzen"[80] Mitte April durch preußische Truppen, die dabei nicht unbeträchtliche Verluste erlitten.

Dass bereits kurz nach dem Anfang des Krieges, am 3. Februar 1864, auch die österreichischen Truppen in einem ernsthaften Gefecht siegreich waren, wurde wohl nur in Österreich bekannt. Es war die Schlacht von Oeversee, knapp eine Meile südlich von Flensburg. Immerhin fielen 16 Offiziere und 66 Mann der Österreicher „auf dem Feld der Ehre". Nikolaus von Württemberg war nicht darunter, aber er war am Gefecht beteiligt, ebenso sein Bruder mit seinem Regiment. Und der Bruder Wilhelm trug dabei sogar eine Verwundung davon, die allerdings nicht lebensgefährlich war.

Der bald darauf geschlossene Frieden sorgte dafür, dass beide umstrittenen Herzogtümer, Holstein und Schleswig, an den Deutschen Bund abgetreten wurden[81]. Während viele der Mitglieder dieses Bundes, etwa die Königreiche Bayern, Württemberg und Sachsen, es gerne gesehen hätten, dass hieraus ein neuer Staat dieses Bundes unter der Herrschaft des weit verzweigten Hauses der (nominellen) Herzöge von Schleswig-Holstein gebildet wurde, beharrte Preußen auf einer „Gesamtherrschaft" des Bundes, praktisch der weiteren Besetzung des Landes durch Preußen und Österreich. Sehr bald gab es darüber aber neue Streitigkeiten zwischen diesen beiden Monarchien, heimlich angeheizt durch den preußischen Ministerpräsidenten von Bismarck.

Nikolaus von Württemberg konnte –wohl zu seiner innerlichen Erleichterung – in einem Brief an seinen Stiefbruder mitteilen,

---

[80] Eine Befestigungsanlage dicht vor der Stadt Sonderburg (heute zu Dänemark gehörig) am Übergang zur dänischen Insel Alsen

[81] Die heutige deutsch-dänische Grenze verläuft südlicher, im Norden Schleswigs lebten (und leben heute) sehr viele Menschen mit dänischer Sprache. Infolge einer Volksabstimmung nach dem Ende des 1. Weltkriegs wurde dieser nördliche Teil der Provinz an Dänemark abgetreten.

dass er vorerst, und möglicherweise auf eine längere Zeit, nicht mit einem Urlaub zwecks Eheschließung rechnen könne, auch wenn er inzwischen wieder in seiner ursprünglichen Garnison Laibach angekommen war.

Im Laufe des Jahres 1865 und in den ersten Monaten des folgenden Jahres wuchsen die Differenzen zwischen Berlin und Wien immer mehr. Ein neuer Krieg stand unmittelbar bevor - diesmal zwischen Preußen und seinem noch kürzlichen Verbündeten Österreich-Ungarn. Und die anderen Mitglieder des Deutschen Bundes standen in dieser drohenden militärischen Auseinandersetzung auf verschiedenen Seiten: Die Königreiche Hannover, Sachsen, Bayern und Württemberg ergriffen für Österreich Partei, die meisten der vielen kleinen Monarchien in Norddeutschland standen auf preußischer Seite.

Wieder war der Krieg, als er schließlich Ende Juni 1866 ausbrach, nur kurz. Die Heere der Wiener Verbündeten wurden nacheinander besiegt: die Armeen der Königreiche Hannover; Bayern und Württemberg in kleineren Schlachten im Westen des Deutschen Bundes, Österreich (und das mit ihm verbündete Sachsen) in einer blutigen und, vor allem für Österreich, sehr verlustreichen Schlacht bei Königgrätz in Böhmen.

Der Ausgang dieses Krieges führte Deutschland dank des Geschicks des preußischen Regierungschefs Bismarck auf den Weg zur Einigung – so sahen es jedenfalls die Preußen, die mit diesem Staat verbündeten kleinen Herzöge und Fürsten und sehr viele Deutsche. Preußen verleibte sich durch die Friedensverträge das Königreich Hannover, das Kurfürstentum Hessen-Kassel und die Freie Stadt Frankfurt am Main ein. Aus Preußen und den übrig gebliebenen kleinen Monarchien und Freien Städten entstand ein sogenannter „Norddeutscher Bund", und die Königreiche Sachsen, Bayern und Württemberg sowie das Großherzogtümer Baden und Hessen-Darmstadt in Süddeutschland mussten mit Preußen

Verträge schließen, die sie eng an das übermächtig gewordene Land banden.

Gleichzeitig mit der Verteidigung gegen die preußischen Angreifer hatte Österreich-Ungarn noch einen zweiten Krieg auszutragen, mit dem Königreich Italien. In einer blutigen Schlacht bei Custozza in Oberitalien siegten die österreichischen Truppen. Herzog Nikolaus nahm mit seinem Regiment an d i e s e m Krieg teil. Aber er hatte Glück – oder war es Pech ? : Er starb weder den Heldentod noch wurde er verwundet.

Trotz dieses Sieges über einen der beiden Gegner musste Österreich die Provinz Venetien, die es seit dem Wiener Frieden beherrscht hatte, an das Königreich Italien abtreten. In Deutschland erlitt Österreich keine territorialen Verluste, aber es musste aus dem „Deutschen Bund" ausscheiden. der auch gleichzeitig aufgelöst wurde. Österreichs politische Rolle in Mitteleuropa war damit ausgespielt. Dennoch blieb das Kaiserreich – zusammen mit Ungarn, das in „Personalunion" durch den Kaiser, der gleichzeitig König von Ungarn war, – immer noch eine europäische Großmacht. Seit einer inneren Verfassungsreform im Jahr 1867 bezeichnete man den Großstaat gerne kurz als „k. u. k." (kaiserlich und königlich).

Danach begann eine längere Friedenszeit, wenigstens für Österreich-Ungarn. Für den Herzog Nikolaus wäre damit durchaus Zeit und Gelegenheit gewesen, nun endlich seine Stief-Nichte Wilhelmine zu heiraten. Doch in seinen nur sporadischen und kurzen Briefen an seine Verlobte behauptete er, dienstlich eine längere Reise antreten zu müssen. Er reiste auch tatsächlich, allerdings keineswegs aus dienstlichem Anlass, sondern er hatte einen längeren Urlaub vom Heeresdienst beantragt und auch bewilligt bekommen. Bei einem Herzog von Württemberg war die Militärbürokratie im kaiserlich österreichischen Heer gerne großzügig. So konnte der inzwischen 35 Jahre alte Major unbeschwert sich für etliche Monate im schönen Spanien umsehen und anschließend noch einen Abstecher über das Mittelmeer machen, in das seit etlichen Jahrzehnten von Frankreich okkupierte Algerien.

So verging die Zeit bis zum Frühjahr des Jahres 1868. Der Major Nikolaus von Württemberg war wieder zu seinem Regiment in Laibach zurückgekehrt und versah erneut seinen Dienst. Doch allmählich machten ihm seine Offizierskameraden Druck. Sie wussten natürlich von seiner Verlobung, und ihnen fiel auf, dass die übliche Verlobungszeit von zwei bis drei Jahren längst überschritten war. Diesem Druck gab der „glückliche" Heiratskandidat schließlich nach.

Sehr kurzfristig kündigte er seinen Verwandten im fernen Carlsruhe an, dass er im Mai für einige Tage nach Schlesien kommen könne und dass dann auch die Hochzeit gefeiert werden sollte. Von einer großen Hochzeitsfeier halte er nichts, teilte er außerdem mit.

Längst war Prinzessin Wilhelmine über das Stadium hinaus, wo sie vielleicht einmal von einem rauschenden großen Hochzeitsfest geträumt hatte – wenn ihr das überhaupt je in den Sinn gekommen sein sollte. Sie wusste ja, diese Hochzeit hatten die Eltern arrangiert, und sie als gehorsame Tochter hatte sich darein zu fügen. Dann sollte es eben nur eine kleine Hochzeit geben, im engsten Kreise des „Mini-Hofes" von Carlsruhe. Das Herz der jungen Frau hing längst nicht mehr an derartigen Äußerlichkeiten.

So tauschten denn am 8. Mai 1868 die beiden Verwandten ihre Ringe und wurden vom Hofgeistlichen Gneist in Carlsruhe zu Mann und Frau erklärt.

Am Abend dieses Tages begleitete nach altem, längst überholten Brauch der halbe Carlsruher Hofstaat das Braut- und nunmehr Ehepaar bis vor die Tür des Zimmers der Prinzessin. Dort sollten nun erstmals die Jungvermählten ihre Hochzeitsnacht begehen.

Mit diesem Ausdruck umschrieb die Sprache der Zeit das erstmalige Zusammenkommen eines Mannes und einer Frau in körperlicher Form, und anders als nach der offiziellen Hochzeit wollte der Brauch der Zeit, wenigstens in den höheren Gesellschaftsschichten, sich das auch nicht vorstellen.

Doch für Prinzessin Wilhelmine wurde die Stunde, da sie und ihr neuer Ehemann unter die Daunen-Plumeaus [82] in ihrem Bett schlüpften, zum enttäuschendsten Augenblick ihres Lebens. Denn ihr neuer Ehemann Nikolaus lag zwar neben ihr im Bett, aber er berührte sie mit keiner Hand. Stattdessen erklärte er ihr flüsternd und mit heißen Tränen, er werde sie stets achten und hochschätzen. Aber er könne sie nicht – wie er sich ausdrückte - „fleischlich" berühren. Dafür sei er nicht geschaffen.

Nach diesem Bekenntnis zog sich Nikolaus seinen Morgenmantel über und verschwand aus dem Zimmer.

---

[82] Mit feinen Gänsefedern (Daunen) gefüllte Bettbezüge

Die Annäherung des Herzogs Wilhelm an den Königshof zu Stuttgart

1863 – 1870

Während seine Schwester sich in Schloss Carlsruhe so häufig langweilte, brach für den jungen Prinzen Wilhelm eine Zeit der Abwechselung an. Am 20. August des Jahres 1863 feierte er noch zuhause seinen 17. Geburtstag. Aber bald danach durfte er mit seinem Vater nach der Stadt Frankfurt an der Oder reisen.

In dieser Stadt waren mehrere Regimenter der preußischen Armee stationiert, und hier hatte auch sein Vater zeitweise gestanden, als er noch aktiver preußischer Offizier war. Mit diesem Ausdruck „in... stehen" bezeichnete man den Dienst als Soldat in einem bestimmten Ort.

Herzog Eugen Erdmann von Württemberg besuchte seinen einstigen Kollegen, den preußischen Generalmajor v. Graevenitz, und bat ihn um einen kameradschaftlichen Gefallen. Sein Sohn Wilhelm solle jetzt die württembergische Universität Tübingen beziehen. Aber man könne ihn unmöglich allein dorthin schicken. Er brauche einen „Gouverneur", der auf ihn aufpasse und dafür sorge, dass er nicht zu viel Unsinn anstelle. Ob der Herr Kamerad nicht einen jüngeren Offizier empfehlen könne – natürlich müsse er von Adel sein – , der dieser heiklen Aufgabe gewachsen sei?

Nach einigen Diskussionen fand der Herzog aus Schlesien einen 23-jährigen Leutnant aus einem Jäger-Regiment, Freiherr v. Reckenberg, den beide Generäle für geeignet hielten, Er würde zwar jetzt aus dem preußischen Militärdienst ausscheiden müssen, aber sehr wahrscheinlich demnächst im württembergischen Heer eine gute Karriere machen. Eine intensive Vergatterung [83] des künftigen „Gouverneurs" durch die beiden Generäle folgte, dann wurde den beiden jungen Männern eine Menge bares Geld ausgezahlt und sie auf die weite Reise quer durch den großen Deutschen Bund geschickt, bis zum Universitätsstädtchen Tübingen am Neckar, nicht weit von der Residenzstadt Stuttgart.

In Tübingen stellte sich der junge Herzog von Württemberg dem Rektor vor, seiner Rolle gemäß als Schüler zwar ohne Abitur, aber mit sehr guter Ausbildung, und zugleich als Herzog von Württemberg, Schlesische Linie, und damit Mitglied des württembergischen Königshauses.

Wie erwartet, zeigte sich der Rektor sehr zuvorkommend, unterzog den jungen Mann einer etwas oberflächlichen Prüfung und stellte dann fest, dass er durchaus die Wissensreife eines Abiturienten habe. Er werde sich geehrt fühlen, wenn Seine Hoheit sich als Student an seiner Universität einschreiben wolle. Er empfehle die Belegung einiger juristischer Vorlesungen, sowie ebenfalls einiger Vorlesungen in der staatswissenschaftlichen Fakultät, dieser modernen Neuerung seiner Universität, mit der die vielen neuen Forschungen zur wirtschaftlichen Entwicklung des Landes erfasst werden könnten.

Die nächsten vier Semester vergingen für den jungen Prinzen in einem häufigen Wechsel zwischen dem ernsthaften (und meist unverstandenen) Hören von trockenen Fach-Vorlesungen, zusammen mit seinem Gouverneur und Freund, sowie den viel vergnüglicheren „Kneipen" und „Kommersen" der Studentenverbindung „Staufia", der die beiden jungen Leute natürlich sofort nach ihrer Ankunft in Tübingen beigetreten waren. Die Regel, dass fast ausschließlich Adlige diesem Corps angehörten, empfahl es sehr für den Beitritt.

---

[83] Einschärfen von Regeln (ursprünglich für militärische Wachtposten)

Sehr überlegt schrieb der junge Herzog Wilhelm recht bald seinem König und Verwandten in Stuttgart, Friedrich I., einen Brief. Die vorgeschriebene ehrfürchtige Anrede war ihm durchaus noch von Carlsruhe vertraut: „Eure Majestät, gnädiger König und Herr!" Der junge Neffe – wievielten Grades? – des Monarchen stellte sich in aller Ehrfurcht als neuer Bürger des Königreichs Württemberg vor und berichtete von seinen Studien in Tübingen. Seine wahren Gedanken zu verbergen und den Mitmenschen, vor allem den einflussreichen davon, etwas vorzuspielen – das hatte er in seinen Jahren unter der Fuchtel seines strengen Vaters in Carlsruhe gut gelernt. Daran hatten auch alle gegenteiligen Bemühungen seines Erziehers, des Hauslehrers Christoph Becker, nicht viel ändern können.

Eine Antwort auf diesen Brief erhielt er nicht, der König war schon sehr alt und krank. Aber immerhin legte dessen Generaladjutant eine Akte an, so dass der Name und die Adresse des jungen Verwandten am Königshof für etwaige Einladungen präsent war. Das war auch der eigentliche Sinn dieses Schreibens gewesen.

Eine Gelegenheit dazu ergab sich schon bald. Am 25. Juni 1864 verstarb der langjährige Monarch, der einst dank eines Bündnisses mit dem französischen Kaiser Napoleon für sein Haus den Königstitel erworben hatte. Sein Sohn Karl bestieg den Thron und machte dieses Ereignis — zusammen mit seiner Silbernen Hochzeit – mit einer großen Feier am 12. Juli in seiner Hauptstadt Stuttgart und im ganzen Land bekannt. Dazu war natürlich auch der Stammhalter der „Schlesischen Linie" eingeladen, der ja in Tübingen studierte, und der junge Herzog Wilhelm wurde dadurch am Hof bekannt. Bei allen weiteren Hoffesten gehörte er nun zu den ständigen Teilnehmern.

Anfang des Jahres 1866 hatte der Student Wilhelm von Württemberg das Gefühl, genug studiert zu haben. Er war nun fast 20 Jahre alt, und die für Angehörige des Hauses Württemberg übliche Militär-Karriere konnte nach seiner Meinung beginnen. Er ließ seine Beziehungen am Hof spielen, und tatsächlich erhielt er „auf königlichen Befehl" eine Stelle als Leutnant im 3. württembergischen Reiterregiment, das in Ludwigsburg bei Stuttgart stationiert war.

Hier war er endlich selbständig, die manchmal lästige Aufsicht durch seinen Freund und „Gouverneur", den Baron von Reckenberg, entfiel hier endlich, und er erhielt sogar erstmals eigenes Geld in die Hand, wenn auch der Sold eines württembergischen Leutnants nicht besonders hoch war. Glücklicherweise schickte der Vater noch weiter einen Zuschuss für den Lebensunterhalt.

Es blieb allerdings nicht viel Zeit für vergnügliche Nebenbeschäftigungen des jungen Soldaten, wie Kartenspielen mit Kameraden und der Besuch von Theateraufführungen mit anschließendem „Tete-a-tete" [84] mit einer jungen Schauspielerin. Denn plötzlich ging es in den Krieg.

Der Leutnant Wilhelm hatte keine Ahnung, worum es dabei ging, ihn interessierte die Politik nicht. Von den Spannungen zwischen Preußen und Österreich-Ungarn sowie anderen Mitgliedern des Deutschen Bundes im Frühjahr 1866 hatte er so gut wie nichts mitbekommen. Nur die Mobilmachung des württembergischen Heeres – und darunter natürlich auch seines 3. Reiter-Regiments – riss ihn aus angenehmerem Zeitvertreib.

Fast aus Versehen stand das Königreich Württemberg plötzlich auf der Seite Wiens und aller übriger Königreiche im Deutschen Bund gegen Preußen in einem Krieg, der mit militärischen Mitteln ausgetragen werden sollte. Die Teile des württembergischen Heeres, die beweglich genug dafür waren, wurden nach Norden beordert, ins bayerische Franken, darunter natürlich auch das 3. Reiter-Regiment. Allerdings, keiner der Soldaten und kaum einer

---

[84] vertrauliches, zärtliches Zusammensein

der Offiziere hatten eine Ahnung, worum es in diesem Krieg ging. Sie erhielten von oben ihre Befehle und hatten zu gehorchen, anzugreifen, zu schießen – und möglicherweise zu fallen.

Bei dem Dorf Gochsheim, dicht bei Schweinfurt, fand das einzige Gefecht statt, in das in diesem Krieg württembergische Truppen verwickelt waren. Wie in fast allen anderen Gefechten und Schlachten in diesem Krieg waren die Preußen weitaus überlegen, unter anderem wegen ihrer Zündnadel-Gewehre, die eine viel schnellere Schussfolge erlaubten als die alten Vorderlader, mit denen die Truppen der anderen Königreiche ausgestattet waren. Die Württemberger verloren 8 Offiziere und 58 Mann in diesem Gefecht: Der Leutnant Wilhelm von Württemberg gehörte nicht dazu.

Sehr rasch, bereits im August 1866, wurde ein Frieden geschlossen, auch zwischen Preußen und dem Königreich Württemberg; das Letztere kam dabei sehr glimpflich davon und musste nur der Auflösung des Deutschen Bundes zustimmen und ein geheimes Schutz- und Trutzbündnis mit Preußen schließen. Die gemütliche Friedenszeit konnte nach der kurzen, eigentlich gar nicht vorgesehenen, Unterbrechung weiter gehen,

Dem Reiter-Leutnant Wilhelm wurde der danach folgende Friedensdienst in seinem Regiment bald langweilig. Bereits im September 1866 ließ er sich beurlauben, weil er, wie er angab, sein Studium fortsetzen wollte. Tatsächlich zog er nach Göttingen, um an der dortigen berühmten Universität weiter zu studieren. Natürlich trat er auch dort in ein studentisches Korps ein, der „Saxonia".

Doch allzu lange hielt auch diese Phase des Lernens als Student nicht an. Im Frühsommer des Jahres 1868 reiste er für zwei Monate nach Paris, um die Kultur der Hauptstadt des französischen Kaiserreichs [85] kennen zu lernen, die für alle wahrhaft Gebildeten der Zeit als das „Non plus ultra" [86] der europäischen Kultur galt.

Hier traf er auch seinen Onkel aus der Dynastie der Württemberger, der den gleichen Rufnamen Wilhelm wie er trug, aber näher mit dem König Karl verwandt war und daher als Thronfolger des kinderlosen Königs Karl ausersehen war. Dabei war er zwei Jahre jünger als sein „Neffe". Schon in Stuttgart hatten sich die beiden jungen Prinzen mit dem gleichen Namen eng befreundet. Jetzt, wo sie sich in Paris wieder einmal trafen, beschlossen sie, gemeinsam eine größere Reise nach Übersee zu machen, in die Vereinigten Staaten von Amerika.

Was konnte der König, der Hof oder auch die Regimenter, in denen beide Prinzen als junge Offiziere dienten, gegen diesen prinzlichen Wunsch ausrichten? Man hätte vielleicht Einwände erheben können, weil so beide mögliche Anwärter auf den württembergischen Thron zu gleicher Zeit im Ausland waren. Denn nach dem offiziellen Thronfolger war der andere Wilhelm, der aus Carlsruhe, der nächste Anwärter auf diese Würde; warum genau, das wussten nur einige Fachleute am württembergischen Hofe.

Doch ungehindert von solchen theoretischen Einwänden konnten die beiden württembergischen Prinzen mit dem gleichen Rufnamen vom Sommer 1868 bis Anfang 1869 eine sehr lehrreiche und für sie interessante Reise durch den Norden der Vereinigten Staaten von Amerika erleben. Dann kehrten sie beide in die Heimat und in ihre alten Regimenter zurück.

---

[85] von 1852 – 1870 war Frankreich noch einmal Kaiserreich, unter Kaiser Napoleon III., einem Neffen Napoleon Bonapartes.
[86] „unübertrefflich"

Selbstverständlich wurden beide zu allen wichtigen Veranstaltungen des Stuttgarter Hofes in die Residenz eingeladen. Für den Carlsruher Wilhelm waren sie vergnüglich und – wie er wohl mit Recht meinte – auch sehr nützlich, aber nicht besonders beeindruckend.

Umso mehr Bewunderung fand er bei einem reizenden Backfisch [87], der bei den Tänzen, in denen meist die zunächst etwas steifen Hoffeste endeten, offenbar besonders gerne mit ihm tanzte. Es war die 15-jährige Wera, Großfürstin von Russland und Adoptivtochter von Karl, König von Württemberg, und seiner Frau Olga [88].

Dieses Mädchen hatte eine für Stuttgarter Verhältnisse sehr ungewöhnliche Jugend gehabt. Sie war in Sankt Petersburg, der russischen Hauptstadt, aufgewachsen, denn sie war die Nichte des russischen Zaren. Die gegenwärtige Königin von Württemberg, Olga, war ihre Tante und zugleich Patentante, denn auch diese entstammte dem Zarenhaus. Sie war die Tochter des Zaren Nikolaus I. [89] und Schwester des jetzigen Zaren Alexander II.

Die kleine Wera Konstantinowna Romanowa [90], die seit ihrer Geburt den Titel Großfürstin von Russland trug, war ein „schwieriges Kind", seit sie aus dem Babyalter herausgewachsen war. Ihre Eltern hatten weder Zeit noch Lust, sich viel um das Kind zu kümmern. Großfürst Konstantin, ihr Vater und jüngerer Bruder Alexanders II., hatte mit seinen verschiedenen Liebschaften zu tun, außerdem hatte ihn der Zar im Jahr 1863 zum „Vizekönig" von Polen [91] ernannt, so dass er von da ab für einige Jahre in

---

[87] heute „Teenanger"
[88] Erst im Jahre 1871 wurde Wera offiziell von dem Paar adoptiert
[89] er lebte von 1796 – 1855 und war ab dem Jahr 1825. Zar von Russland
[90] geboren am 16. Februar 1854
[91] Der größte Teil Polens gehörte seit 1815 zu Russland, wurde allerdings als eigenes „Vizekönigreich" behandelt.

Warschau lebte. Trotz seiner Bemühungen um eine liberalere Behandlung der Polen lehnte ihn die große Mehrheit der Polen ab, es gab Attentate auf ihn, und zeitweise musste er das Kriegsrecht verhängen. So war auch Warschau kein besonders guter Aufenthaltsort für sein Kind.

Die Tochter Wera zeigte sich schon im Kindesalter als „aufsässig", voller Unruhe und unvorhersehbarer wilder Einfälle [92]. Statt sie in eine damals vor allem in Russland sehr brutalen „Irrenanstalt" zu sperren, kamen ihre Eltern auf die Idee, sie zu ihrer Patentante, der Kronprinzessin Olga von Württemberg, nach Stuttgart zu schicken. Damals war sie erst neun Jahre alt.

Hier in Stuttgart, am königlichen Hof, unter der quasi mütterlichen Obhut ihrer Tante, war das Kind inzwischen zu einem wunderhübschen, durchaus wohlerzogenen, gebildeten und dennoch mitunter recht eigenwilligen jungen Mädchen herangewachsen.

Herzogin Wera mit ihren Adoptiveltern Königin Olga und König Karl von Württemberg

---

[92] Vermutlich zeigte sie Symptome einer heute „ADHS" (Aufmerksamkeits-Defizit - Hyperaktivitäts-Syndrom" genannten psychischen Erscheinung vor allem im Kindesalter

Auf einer der Festveranstaltungen am Stuttgarter Königshof im Frühjahr des Jahres 1870 geschah es. Diese Großfürstin Wera tanzte zum ersten Mal mit dem jungen Leutnant Wilhelm von Württemberg – aus der „Schlesischen Linie", das musste man immer hinzufügen, um ihn von seinem Onkel, dem anderen Wilhelm, zu unterscheiden. Und die 16-jährige Wera verliebte sich auf den ersten Blick in ihren attraktiven Tänzer. „Den muss ich einmal heiraten!" war ihr Einfall.

Dass sie jetzt noch viel zu jung dafür war, das war ihr wohl bewusst. Aber in ihrem klugen Köpfchen spielte der Kavallerie-Leutnant Wilhelm von Württemberg in Zukunft eine immer größere Rolle.

Verheiratet und doch einsam

Laibach, 1868 – 1875

Die Tage unmittelbar nach ihrer Hochzeit verbrachte Wilhemine, Herzogin von Württemberg, in einer Art Trancezustand. Sie tat alles, was man ihr sagte. Sie nahm Abschied von ihren Eltern und den Vertrauten im Schloss Carlsruhe, sie stieg mit ihrem angetrauten Ehemann Nikolaus in die Postkutsche nach Breslau, um mit ihm zusammen die weite Reise an ihren künftigen Wohnsitz in Laibach anzutreten. Aber in ihrem Inneren schien alles wie abgestorben zu sein. Zu Gefühlen wie Freude oder auch Trauer, Anteilnahme oder Abscheu war ihr Kopf nicht fähig.

Zu erschütternd war das gewesen, was sie in ihrer Hochzeitsnacht von ihrem künftigen Gatten erfahren musste: dass er unfähig sei – und wohl auch in Zukunft sein werde - , sich wie ein normaler Mann gegenüber einer Frau zu verhalten, zu einer Frau noch dazu, mit der eine körperliche Vereinigung nicht nur von Liebe und Leidenschaft angestrebt werden konnte, sondern die sogar durch das Siegel der Hochzeit zu einer Art Verpflichtung geworden war.

Die junge Ehefrau zählte jetzt 24 Jahre, sie war noch jung und ausgesprochen hübsch; sie war sich bewusst, inzwischen längst eine begehrenswerte junge Frau zu sein. Manche Männer aus dem schlesischen oder preußischen Adel, die in den letzten Jahren zu Besuch auf das Schloss Carlsruhe gekommen waren, hatten ihr Komplimente und Avancen [93] gemacht, und sie hatte lachend und freundlich darauf reagiert, aber es nie zu irgendwelchen

---

[93] jemandem Angebote machen, mit dem Wunsch, ihn für sich zu gewinnen

Übergriffen kommen lassen, die sie mit ihren Moralvorstellungen und mit ihrer Würde als Angehörige des württembergischen Königshauses nicht glaubte, vereinbaren zu können.

Nachdem ihr Verstand ihr nach einiger Zeit der Trauer gesagt hatte, dass die Trennung von ihrem Jugendschwarm, dem so geliebten Hauslehrer Christoph Becker, wohl doch ein notwendiges und vernünftiges „Muss" gewesen war, hatte sie sich in das Schicksal ergeben, die gehorsame Gattin in einer von den Eltern arrangierten Ehe zu werden. Und der schmucke Offizier, der da vor Jahren plötzlich und geheimnisvoll zur Verlobung in Carlsruhe aufgetaucht war, schien ja auch kein schlechter Ehepartner zu werden, mochte er auch ein Stiefonkel von ihr sein, den sie aber zuvor noch nie gesehen hatte.

Wilhelmine sollte nie in ihrem Leben erfahren, dass die arrangierte Hochzeit mit ihrem Verwandten von ihren Eltern als eine Art Strafe für b e i d e Ehegatten gedacht war, als Strafe für Verfehlungen im Bereich des sexuellen Verhaltens, Verfehlungen jedenfalls, die die Eltern als solche ansahen, befangen in den außerordentlich prüden Überzeugungen ihrer Zeit und ihrer Standesgenossen. Denn ihre Eltern waren ihr gegenüber nie besonders mitteilsam gewesen, in solchen höchst intimen Fragen schon gar nicht.

Wenn auch Wilhelmine nichts von den Gedanken ihrer Eltern wusste, so war ihr völlig klar, dass sie nie, niemals etwas von der besonderen Veranlagung ihres gerade angetrauten Ehemannes anderen Menschen gegenüber offenbaren durfte. Irgendwann hatte sie als junges Mädchen etwas davon gehört, dass es offenbar Männer gab, die sich nicht zu Frauen, sondern zu anderen Männern körperlich hingezogen fühlten. Aber dies sei eine Krankheit, über die man niemals reden dürfe, hatte die Zofe – oder wer auch immer, Wilhelmine wusste jetzt nicht mehr, wer ihr davon berichtet hatte – ihr eingeprägt.

Auf jeden Fall wurde sie sich im Laufe der tagelangen Reise mit der Eisenbahn an ihren künftigen Bestimmungsort darüber klar, dass sie in Zukunft in einem Gefängnis für ihre weiblichen Gefühle würde leben müssen – einer lebenslangen Gefangenschaft. Denn weder eine Scheidung von ihrem Ehemann noch etwa ein geheimer Ausbruch aus dieser Ehe in Form einer Liebschaft mit einem anderen Mann kam nach den anerzogenen Überzeugungen ihres Standes und vor allem ihrer Familie für sie in Frage.

Ihr Gatte ließ es von Anfang an nie an Höflichkeit und Zuvorkommenheit ihr gegenüber fehlen; nach außen hatte sie keinerlei Anlass, sich in dieser Hinsicht über ihren Mann zu beklagen. Nur in den Nächten, wenn sie einsam in ihrem Bett lag und ihr weiblicher Körper nach menschlicher Nähe eines geliebten Menschen verlangte, spürte sie, in welch unentrinnbares Schicksal sie hinein geraten war.

Die junge Prinzessin Wilhelmine war bisher nur wenig aus ihrem im Wald verlorenen Schloss Carlsruhe herausgekommen, ein paar Mal allerdings in den Sommerferien zusammen mit ihren Geschwistern und der Mutter nach Bückeburg, der winzigen Residenzstadt des ebenfalls winzigen Fürstentums Schaumburg-Lippe, der Heimat der Mutter. Darüber hinaus hatte es noch wenige kurze Besuche in Breslau oder in die nicht weit entfernten Kleinstädte Oppeln und Namslau gegeben,

Laibach, die Stadt, in der ihr Ehemann Nikolaus seine Garnison hatte, war daher für die junge Majors-Gattin ein Ort aus einem anderen Kontinent. An der Südflanke der Alpen gelegen – ihre Gipfel konnte man von ferne sehen – , gleichzeitig nicht weit von der Adria, atmete man in ihr südliche Luft, und natürlich waren auch die Menschen völlig anders.

Hier benutzten die meisten Leute eine slawische Sprache, Slowenisch nannte man sie, aber es gab auch viele Menschen mit deutscher Muttersprache, allerdings in der Färbung des steirischen Dialekts. Und die k.u.k. Armee war auch etwas völlig anderes als das preußische Heer, für Wilhelmine durch ihren Vater und Besuche vieler junger Adliger, fast alles Offiziere des preußischen Königs, sehr vertraut.

Auch das Land, in das sie nun kam, Österreich-Ungarn, war in fast jeder Hinsicht völlig anders als ihre Heimat Schlesien, auch als das Königreich Württemberg, der sagenumwobenen, aber eigentlich nicht gekannten Heimat der Familie der Carlsruher Herzöge von Württemberg.

Als sie in die geräumige Wohnung ihres Ehemannes in Laibach einzog und nach und nach lernte, sich auf die neue Umgebung einzustellen, erfuhr sie, dass Laibach die Hauptstadt eines „Herzogtums Krain" sei, und dieses mit Tirol, Steiermark, Kärnten und Ober- und Nieder-Österreich und zahlreichen anderen Erzherzogtümern, Königreichen und Herrschaften, darunter viele mit polnischer oder böhmischer [94] Sprache, Teil des Kaisertums Österreich sei. Insgesamt nannte man diese Länder auch „Cis-Leithanien" [95].

Doch weiter im Osten war da noch das Königreich Ungarn, das sich aber ebenfalls über zahlreiche Gegenden mit Menschen mit ungarischer, slawischer, rumänischer, deutscher oder anderer Sprache in ganz Südosteuropa erstreckte. Nur die Person des ungarischen Königs, die aber erstaunlicherweise identisch war mit dem österreichischen Kaiser, sowie einige wenige gemeinsame Ministerien, sorgten für eine gewisse Einheit des Vielvölkerstaates. Gerade erst im vorigen Jahr, 1867, hatten die politischen Vertreter beider „Reichshälften" eine Übereinkunft erzielt, die aus

---

[94] tschechischer
[95] „Diesseits der Leitha" (Fluss an der österreichisch-ungarischen Grenze)

dem einst theoretisch einheitlichen „Kaisertum Österreich" eine „k.u.k" (kaiserliche und königliche) Doppelmonarchie machte.

Allerdings, eine weitere und sehr wichtige Klammer, die alle die vielen Menschen mit so verschiedenen Sprachen zusammenhielt, gab es noch: das war die k.u.k. Armee. Ihre Offiziere fühlten sich als Kameraden, unabhängig davon, aus welchem Landesteil sie stammten und welche Sprache ihnen die Eltern mitgegeben hatten. Sie verachteten heimlich die Politiker, die heutzutage immer lauter in den Parlamenten und in Zeitungen Forderungen nach mehr Rechten für die einzelnen Sprachgruppen vorbrachten. Mit der Politik wollten sie nichts zu tun haben und kümmerten sich auch nicht darum. Sie, die Offiziere der k.u.k. Armee, waren es nach ihrer Überzeugung, die den Staat zusammenhielten und die auch der wichtigste Stand im Staate zu sein hatten. Selbst Nikolaus, Wilhelmines Ehemann, der ja eigentlich Ausländer und sogar ein Verwandter eines anderen Königshauses war, hatte sich von dieser Einstellung einfangen lassen.

Die vielen Regimenter in der österreichisch-ungarischen Armee umfassten natürlich Soldaten aus all den verschiedenen Volks- und Sprachgruppen, je nachdem, wo sie als Wehrpflichtige zum dreijährigen Wehrdienst eingezogen worden waren. In diesem Wehrdienst mussten alle, egal woher sie stammten, etwa 100 Kommandos auf Deutsch lernen; alle weiteren Instruktionen erfolgten jedoch in der sogenannten „Regimentssprache", der Muttersprache der Mehrzahl der Soldaten im Regiment. Die Offiziere mussten diese Regimentssprache möglichst bald erlernen. Oberstleutnant Nikolaus hatte inzwischen genug Slowenisch gelernt, um von seinen Soldaten verstanden zu werden.

Für Zivilisten, die in Laibach lebten, wie es etwa die Ehefrau des Oberstleutnants Herzog von Württemberg war, genügte die Kenntnis einer der Hauptsprachen dort, weil die Einwohner der Stadt eigentlich alle sowohl Slowenisch wie Deutsch verstanden.

Ganz erstaunlich war für Wilhelmine, wie die Soldaten untergebracht waren. Es gab in ganz Laibach keine Kaserne für die beiden dort stationierten Infanterie Regimenter. In Preußen war das ganz anders. Erst ganz allmählich entschloss sich die k.u.k. Monarchie dazu, auch für ihre Soldaten eigene Kasernen zu bauen. Bis sie alle darin untergebracht werden konnten –in einigen Jahrzehnten vielleicht ! – lebten die Mannschaften, und natürlich auch die Offiziere, in Bürgerquarttieren, die vom Staat bezahlt wurden. Zum Dienst hatten sich morgens früh alle Soldaten und Offiziere auf dem für die Regimenter vorgesehenen Übungsgelände zu versammeln.

Für Wilhelmine hatte diese Regelung den Vorteil, dass die Wohnung ihres Ehemannes im fast luxuriösen Stadthaus eines reichen slowenischen Kaufmanns lag, im zweiten Obergeschoss, und genügend Platz bot. Nikolaus hatte die Wohnung, in der er schon seit einigen Jahren lebte, geschmackvoll mit Möbeln eingerichtet. Für die junge Ehefrau konnte alles hier geradezu ideal sein – wenn nicht das beschämende und bedrückende Bewusstsein gewesen wäre, dass sie ja eigentlich gar keine Ehefrau war.

Nur die treue Zofe Agnieszka Schubinski bot ihr Trost. Sie war die einzige von den vielen Bediensteten im Schloss Carlsruhe gewesen, die sich aus Freundschaft für ihre Herrin bereit erklärt hatte, sie in die Fremde zu begleiten. Sie war zwei Jahre jünger als Wilhelmine und stammte aus einer der wenigen Familien in Carlsruhe, die eigentlich polnisch sprachen und katholisch waren. Hier in Laibach war ihre oberschlesische Herkunft sogar von einem gewissen Vorteil, denn sie konnte viel leichter die Sprache der Slowenen lernen, die ihrer heimatlichen Sprache in gewisser Weise verwandt war, Die katholische Konfession Agnieszkas war hier in Laibach sogar ganz normal, fast alle Einwohner bekannten sich dazu, gleichgültig, ob sie deutsch oder slowenisch sprachen. Beim Einkaufen für den Haushalt auf dem Markt oder in den kleinen Läden war die junge Frau ganz schnell zur unentbehrlichen Hilfe der Familie geworden.

Im Offizierscorps des 26. k.u.k. Infanterieregiments in Laibach wurde die neue Ehefrau des Bataillonskommandeurs Nikolaus von Württemberg mit Begeisterung aufgenommen. Auch sie entstammte ja sogar der Familie eines leibhaftigen Königs und hatte bereits vor ihrer Ehe den Titel einer Herzogin. Daher kam ihr wenigstens inoffiziell ein weit höherer Rang zu als etwa der Ehefrau eines Majors Graf Tekely, der aus Ungarn stammte und dessen Urgroßvater erst von Kaiser Maria Theresia den Adelsbrief empfangen hatte. Wilhelmine konnte sich in den ersten Wochen nach ihrer Ankunft in Laibach kaum vor den vielen Einladungen zu Diners und Soirees [96] im Kreis der Familien der Offizierskameraden retten. Das half ihr etwas über die innere Einsamkeit hinweg, die ihr Gefühl gefangen hielt.

Sehr bald erinnerte sich die Herzogin Wilhelmine daran, dass sie sich einst vorgenommen hatte, ihre viele freie Zeit mit dem Sich-Kümmern um die persönlichen Belange anderer, weniger vom Schicksal begünstigter Familien auszufüllen. Sie brachte ihren Mann dazu, ihr die Familien von Soldaten aus seinem Bataillon zu nennen, die aus diesem oder jenem Grund Probleme hatten.

Für Nikolaus waren solche Gedanken bisher völlig fremd gewesen. Er wusste zwar, dass es einige unter den anderen Offizieren des Regiments gab, die sich mit den einfachen Soldaten „gemein machten", wie er es bisher für sich nannte, indem sie etwas mehr über deren Personen wussten, als man beim Exerzieren auf dem Übungsgelände erfahren konnte.

Um seine Frau nicht zu enttäuschen – er wusste sehr wohl, warum das notwendig war – , begann er bald nach der Rückkehr

---

[96] Abendveranstaltungen

nach Laibach auch einmal Gespräche mit den Rekruten oder den schon länger dienenden Soldaten, Gespräche, die nicht bloß dem Verkünden von Tadel oder gar Strafen dienten, sondern auch persönliche Anteilnahme mit diesen einfachen Leuten erkennen ließen. Irgendwie schien die eingegangene Ehe auch ihn etwas verändert zu haben, allerdings nicht in einem zentralen Punkt.

So gewann Herzogin Wilhelmine im Laufe der Zeit Informationen über manche der Soldaten im Bataillon ihres Mannes. Da gab es kranke Eltern, oder der Soldat war verheiratet und seine Frau war gerade mit einem Kind niedergekommen, doch fehlte eine Wohnung für die Familie.

Zusammen mit ihrer Vertrauten Agnieszka, die gleichzeitig als Dolmetscherin dienen musste, begann die Offiziersgattin Besuche in Laibach zu machen. Oft ging es bei diesen Besuchen gar nicht um fehlendes Geld. Je länger sie hier lebte, desto leichter fiel es ihr, auf eigene Kosten einen Arzt zu einer kranken Ehefrau zu schicken oder einen Umzug in einen anderen Stadtteil und in eine dort frei gewordene Wohnung eines anderen Soldaten zu arrangieren.

Sie kam dabei in Straßen, in deren Nähe die meisten anderen Damen aus dem Offizierscorps sich nie getraut hätten. Sondern allein die Tatsache war schon sensationell, dass die adlige Gattin eines hohen Offiziers bei der Familie eines Soldaten erschien und nach deren Problemen fragte. War es ein Wunder, dass sehr bald in Laibach die Legende umging, ein Oberstleutnant aus dem Infanterie-Regiment habe einen Engel geheiratet?

Eine Pfarrstelle mitten im Ravensberger Land

Halle / Westfalen, 1870 – 1880

In der kleinen Kreisstadt Halle am Teutoburger Wald war Anfang des Jahres 1870 eine der beiden Pfarrstellen frei geworden, da ihr Inhaber, der alte Pfarrer von Coelln, gestorben war. So konnte das Evangelische Konsistorium in Münster endlich dem Hilfsprediger Becker in Rietberg die normale Pfarrstelle zuweisen, die er infolge seines Alters, seiner schon zahlreichen Familie und auch wegen der inzwischen hoch geschätzten Tüchtigkeit als Betreuer einer evangelischen Gemeinde längst verdient hatte. Dem Umzug in die neue Wirkungsstätte im Sommer – kurz nach der Geburt des vierten Kindes, Hermann – stand nichts mehr im Wege.

Die Stadt Halle war nur klein, dennoch viel größer als Isselhorst, die Heimat Christoph Beckers. Knapp 1500 Einwohner lebten hier in den eng gedrängten Häusern, allerdings kamen nochmals gut 2000 Menschen hinzu, die Bewohner der zahlreichen Bauernhäuser und Kotten, die als verschiedene Bauerschaften in allen Himmelsrichtungen das Städtchen umgaben, in der lockeren Bauweise, wie sie überall im Ravensberger Land anzutreffen war. Auch Isselhorst gehörte ja zu dieser historischen Landschaft.

Wenn man allerdings die Stadt Halle einem Fremden beschreiben wollte, musste man unbedingt die Bezeichnung „in Westfalen" hinzufügen, damit es keine Verwechslung mit der Stadt Halle an der S a a l e gab, die ja viel älter, größer und bekannter war, aber dennoch den gleichen Namen führte. Es hieß, in beiden Orten hätten einst salzhaltige Quellen gesprudelt und ihnen so den Namen gegeben.

Für Christoph Becker war es daher, als sei er in seine Heimat zurück gekommen. Hier konnte er mit den Bauern und auch mit den Städtern in der vertrauten Mundart seiner Kindheit reden, dem Ravensberger Platt, das so viele Ähnlichkeiten mit dem Holländischen hatte, hier kannte er die Einstellung der Menschen und ihr Brauchtum, hier wusste er, wie die Bauern dachten und fühlten,

Mit seinem Amtskollegen, dem Pfarrer Kluck, teilte der neue Pfarrer Becker nach altem Brauch die Aufgaben so, dass er selbst für die Gemeindeglieder in der Stadt und der Kollege für die im Landbezirk zuständig war, dass sie abwechselnd den Sonntagsgottesdienst versahen und die Predigt hielten und auch sonst kollegial bei allen Problemen zusammen arbeiten.

Die Kirche in Halle / Westfalen

Der wichtigste Arbeitsplatz beider Pfarrer war die altehrwürdige Kirche im Mittelpunkt des Städtchens, umgeben von einem

Ring alter Häuser, fast wie eine Burgmauer. Darum herum gruppierten sich die anderen Stadthäuser. Manche davon gehörten reichen Fabrikanten, wie den Kiskers, die schon seit Langem einen weithin bekannten Schnaps produzierten.

Finanziell stand Pfarrer Becker jetzt endlich besser da als in den letzten Jahren – oder auch nicht. Voller Erleichterung und Dankbarkeit, aber auch ein wenig mit Beklemmung teilte der neue Gemeindepfarrer in Halle seinem so großzügigen Gönner, dem Herzog Eugen Erdmann in Carlsruhe, mit, dass er nun wohl bestallter Gemeindepfarrer sei und dass daher die bisher von dort überwiesene Geldsumme zur Aufbesserung des Gehalts entfallen könne.

Zur Unterbringung der inzwischen schon sechsköpfigen Familie stand glücklicherweise ein recht geräumiges Haus zur Verfügung, eine Viertelstunde außerhalb der Stadt Halle, in der Bauerschaft Gartnisch. Es war ein einstiges, aber längst umgebautes Bauernhaus, das von seinem Eigentümer, einem reichen Kaufmann aus Halle, großzügigerweise der evangelischen Kirchengemeinde als Pfarrer-Wohnhaus zur Verfügung gestellt worden war. Dazu gehörten mehrere Morgen Garten- und Weideland, auf dem die zwei Kühe, die Ziegen und das Kutschpferd für den Pfarrer genügend Futter fanden. Auch Obstbäume gab es in Fülle, für die heranwachsenden Kinder ein Paradies. Ein Heuerling in seinem kleinen Kotten wohnte auf dem Grundstück und war für die Bewirtschaftung des Ackerlandes zuständig.

Doch im riesigen Garten hatte die Pfarrfrau Auguste, ihre beiden Dienstmädchen und natürlich die Kinder, sobald sie groß genug dafür waren, genug zu tun. Müßiggang war für die Familie ein Fremdwort, mit übrigens sehr negativer Bedeutung.

Zu all der Arbeit der Pfarrfrau – weitab von der geistlichen Betreuung der Menschen, für die ihr Mann zuständig war – kam für Auguste Becker auch noch die erfreulich wachsende Kinderschar.

Fast regelmäßig kam im Pfarrhaus in Gartnisch ein neuer Erdenbürger zur Welt, und die alte erfahrene Hebamme, die jedesmal der Pfarrfrau dabei half, pflegte sich zu verabschieden: „Dann bis nächstes Jahr, Frau Pfarrer!"

Insgesamt zehn Kinder wurden im Laufe der Zeit im Pfarrhaus groß, nur ein Kind, ein Junge, starb schon in Säuglingsalter an einer Lungenentzündung. Doch so große Familien waren völlig normal in einer Zeit, wo allmählich die hygienischen Verhältnisse besser wurden und andererseits an Geburtenverhütung niemand dachte.

Ein junger Offizier wird Schwiegersohn des Königs

Stuttgart 1870 – 1874

In den dreieinhalb Jahren, die zwischen dem Ende des letzten Krieges und dem Beginn des nächsten lagen, hatte sich das politische und vor allem psychologische Klima in Deutschland sehr nachdrücklich verändert.

Der Krieg im Jahr 1866 war formal eine kriegerische Auseinandersetzung zwischen Teilen des Deutschen Bundes gewesen, nämlich zwischen Preußen und Verbündeten auf der einen Seite, und anderen Teilen eben dieses Bundes auf der anderen Seite, Österreich und (unter anderem) allen übrigen Königreichen, die bisher formal dazu gehört hatten.

Dieser letzte „innerdeutsche" Krieg zählte noch zu der Sorte der „Kabinettskriege", wie man bisher solche, ausschließlich durch Wünsche der beteiligten Monarchen und der von ihnen ernannten Minister (Kabinette) ausgelösten Waffengänge nannte. Die Bürger, oder anders ausgedrückt, die „Öffentlichkeit", berührten solche Kriege kaum. Die beteiligten Soldaten schossen auf die von ihren Vorgesetzten bezeichneten Gegner (und ließen sich beschießen), ohne viele Fragen nach dem „Warum" zu stellen.

Doch inzwischen hatte das von weiten Kreisen als so fortschrittlich angesehene 19. Jahrhundert zahlreiche Änderungen für die Politik mit sich gebracht, gerade in den Monarchien in der Mitte des europäischen Kontinents. Die Monarchen, also die Könige, Großherzöge und Fürsten, konnten nicht mehr wie einst in absoluter Machtvollkommenheit als „Herrscher von Gottes Gnaden" Befehle erteilen, die unbedingt zu befolgen waren. Sie mussten sich an Recht und Gesetz und an die für ihre Länder erlassenen Verfassungen, die „Konstitutionen", halten. Und die von den Bürgern gewählten Landtage standen oft in heftigen Diskussionen mit den von den Monarchen eingesetzten Kabinetten und mitunter auch mit den Monarchen selbst.

Nach der beschämenden Niederlage im Krieg gegen Preußen und dem durch die Friedensschlüsse erzwungenen Bündnis Bayerns, Württembergs und Badens mit dem alten Rivalen Preußen herrschte in diesen süddeutschen Monarchien ein ganz seltsames Verhältnis zum nördlichen Teil Deutschlands.

Die Monarchen – in Bayern war es König Ludwig II., in Württemberg König Karl – lehnten innerlich die preußische Vorherrschaft in diesem neuen Bündnis ab, aber sie konnten nichts mehr dagegen tun.

Doch als ab dem Frühjahr 1870 ernsthafte Spannungen zwischen Frankreich unter seinem Kaiser Napoleon III. und Preußen sichtbar wurden, da wachten die meisten Bürger auch in diesen Staaten aus dem bisherigen behaglichen partikularistischen [97] Stillleben auf und entwickelten sich zu begeisterten Anhängern der „nationalen Sache". Darunter verstand man eine Vereinigung aller Staaten des einstigen „Deutschen Bundes", bis auf Österreich-Ungarn. Der preußische Ministerpräsident v. Bismarck hatte es geschafft, durch seine geschickten Schachzüge nicht nur die politische Lage in Deutschland und Europa zu beeinflussen, sondern vor allem auch die Meinung der Menschen zwischen Schleswig-Holstein und Bayern.

Ab Mitte Juli 1870 wurden die preußischen und auch die süddeutschen Militäreinheiten „mobil gemacht"; das heißt, sie mussten sich für den Kriegseinsatz gegen Frankreich vorbereiten. Bei den Bürgern herrschte große Erregung, ja Begeisterung, und das galt diesmal auch für die Soldaten. Auch die Leutnante im 3.

---

[97] Auf Kleinstaatlichkeit ausgerichtetes Denken

württembergischen Reiterregiment „König Karl", die beiden Herzöge von Württemberg und inoffiziellen Anwärter auf den württembergischen Königsthron mit dem Namen Wilhelm, waren aufgeregt und begeistert und wünschten sich den baldigen Beginn des erwarteten Krieges.

Der pensionierte preußische General Eugen Erdmann von Württemberg in Carlsruhe bat, erneut für die Dauer des kommenden Krieges wieder in den aktiven Dienst treten zu dürfen, und man wies ihm eine Stelle im Stab des Kronprinzen von Preußen zu, der als Oberbefehlshaber der „3. Armee" vorgesehen war. In drei „Armeen" waren alle Streitkräfte des „Norddeutschen Bundes" – so hieß vorübergehend das in Bildung begriffene neue Staatswesen – und der im Kriegsfall mit ihm verbündeten süddeutschen Monarchien gegliedert.

Das Königreich Württemberg stellte gemäß seinem Bündnisvertrag 15 000 Mann Infanterie, 1500 Kavalleristen und 54 Geschütze, die zusammen mit den Kontingenten der anderen süddeutschen Staaten Bayern und Baden der so genannten „3. Armee" zugeteilt wurden. Sie wurden in der Nähe von Mannheim stationiert und warteten auf ihren ersten Kriegseinsatz. In Stuttgart wartete eine junge Prinzessin genauso aufgeregt auf den Kriegsbeginn, und sie dachte dabei vor allem an den Herzog aus der schlesischen Linie – so wie es gleichzeitig tausende von Frauen im Lande taten.

Als dann der Krieg Anfang August 1870 tatsächlich ausbrach, herrschte unter den Bürgern Deutschlands ein geradezu leidenschaftlicher Zorn gegen den französischen „Erbfeind" und ein gewaltiger Enthusiasmus. Bereits bei den ersten Kämpfen bei Wörth am Rhein [98], dicht an der deutsch-französischen Grenze,

---

[98] am 6. August 1870

waren württembergische Truppen eingesetzt und erlitten einige Verluste.

Doch in ungeahntem Tempo rückten die deutschen Truppen nach Frankreich vor. Bereits Anfang September war ein großer Teil der französischen Armee bei Sedan eingekesselt und musste kapitulieren; dabei geriet auch der französische Kaiser Napoleon III. in deutsche Gefangenschaft. Gleichzeitig wurde ein weiterer großer Teil der französischen Truppen in der Festung Metz belagert. Deutsche Truppen legten auch einen Belagerungsring rund um die Hauptstadt Paris, dazu gehörte auch das württembergische Kontingent. Dennoch war der Krieg damit nicht zu Ende. Denn in Paris bildete sich eine neue (republikanische) Regierung, die den Krieg fortsetzen wollte.

Doch während dieser Belagerung von Paris trat am 18. Januar 1871 im damals von Deutschen besetzten Schloss Versailles [99] ein Ereignis ein, das für alle Menschen in Deutschland von zukunftsweisender Bedeutung war.

Eine große festliche Versammlung von Generälen, wichtigen Politikern und Vertretern aller deutschen Fürstenhäuser rief den preußischen König Wilhelm I. unter riesiger Begeisterung zum „deutschen Kaiser" aus. Die inzwischen von den Diplomaten und den gewählten Volksvertretern ausgehandelte und beschlossene Verfassung des neuen „Deutschen Reiches" konnte in Kraft treten. Die deutschen Fürsten schlossen sich darin zu einem Bundesstaat zusammen, nicht mehr zu einem nur begrenzt handlungsfähigen Staatenbund wie dem untergegangenen „Deutschen Bund".

Der Krieg gegen Frankreich endete dann doch schnell: im Februar 1871 mit einem Waffenstillstand und im Mai mit dem endgültigen Friedensvertrag. Das Deutsche Reich hatte in jeder Hinsicht gesiegt. Eine lange Friedenszeit konnte beginnen.

---

[99] gut 20 Kilometer von der Pariser Innenstadt entfernt

Die deutschen Truppen zogen in die Heimat zurück, natürlich auch die württembergischen. Diese hatten in verschiedenen Gefechten nicht unbeträchtliche Verluste erlitten, allerdings gehörten die beiden Herzöge Wilhelm nicht dazu. Die beiden Leutnants hatten gemeinsam mit ihren Schwadronen einige gefährliche Situationen erlebt und waren ausgesprochen stolz darauf.

Im Frühjahr 1872 wurde Herzog Eugen Wilhelm (Schlesische Linie) zum Rittmeister ernannt und in das württembergische Ulanen-Regiment [100] versetzt, das ebenfalls in Ludwigsburg stationiert war. Die junge Großfürstin Wera, Adoptivtochter des württembergischen Königspaares, besuchte ihn dort mehrmals. Allerdings musste sie sich eingestehen, dass der „Mann ihrer Träume" keineswegs so viel Interesse an der jungen Prinzessin aufzubringen schien, wie umgekehrt sie an ihm.

Doch irgendwann im Laufe des Jahres 1872 schien sich das zu ändern, wenigstens Prinzessin Wera hatte diesen Eindruck. Der Rittmeister Herzog Wilhelm von Württemberg suchte hochoffiziell ihren Vater auf und hielt dabei um ihre Hand an. Denn das gehörte sich in „besseren Kreisen" so, bevor sich ein junger Mann und eine junge Frau als Verlobte „näher kommen" konnten. Dabei war es selbstverständlich, dass Verlobte niemals allein, das heißt ohne „Aufpasser" aus der Verwandtschaft (oder „Anstands-Wauwau", wie man damals zu sagen pflegte), mit einander reden durften.

Dass dieser Vater Karl in Wahrheit nur ihr Adoptiv-Vater, zugleich aber auch der König von Württemberg sowie um zahlreiche Ecken herum der Onkel des künftigen Bräutigams war, spielte bei diesem wichtigen Ereignis eigentlich nur eine Nebenrolle.

---

[100] Ulanen waren eine besondere Einheit berittener Soldaten, die sich vor allem durch ihre prächtige Uniform auszeichneten.

König Karl hatte keine Einwände gegen diese Ehe. Natürlich kannte er seinen „Neffen" schon einige Jahre, der war selbstverständlich auch einer Großfürstin von Russland ebenbürtig, zu nahe verwandt waren sie auch nicht, und auch sonst konnte er keine Einwände gegen eine künftige Ehe erkennen. Wera, die junge Prinzessin und Adoptivtochter des württembergischen Königspaares, schwebte im „siebenten Himmel" und machte sich innerlich daran, schon die Jahre der Ehe mit ihrem geliebten Wilhelm zu planen.

Bei den Offizierskameraden im württembergischen Ulanen-Regiment war das Ereignis natürlich auch für kurze Zeit Tagesgespräch, und manch einer fragte sich, was den Rittmeister aus der württembergischen Königsdynastie so plötzlich veranlasst haben mochte, sein bisher so genossenes Dasein als Junggeselle aufzugeben und sich in das „Joch der Ehe" zu stürzen. Gerüchte machten die Runde, es seien vielleicht die erheblichen Schulden, die ihn veranlasst hätten, sich als Schwiegersohn des Königs gewissermaßen unangreifbar zu machen.

Irgendwann erreichten derartige Gerüchte auch König Karl, der im Grunde in vielerlei Hinsicht wie ein braver, solider Bürger dachte. Er wollte seiner sehr geliebten Adoptivtochter nicht wehe tun, und eine ernsthafte Aussprache mit seinem Schwiegersohn in spe – noch dazu in seiner gleichzeitigen Rolle als König und damit oberster Vorgesetzter des Bräutigams – scheute er auch. So kam er auf die Idee, zunächst einmal eine zuverlässige Hofdame für Wera zu engagieren, die zugleich für ihn herausfinden sollte, was an diesen Gerüchten dran sei.

Nach einigem Suchen war eine geeignete Dame aus der obersten Bürgerschicht der Stadt Stuttgart gefunden, die sowohl die Zustimmung seiner Tochter Wera erlangt hatte wie dem König auch geeignet schien, ihn wahrheitsgemäß zu informieren. Es war ein Fräulein Bettina Bräuchle, eine unverheiratete Dame von 35

Jahren, aus einer der reichsten Familien Stuttgarts. Sie war trotz ihres fortgeschrittenen Alters noch sehr hübsch und lebensbejahend, dabei auch zuverlässig, und sie hatte in einem sehr vertraulichen Gespräch mit dem König und Brautvater versprochen, ihn über alles zu informieren, was sie über den künftigen Ehemann in Erfahrung bringen würde.

Fräulein Bräuchle hätte sich allerdings nie träumen lassen, was für Gewissensbisse ihre Tätigkeit als Hofdame der Königstochter – von Ihresgleichen als „Non plus ultra" für eine angemessene Beschäftigung für unverheiratete Frauen aus Adels- oder gutbürgerlichen Kreisen betrachtet – mit sich bringen würde.

Als Vertraute der jungen Großfürstin war sie mehrfach als Botin zur Kaserne des württembergischen Ulanen-Regiments in Ludwigsburg gefahren, und dabei kam sie ganz unauffällig auch in Gespräche mit Offizierskameraden des Verlobten ihrer Herrin. In der württembergischen Armee gab es erstaunlich viele Offiziere bürgerlicher Herkunft, selbst in den als Adelsreservate geltenden Kavallerie-Regimentern. Natürlich waren die jungen Offiziere ihr gegenüber sehr zurückhaltend, aber dennoch kamen ihr die Gerüchte von den Schulden des Rittmeisters Wilhelm von Württemberg zu Ohren, von seiner Leidenschaft für schöne junge Schauspielerinnen und für waghalsiges Kartenspiel um viel Geld.

Sehr, sehr vorsichtig und erheblich abgeschwächt gab die Hofdame ihr Wissen sowohl an ihre Herrin, die junge Großfürstin Wera, wie an ihren heimlichen Auftraggeber, den König, weiter. Fast war sie erleichtert, dass beide wenig auf diese „wilden Gerüchte" gaben.

Ihre eigentliche Herrin, die junge Großfürstin Wera, war viel zu verliebt in ihren Bräutigam, um ernsthaft eifersüchtig auf ihn zu sein. Stattdessen sah sie alles, was sie über ihren Wilhelm erfuhr, in einem rosa-gefärbten Licht und konnte und wollte sich nicht vorstellen, dass vielleicht doch Züge in seinem Charakter vorhanden waren, die ihn nicht unbedingt als untadeligen Ehrenmann, Ehemann und Familienvater erscheinen ließen, so wie sie ihn sehen wollte. Über zehn Jahre zuvor hatte der Hauslehrer Christoph Becker in Schloss Carlsruhe diese bedenklichen Charakterzüge des jungen Herzogs Wilhelm klar erkannt – aber von dem wusste ja die junge Braut nichts.

Und der künftige Schwiegervater, der württembergische König Karl, war einerseits in vieler Hinsicht ein sehr biederer schwäbischer Bürger, der ungerne Böses über seine Mitmenschen dachte. Andererseits wusste er auch nur zu gut von sich selbst, dass es manche Züge im menschlichen Verhalten gab, die um alles in der Welt niemals, niemals an die Öffentlichkeit gelangen durften. Das machte ihn unsicher, ja geradezu zurückhaltend in der Beurteilung des menschlichen Wesens seines künftigen Schwiegersohnes. Es kam hinzu, dass sein gesellschaftlicher Stand als König eine nähere Bekanntschaft mit dem künftigen Ehemann seiner Adoptiv-Tochter – anders als bei gewöhnlichen Bürgern – während der üblichen Verlobungszeit fast unmöglich machte, gerade weil dieser ein verhältnismäßig naher Verwandter und gleichzeitig sein Untergebener als Offizier war.

Für Anfang Mai des Jahres 1874 wurde vom württembergischen Hof die Hochzeit angesetzt. Das bot Zeit genug für eine frühzeitige Einladung der Eltern von Braut und Bräutigam und anderen Verwandten und zur Vorbereitung eines perfekten Hochzeitsfestes. Im Königshaus war eine solche Feier schon seit vielen Jahrzehnten nicht mehr vorgekommen. Darum sollte es diesmal besonders festlich zugehen. Generaladjutanten und ein halbes Dutzend adliger und nichtadliger Hofdamen waren monatelang mit der Planung zahlreicher Details beschäftigt.

Im Frühjahr dieses Jahres reiste das Brautpaar, begleitet (und heimlich als „Anstands-Wauwaus" beaufsichtigt) von mehreren Hofdamen, Adjutanten und Dienern, für zwei Wochen nach

Carlsruhe, um die Braut den künftigen Schwiegereltern vorzustellen. Denn der Gesundheitszustand von Herzog Eugen Erdmann ließ leider eine so weite Reise für ihn nicht mehr zu. Zwar bestand inzwischen durch den Bau von immer neuen Einbahnlinien in Deutschland eine mehr oder weniger durchgehende Schienenverbindung von Stuttgart bis Breslau, dennoch war das keine leichte und besonders angenehme Reise.

Herzog Wilhelm hatte es einmal ausgerechnet und erklärte es seiner Braut. Auf einer Landkarte konnte man es ausmessen, dass Stuttgart und Carlsruhe gut 600 Kilometer – oder um es in vertrauterem Maß auszudrücken, gut 80 Meilen – von einander entfernt lagen, in Luftlinie. Doch durch die mancherlei Umwege, die man wegen der Gleise der Eisenbahn machen musste, wurden in Wirklichkeit mehr als 800 Kilometer daraus.

Da es in den einzelnen Bundesstaaten des neuen Deutschen Reiches einzelne teils staatliche, teils private Bahngesellschaften gab, musste man in den Bahnhöfen an den Landesgrenzen meist in einen Zug einer anderen Gesellschaft umsteigen. Die Lokomotiven dampften mit einer durchschnittlichen Geschwindigkeit von 50 Kilometern über ihre Gleise. Für die recht kleine Bevölkerungsschicht, die von früher her Fahrten mit der Postkutsche über längere Entfernungen kannten, war das ungeheuer schnell. Aber die Fahrpläne der verschiedenen Bahngesellschaften waren nicht so ideal aufeinander abgestimmt, dass man sofort an den Übergangsbahnhöfen in den nächsten Zug umsteigen konnte. Man musste unterwegs schon mehrfach in billigen Hotels übernachten, wenn man eine so weite Reise antreten wollte, wie es das junge Herzogspaar aus Stuttgart vorhatte. Immerhin, die Zeiten der Postkutsche waren wohl endgültig vorbei - wenn man nicht an das letzte Stück der Reise von Breslau nach Carlsruhe dachte, wo es bis jetzt immer noch keine Eisenbahn gab.

Im schlesischen Carlsruhe empfingen die künftigen Schwiegereltern die hochgeborene Braut mit offenen Armen und großer Herzlichkeit. Und vor allem das einstige „Nesthäkchen" der Herzogskinder, die Prinzessin Pauline, war von ihrer Schwägerin entzückt. Pauline war nun 20 Jahre alt und sie stellte fest, dass ihre Schwägerin das gleiche Alter hatte. Die beiden jungen Frauen mochten sich auf Anhieb und waren in den wenigen Tagen, da das Brautpaar sich in Carlsruhe aufhielt, fast unzertrennlich. Gerade für Pauline war dieser Besuch so wichtig, denn es kam doch so selten jemand in die abgelegene schlesische Provinz, der für die junge Prinzessin, die sich oft einsam fühlte, ein standesgemäßer und vor allem ein charakterlich zu ihr passender Umgang war.

Auf den 8. Mai 1874 war es dann der Termin der Hochzeit in Stuttgart angesetzt. Aus Sankt Petersburg waren sogar die Eltern der Braut gekommen, Großfürst Konstantin und seine Gattin Alexandra. Wera hatte inzwischen ein ziemlich distanziertes Verhältnis zu ihren Eltern, als sie mit zunehmendem Alter begriffen hatte, welche sehr eigennützigen Motive diese einst bewogen hatten, ihr damals erst neunjähriges Kind zur Patentante Olga nach Stuttgart abzuschieben. Aber immerhin, die Eltern waren zur Hochzeit erschienen.

Von der Schwester des Bräutigams, der Herzogin Wilhelmine, kam ein sehr persönlich gehaltener Brief aus Laibach im österreichischen Herzogtum Krain. Sie berichtete darin von ihren intensiven Aktivitäten zur Sorge um die Familien etlicher Soldaten des ihrem Ehemann unterstellten Regiments. Von einem eigenen Kind – oder wenigstens den Hinweisen auf ein baldiges „glückliches Ereignis – schrieb sie nichts.

Die Feier im Stuttgarter Schloss war ein voller Erfolg. Die Braut in einem cremefarbenen Kleid mit langer Schleppe, die von vier Brautjungfern getragen werden musste, der Bräutigam in der prächtigen Gala-Uniform eines Rittmeisters der württembergischen Ulanen, zogen in den Kirchsaal ein, wobei der Adoptivvater der Braut, immerhin Seine Majestät König Karl von Württemberg, höchstpersönlich die Braut in die Kirche geleitete.

Schon lange hatte das Neue Schloss der württembergischen Könige keine so prächtige Feier mehr gesehen, darin waren sich später die vielen hundert Gäste aus zahlreichen europäischen Adelsfamilien, aber auch aus der Haute volèe [101] Stuttgarts und anderer Städte Württembergs einig. Zwischen der bürgerlichen Bevölkerung Württembergs und seiner Königsfamilie gab es schon seit Jahrhunderten ein ungewöhnlich enges Verhältnis.

Eine erste erfreuliche Folge dieser Hochzeit im Königshaus war, dass der junge Ehemann und Schwiegersohn des Königs zum Major ernannt und zum Chef einer Schwadron des Ulanenregiments in Ludwigsburg befördert wurde.

Das junge Ehepaar Herzog Wilhelm und Wera von Württemberg

---

[101] Oberste Gesellschaftsschicht

Das kurze Eheglück der Herzogin Wera

Stuttgart 1874 – 1877

Die junge Ehefrau Wera hätte am liebsten in einem kleinen Häuschen irgendwo in Stuttgart gewohnt, zusammen mit ihrem Mann, und weit abseits des höfischen Zeremoniells. Doch das ging aus verschiedenen Gründen nicht. Ihr geliebter Wilhelm machte ihr klar, dass er als Schwadronskommandeur verpflichtet sei, normalerweise in der Kaserne zu wohnen, in der auch seine Reiter untergebracht waren. Nur an höchstens zwei Wochenenden im Monat könne er Urlaub erhalten, um seine Frau in der Landeshauptstadt zu besuchen.

Und die Eltern der jungen Frau, immerhin das württembergischen Königspaar, hielten es für völlig unmöglich, dass ihre Tochter in einem bürgerlichen Haus wohnen könne, irgendwo unter lauter mehr oder weniger armen Bürgern. Daher wurde in der sogenannten Akademie nahe dem großen Bau des Neuen Schlosses in Stuttgart, in dem auch das Königspaar wohnte, eine Wohnung frei geräumt und eingerichtet. Dort konnte sich die Tochter wohlfühlen, und alle Hilfen standen ihr zur Verfügung, von der Köchin und zwei Hausmädchen sowie mehreren Zofen bis zu einer Kinderpflegerin, die in Erwartung des selbstverständlich bald erwarteten Nachwuchses schon vorsorglich eingestellt wurde.

Tatsächlich konnte die junge Ehefrau Wera schon bald feststellen, dass sie schwanger war; ihr Glück schien sich kaum noch steigern zu können. Manchmal mehrfach in der Woche musste ihre vertraute Hofdame Fräulein Bräuchle mit einem Kutschwagen des Stuttgarter Hofes nach Ludwigsburg fahren, um ihrem

Gatten höchstpersönlich Briefe mit leidenschaftlichen Liebesbekundungen und – im Laufe der Zeit immer ausführlicheren – Berichten über das allmähliche Heranwachsen des Kindes in ihrem Leib zu überbringen. Die Ludwigsburger Kaserne war immerhin knapp zwei Meilen – oder etwa 12 Kilometer, wie man neuerdings sagen sollte [102] – vom Stuttgarter Schloss entfernt. Obwohl die württembergische Post als durchaus zuverlässig galt, wollte Wera solche mehr als intimen Nachrichten nicht fremden Händen anvertrauen.

Die Hofdame Bräuchle war mit ihren 35 Jahren zwar nach Meinung ihrer meist längst verheirateten Freundinnen aus der Stuttgarter guten Gesellschaft eine „alte Jungfer", aber deswegen noch lange keine schrullige und erst recht keine dumme alte Frau. Bei ihren zahlreichen Besuchen in der Kaserne von Ludwigsburg und ihren Abstechern in das dortige Offizierskasino – sie pflegte dort vor ihrer Rückfahrt nach Stuttgart ein Glas Wein zu trinken – erfuhr sie immer wieder von den heimlichen Besuchen des Ehemanns ihrer Herrin bei einer gewissen Schauspielerin am Stuttgarter Theater und von manchen Abenden, an denen der Major Wilhelm von Württemberg in einer sehr geheimen Runde Karten spielte – um viel Geld.

Wie es ihre Aufgabe war, berichtete sie ihrer adligen Herrin davon, wenn auch stets in einer sehr abgeschwächten Version. Eigentlich war sie erleichtert, wenn sie spürte, wie wenig diese Informationen die junge Herzogin von Württemberg zu beeindrucken schienen.

Der Beginn des nächsten Jahres 1875 brachte eine sehr traurige Nachricht nach Stuttgart. Weras Schwiegervater, Herzog Eugen Erdmann in Carlsruhe, hatte im letzten Jahr schon sehr unter ei-

---

[102] Das metrische System (vor allem für Längen- und Gewichtsmaße) wurde gesetzlich für ganz Deutschland im Jahr 1869 eingeführt.

ner Herzschwäche gelitten. Der preußische König hatte ihn noch im Jahr 1873 zum General, dem höchsten Rang in der preußischen Armee (außer dem Generalfeldmarschall), befördert. Am 8. Januar 1875 war er dann plötzlich an einem Herzschlag gestorben, wie Depeschen [103] aus Schlesien den Stuttgarter Hof und vor allem seinen Sohn unterrichteten. Der Major Herzog Wilhelm war nun plötzlich als der einzige Sohn des Verstorbenen zum „Chef der schlesischen Linie" und zum Herrn von Carlsruhe aufgerückt.

Etwaige Pläne für eine Reise des jungen Paares nach Schlesien zum Antritt des Erbes mussten warten, denn die fortgeschrittene Schwangerschaft der Herzogin ließ keine lange Reise mehr zu. Am 5. April konnte der Hofmarschall im Stuttgarter Schloss bekannt geben, dass Ihre Hoheit, Herzogin Wera von Württemberg, eines gesunden Knaben genesen sei, der die Vornamen Karl und – gemäß den Regeln für die schlesische Linie des württembergischen Königshauses – auch Eugen erhalten habe. Eugen werde sein Rufname sein.

Im Sommer dieses Jahres war es dann allerdings so weit: Herzog Wilhelm und seine Ehefrau wollten nun die Reise nach Carlsruhe antreten, mit dem kleinen Eugen, der sich in dem Vierteljahr zu einem strammen und gesunden Säugling entwickelt hatte. Kindermädchen und Zofe mussten natürlich mitreisen, ebenso der Bursche [104] des Majors, der schon seit Jahren seinen Vorgesetzten bedient hatte.

Es war Ende Juni, als das junge Paar mit seiner standesgemäßen Entourage [105] auf Schloss Carlsruhe eintraf. Wilhelms Mut-

---

[103] Telegramme
[104] Persönlicher Diener eines Offiziers, gewöhnlich ein Soldat aus seiner Einheit (bis nach dem 1. Weltkrieg üblich)
[105] „Umgebung", Begleitpersonen.

ter, die verwitwete Herzogin, und die junge Herzgin Pauline freuten sich sehr über den Besuch der kleinen Familie aus Stuttgart.

Sehr zum Leidwesen des jungen neuen Hausherren im Schloss Carlsruhe waren durch das plötzliche Ableben seines Vater zahlreiche Fragen offen geblieben, die sich auf die Verwaltung des Schlosses, seine Bewohner und die wirtschaftliche Weiterentwicklung von Schloss und Ort bezogen. Doch glücklicherweise gab es in Carlsruhe genügend treue und zuverlässige Mitglieder des einstigen kleinen Hofstaats, die das alles sorgfältig betreut hatten und nun nur die Unterschrift des neuen Schlossherren benötigten. Vielleicht waren sie sogar froh, dass der wenig Lust zeigte, sich näher mit solchen banalen Details zu befassen.

So blieb auch noch etwas Zeit für einige vergnügliche Reitausflüge des jungen Paares durch den ausgedehnten Schlosspark von Carlsruhe. Am Jagen, etwa dem Ansitz auf eine ansehnliche Herde von Rothirschen sowie von Schwarzwild [106] in den zum Schloss gehörenden Wäldern, hatte allerdings die junge Mutter keine Lust, während ihr Mann nicht genug davon bekommen konnte.

Mitte August des Jahres 1875 war die kleine Reisegesellschaft wieder heil und gesund in Stuttgart eingetroffen. Der Major nahm seinen Dienst als Schwadronschef im württembergischen Ulanen-Regiment wieder auf.

Wera hätte gern ihren Adoptiveltern von ihrem Ausflug nach Carlsruhe erzählt, aber das ging nicht. König Karl war wieder einmal wegen seiner Gesundheit in den Süden, nach Italien, gereist, wie immer begleitet von seinem Generaladjutanten Freiherr von Spitzemberg. Und Königin Olga, die geliebte Tante und Adoptivmutter, war für die Sommermonate an den Bodensee ge-

---

[106] Wildschweine

fahren, nach Friedrichhafen oder besser gesagt, in das dortige kleine Schloss, das dem Königshaus gehörte.

Dem Königreich Württemberg schien die häufige Abwesenheit des Königs nicht schlecht zu bekommen. Die vom König ernannten Minister konnten weitgehend ohne Einmischung des Monarchen regieren und sich auch mit dem von den Bürgern gewählten Landtag in zahlreichen Streitpunkten verständigen, ohne ein Veto des Königs Karl befürchten zu müssen.

Auch wirtschaftlich ging es mit dem Land aufwärts in diesen Jahren. Ganz allmählich, fast unauffällig wurde aus dem bisher fast ausschließlich landwirtschaftlich geprägten Königreich ein Land der gewerblichen Kleinbetriebe, die überall aufblühten, ohne wie anderswo im Deutschen Reich ausgesprochene Zentren zu bilden. Vor allem das Wirken des Herrn von Steinbeis [107] war für das bisher so abgelegene Oberschwaben ein Segen. Die Menschen spürten den langsamen, aber stetigen Fortschritt, auch in ihren eigenen Geldbeuteln, und sie waren mit ihrer Regierung durchaus zufrieden.

Unter der Obhut seiner liebevollen Mama hatte sich „Klein-Eugen" zu einem kräftigen Säugling von sechs Monaten entwickelt, der schon tüchtig schreien konnte und freundlich auf das Streicheln und die Küsse der Mutter reagierte.

Doch eines Tages, es war Anfang November, musste er erbrechen; das kam bei Kleinkindern nicht selten vor und war kein Anlass zu großer Besorgnis. Aber diesmal hielt das Erbrechen mehrere Tage an, und der Kleine zeigte plötzlich am ganzen Körper eine gelbliche Haut, auch die Augäpfel waren gelb verfärbt.

---

[107] Ferdinand von Steinbeis, 1807 - 1893, Wirtschaftspolitiker in Württemberg, lange Leiter der Zentralstelle für Handel und Gewerbe, zeitweise Landtagsabgeordneter.

Die sofort herbeigerufenen Ärzte, Koryphäen [108] ihres Fachs in der Landeshauptstadt Stuttgart, mussten bekennen, dass ihnen diese Erkrankung im Kindesalter durchaus bekannt sei, dass jedoch die gegenwärtige medizinische Wissenschaft noch nicht in der Lage sei, die Ursache davon zu erkennen und vor allem, dass man bisher noch kein wirksames Heilmittel dagegen gefunden habe. In vielen Fällen genese der von dieser Krankheit befallene Mensch, auch ein Säugling, nach einigen Tagen von selbst wieder. Im anderen Fall sei das Ableben wohl unvermeidlich. Dem Kind wurden einige Tropfen und Salben verschrieben; nun müsse man abwarten.

Am 11. November 1875 erlag „Seine Hoheit, Herzog Karl Eugen von Württemberg im Alter von sieben Monaten und 4 Tagen einer unheilbaren Erkrankung", wie der Hofmarschall des württembergischen Hofes bekannt geben musste [109].

Eltern und Großeltern des kleinen Engels trauerten tief. Nur die Tatsache, dass die junge Herzogin Wera längst erneut schwanger war, half ein wenig über den Schmerz hinweg,

Am 1. März des Jahres 1876 zog dann wieder neues Leben in die Wohnung des Ehepaares des Herzogs und der Herzogin von Württemberg in der Akademie in Stuttgart ein. Es war sogar ein doppeltes Leben, denn die junge Herzogin wurde Mutter von Zwillingen, Die beiden Mädchen erhielten die Namen Elsa und Olga. Wieder wurden die Säuglinge von der Mutter, dem Kindermädchen und dem sonstigen Hauspersonal sowie der Hofdame

---

[108] Durch außergewöhnliche Leistungen hervortretend
[109] Über die genaue Ursache des plötzlichen Todes des Kindes ist nichts bekannt, es könnte sich um eine Ansteckung mit der sogenannten Hepatitis B gehandelt haben, eine im Kindesalter bis heute häufige Erkrankung. Sie ist heutzutage durch rechtzeitige Impfung vermeidbar. Im 19. Jahrhundert wusste die medizinische Wissenschaft aber noch nichts Näheres darüber.

Fräulein Bräuchle reichlich mit Liebkosungen bedacht und entwickelten sich prächtig.

Eine Amme zum Säugen der Kinder zu engagieren, wie es eigentlich in hochstehenden Kreisen üblich war, lehnte die junge Mutter energisch ab. Gott habe ihrem Körper zum Glück so viel Milch gegeben, dass sie zur Not auch drei Kinder damit groß ziehen könne. Ihr Adoptivmutter, Königin Olga, war über diese Einstellung entsetzt, aber Herzogin Wera machte ihr klar, dass sie, die ja schließlich keinem Kind das Leben geschenkt habe, in dieser Frage nicht mitreden könne.

Der Vater der Kinder versah in dieser ganzen Zeit seinen Dienst als Schwadronschef im württembergischen Ulanenregiment. Sowohl die Offiziere wie die Reiter aus dem Mannschaftsstand absolvierten die zahlreichen Übungen präzise und pünktlich, wie sie es gewohnt waren. Allerdings gingen sie alle stillschweigend davon aus, dass sie wohl nie wieder in ihrem Soldatenleben einen Krieg – und darin einen ernsthaften Einsatz der Ulanen – erleben würden.

Denn das Deutsche Kaiserreich entwickelte in diesen Jahren international einen solchen Glanz und Einfluss, dass sich niemand einen Kriegsgegner dieses starken Landes vorstellen konnte. Und es begann allmählich auch in Süddeutschland eine Zeit, da man beim Wort „Vaterland" nicht mehr in erster Linie an das eigene Königreich oder Fürstentum dachte, sondern an das vom Kaiser repräsentierte Deutsche Reich. Das zeigte sich auch darin, dass bei den Gelegenheiten, wo die Württemberger gerne einmal die schwarz-rote Fahne ihres Landes ans Fenster steckten, auch schon hier und da schwarz-weiß-rote Fahnen des Reiches zu sehen waren.

Reise zu den Verwandten

Carlsruhe, Stuttgart, 1876 -77

Das Leben im Schloss Carlsruhe konnte sehr langweilig sein, zumal jetzt, da der Schlossherr Herzog Eugen Erdmann gestorben war. Nach Ablauf des üblichen Trauerjahrs, in dem die Witwe üblicherweise nur schwarze Kleider tragen und keine Reisen unternehmen durfte, hielt es die Herzogin Mathilde nicht mehr lange in der einsamen schlesischen Provinz. Sie beschloss, zusammen mit ihrer Tochter Pauline für einen etwas längeren Aufenthalt nach Stuttgart zu reisen.

Es war schon erstaunlich: die meisten Angehörigen der schlesischen Linie des württembergischen Königshauses hatten ihre Verwandten in Stuttgart noch nie gesehen. Herzogin Mathilde konnte sich nicht erinnern, ob ihr Gatte Eugen Erdmann je in seinem Leben einmal in der Residenz seines Vetters – des wievielten Grades? – gewesen war. Nur der Sohn Wilhelm hatte das ja geschafft, und er war dann sogar der Schwiegersohn des Königs geworden. Ihn und seine Familie wollten Mutter und Tochter unter anderem natürlich auch besuchen.

Es war Spätherbst geworden, als die beiden adligen Frauen in Stuttgart ankamen, standesgemäß von je einer Hofdame und einer zusätzlichen Zofe begleitet. König Karl und seine Gattin Olga empfingen die Verwandten herzlich und auch ein wenig neugierig, weil auch sie sich ja nicht erinnern konnten, je etwas von den Carlsruher Verwandten gesehen zu haben, bis auf den jungen Schwiegersohn. Man konnte den Besuch in einigen gerade leer stehenden Räumen des riesigen Neuen Schlosses unterbringen.

Damit begannen für die Carlsruher Herzoginnen und wohl auch für die anwesenden Mitglieder der königlichen Familie einige vergnügliche Wochen, denn zu Ehren des Besuchs wurden verschiedene Bälle gegeben und andere kleine Feste gefeiert.

Die hübsche junge Prinzessin Pauline, inzwischen 22 Jahre alt, lebte hier geradezu auf. Zum ersten Mal in ihrem Leben in einem großstädtischen Schloss, einem tatsächlichen Königsschloss, zu leben, umsorgt und umfeiert zu werden – wie tat ihr das gut! Erst jetzt wurde ihr richtig bewusst, in welch angesehene Familie sie hineingeboren war.

Ihren Bruder Wilhelm wiederzutreffen, machte ihr viel Spaß. Aber besonders freute sie sich über das Wiedersehen mit ihrer ja fast gleichaltrigen Schwägerin Wera, die ihre im März geborenen Zwillinge rührend umsorgte. Die beiden Mädchen Elsa und Olga entwickelten sich gut und brachten ihre Mutter allmählich über die Trauer hinweg, die sie über den plötzlichen Tod ihres ersten Kindes, des kleinen Eugen, lange empfand.

Pauline erfuhr zu ihrem Erstaunen, dass es am Stuttgarter Hof noch einen anderen Wilhelm außer ihrem Bruder gab. Dieser Vetter – oder Neffe wievielten Grades? – des Königs Karl galt als der offizielle Thronfolger, denn das Königspaar war ja kinderlos. Für kurze Zeit träumte Pauline in der Nacht von diesem schmucken jungen Mann, irgendwie hatte sie sich in ihn verliebt. Warum auch nicht? Sie war ja voll der Gefühle einer jungen Frau.

Doch musste ihr kluger Verstand sehr schnell lernen, dass dieser Wilhelm bereits verlobt war, mit einer Prinzessin Marie von Waldeck-Pyrmont. Im Februar sollte geheiratet werden, und es hieß, das sei eine ausgesprochene Liebesheirat. Denn das winzige Fürstenhaus von Waldeck-Pyrmont konnte dem künftigen Schwiegersohn weder Prestige noch Macht noch Finanzen mitgeben, nur eine hübsche, aber ziemlich arme Ehefrau, auch wenn es theoretisch so souverän war wie die Könige von Preußen oder Württemberg.

In der Adventszeit des Jahres 1876 und im Januar des Folgejahres machten in der vornehmen Gesellschaft des Stuttgarter Königshofes Geschichten die Runde, die von ausgelassenen Spielnachmittagen in der Wohnung des Herzogs Wilhelm und seiner Ehegattin Wera im Stuttgarter Akademiegebäude erzählten. Wera, ihre neue Freundin Herzogin Pauline und ein paar sehr junge Hofdamen benahmen sich hier wie zehnjährige kleine Mädchen und konnten nicht genug bekommen an Kinderspielen wie Blinde Kuh und Topfschlagen, an Lachen und sich Freuen.

Die beiden reizenden Zwillinge waren noch zu klein, um bei diesen Spielen mitzumachen, aber sie standen in ihren hübsch verzierten Wiegen am Rande, konnten zusehen und trugen manchmal durch ihr munteres Schreien zur allgemeinen Erheiterung bei.

Wollte sich Wera so etwas über die heimliche Trauer hinweghelfen, die sie über die Abreise ihres Ehemanns empfand?

Für den Major Herzog Wilhelm hatte nämlich inzwischen eine ihm wichtige Angelegenheit positive Fortschritte gemacht. Er hatte sich vertraulich bei der preußischen Armee um eine Stelle als Schwadronschef im 2. westfälischen Husaren-Regiment Nr. 11 in Düsseldorf am Rhein beworben, eine Stelle, die einst auch sein Vater als junger Offizier eine Zeitlang bekleidet hatte. Dafür wollte er zeitweise aus dem Dienst in der württembergischen Armee ausscheiden. Aber da ja inzwischen längst alle wirklich wichtigen militärischen Entscheidungen im gesamten Deutschen Reich von der preußischen Armee in Berlin getroffen wurden, war das ja heutzutage kein „Vaterlandsverrat" mehr.

Nur seiner Frau hatte er nichts von dieser Bewerbung gesagt, denn er wusste, wie sie reagieren würde. Es war nicht eigentlich

Verantwortungslosigkeit gegenüber der Familie, die Wilhelm zu seinem Schritt getrieben hatte, aber wohl doch eine Art Flucht vor dem ständigen Angebundensein an Frau und Kinder. Denn das erschien dem immer noch jungen Offizier als eine Art Gefangenschaft, aus der er sich unbedingt befreien musste. Da ein Umzug der Familie nach Düsseldorf kaum infrage kam, noch dazu für eine recht begrenzte Zeit, würde der Major nun ziemlich selten nach Stuttgart kommen können – und damit viel mehr Zeit haben für das „Flattern von Blüte zu Blüte" junger Frauen; diese Ähnlichkeit mit den Schmetterlingen konnte er einfach nicht unterdrücken.

Als Herzog Wilhelm seiner jungen Frau die Versetzung nach Düsseldorf endlich mitteilte, als sie nämlich spruchreif geworden war, kam es zum ersten ernsthaften Streit zwischen dem Ehepaar. Doch rückgängig zu machen war diese Entscheidung nicht mehr, zumal nun verschiedene hochrangige Stellen im Militär von zwei Ländern des Deutschen Reiches daran beteiligt waren.

So reiste denn der Major Herzog Wilhelm von Württemberg unmittelbar nach dem Weihnachtsfest des Jahres 1876 mit der Eisenbahn nach Düsseldorf, begleitet von seinem treuen Burschen, der auch das umfangreiche Gepäck betreute. Am 1. Januar 1877 sollte er seinen Dienst im neuen Regiment antreten.

Zurück in Stuttgart blieb eine junge Ehefrau Wera, die abwechselnd über die Abreise ihres geliebten Ehemannes weinte und auch wieder stolz war, dass ihr Mann es geschafft hatte, in einem so berühmten und traditionsreichen Regiment wie den preußischen Husaren in Düsseldorf zu dienen. Die Anwesenheit ihrer gleichaltrigen Schwägerin aus Carlsruhe war ihr Trost und Abwechslung zugleich.

Herzog Wilhelms plötzlicher Tod

Düsseldorf, Januar 1877

Auch wenn es im Offizierscorps des Regiments der preußischen Husaren in Düsseldorf keine Nichtadligen gab – in einem preußischen Kavallerie-Regiment war dies die Regel – , war ein Major aus der engen Verwandtschaft eines regierenden Königs, sogar dessen Schwiegersohn, schon etwas Besonderes. Daher wurde der neue Kamerad wie eine kostbare Trophäe bei den zu seinem Empfang veranstalteten Abend-Diners des Regimentskommandeurs und seiner Kollegen herumgereicht und entsprechend hofiert.

Und da passierte es, dass der neue Major der hübschen Ehefrau des Rittmeisters von Witzleben so nachdrückliche Komplimente machte [110], dass ihr Ehemann dies missverstand.

Eine Forderung zum Duell war die Folge dieser vermutlich ganz harmlos gemeinten Komplimente. Nun war ein Duell – noch dazu unter Soldaten – eine Sache ganz eigener Art.

Einerseits war es die einzige Art, die Herren der obersten Gesellschaftsschicht und natürlich vor allem die Angehörigen des Adelsstandes seit dem 18. Jahrhundert für das Aus-der-Welt-Schaffen von Beleidigungen als standesgemäß und angemessen hielten. Der Beleidigte und der Beleidiger allein sich gegenüber, mit einem Degen oder einer Pistole in der Hand, zum Kampf nach strengen Regeln, bis einer der Kämpfer tot oder kampfunfähig war - das bewies Mut und wahren Adel.

---

[110] Heute würde man das flirten nennen, doch im 19. Jahrhundert war dieses Wort in Deutschland noch unbekannt.

Andererseits führte das Überhandnehmen von Duellen, vor allem im Militär, zu einem gefährlichen Ausfall von Kämpfern, fast immer von Offizieren und somit zu einer Schwächung der Kampfkraft der Armee oder der Flotte. Deswegen waren Duelle in den Heeren und den Marinen aller europäischen Staaten schon seit mehr als hundert Jahren streng verboten. Die Überlebenden solcher Zweikämpfe mussten in Preußen theoretisch eine mehrjährige Festungsstrafe erdulden, unangenehm, aber nicht entehrend, weil eben eine solche Festungshaft nur als Freiheitsentzug galt, aber nicht entehrend wie Gefängnis- oder Zuchthausstrafen wirkte.

Das war die Theorie, doch die Praxis war häufig anders. Denn das Umfeld der Duellanten, die Unparteiischen, Schiedsrichter, die Kartellträger [111] und alle anderen, die mit solchen Zweikämpfen zu tun hatten, waren ja fast immer ebenfalls von Adel und empfanden in diesen Fragen genau wie die Duellanten selbst. Das galt sogar für die Monarchen in den einzelnen deutschen Ländern, die letztlich über die Strafen für Duelle zu entscheiden hatten. Sie gehörten ja selbst dem Adel an. Daher wurde fast immer alles dafür getan, den Vorgang und seine Folgen möglichst zu vertuschen.

Am 28. Januar 1877 unterrichteten Telegramme den königlichen Hof in Stuttgart und Ihre Hoheit, Herzogin Wera von Württemberg, über das höchst bedauerliche plötzliche Ableben des Majors, Seiner Hoheit Wilhelm Eugen von Württemberg, infolge eines Reitunfalls in Düsseldorf. Diese Version über den Tod des Majors steht bis heute in gewissen Geschichtsbüchern, doch drang das Gerücht über die wahre Todesursache sehr schnell in alle Kreise, die das interessierte.

---

[111] Übermittler der Forderung zum Duell

Die junge, erst 22-jährige Herzogin Wera versank in tiefste Trauer, nur die Sorge um ihre süßen beiden kleinen Töchter half ihr da etwas heraus. Der Tote erhielt eine würdige Grabstätte in der Schlosskirche innerhalb des Neuen Schlosses zu Stuttgart.

Das Schicksal des einst so viel versprechenden jungen Mannes, um dessen geistige und vor allem auch charakterliche Erziehung sich mehr als 15 Jahre zuvor der Hauslehrer Christoph Becker so sehr bemüht hatte, war sehr plötzlich zu Ende gegangen. Er war erst knapp 31 Jahre alt.

Es ist fraglich, ob es in seiner Zeit als Offizier in einem württembergischen Reiterregiment noch jemanden gab, der ihn und seinen Charakter wirklich kannte; seine Ehefrau Wera gehörte wohl nicht unbedingt dazu. Die Wege zu seinem einstigen Gouverneur und Freund, dem Freiherrn von Reckenberg, hatten sich inzwischen weit getrennt. Der hätte wohl am besten noch das Wesen seines Freundes durchschauen können, und ihm wäre wohl aufgefallen, dass sein Tod im Duell und vor allem der Grund dieses Duells genau zu diesem Charakter passten.

Die Reise an das Schwäbische Meer

Stuttgart, Bodensee, 1877

Es war ein tröstlicher Zufall, dass Mutter und Schwester des so plötzlich verstorbenen Majors Wilhelm von Württemberg in Stuttgart anwesend waren, um ihm das letzte Geleit zu geben. Die Trauerfeier in der Stuttgarter Schlosskirche war ein Ereignis für die ganze Stadt Stuttgart. Das Königspaar und zahlreiche der einstigen Offizierskameraden aus dem Ludwigsburger Ulanen-Regiment und auch aus dem preußischen Husarenregiment in Düsseldorf nahmen daran teil. Die junge Witwe Wera hatte nun ein Ziel, um fast täglich mit ihrem so verehrten Mann zu sprechen, Sein Sarg stand im Untergeschoss der Kirche, an der Seite der bisherigen württembergischen Könige.

Einige Wochen waren vergangen und das Frühjahr kam mit Sonnenschein und angenehmer Wärme, wie um den Menschen zu zeigen, dass es außer Trauer noch andere Gefühle für sie gebe könne. Königin Olga machte den Vorschlag, gemeinsam an den Bodensee zu reisen, den man im Württemberg gerne das Schwäbische Meer nannte. Sie hielt sich so gerne im Kloster Hofen auf, das inzwischen zu einem Schloss der württembergischen Könige umgebaut worden war, in unmittelbarer Nähe des Städtchens Friedrichshafen, dieser Gründung des Großvaters des jetzigen Königs Karl.

Die Generaladjutanten und Hofdamen bekamen zu tun, um die Reise zu planen. Heutzutage konnte man mit der Württembergischen Staatsbahn bis Friedrichshafen fahren, der Linie, die als

"Schwäb'sche Eisenbahn" so berühmt geworden war [112]. Wie es sich für ein anständiges Königshaus gehörte, stand ein besonderer Salonwagen für Angehörige dieses Hauses für größere Fahrten zur Verfügung. Er wurde an die entsprechenden Züge angehängt, so dass die hohen Herrschaften zwar überall hin kamen, wohin sie wollten, dabei aber nicht mit dem gewöhnlichen Volk in einem Waggon oder gar in einem Abteil zusammen fahren mussten. So etwas musste natürlich gut organisiert werden.

So fuhr denn an einem sonnigen April-Tag eine fröhliche Reisegesellschaft aus dem Stuttgarter Schloss nach Süden ans Meer: Königin Olga, die Herzogin Wera mit ihren beiden Töchtern, die inzwischen schon 14 Monate zählten, die beiden Herzoginnen aus Carlsruhe, Mathilde und Pauline, und natürlich ein ganzer Tross aus Hofdamen, Zofen, Kindermädchen und anderen Bediensteten.

Schon am Nachmittag des Reisetages kam die Gesellschaft in Friedrichshafen an, von zwei geräumigen Kutschen aus dem Schloss am Bahnhof erwartet. Auf der Promenade am Seeufer entlang fuhren die Gäste bis zum Schloss. Vor allem für die Gäste aus Schlesien war der Blick überwältigend: die weite, fast unbegrenzte Wasserfläche dehnte sich vor ihnen, fast wie bei einem Meer, nur ganz hinten waren die zarten Umrisse der Alpenberge in der Schweiz zu erkennen. Einige Fischerboote belebten das Wasser, und auf der Promenade spazierten jetzt, am sonnigen April-Spätnachmittag, etliche Familien, meist würdige Damen mit großen Sonnenhüten und kleinen Kindern an der Hand, und genossen das gute Wetter.

Für die Stuttgarter Könige war das Ergebnis des Wiener Friedens vor 60 Jahren höchst erfreulich gewesen. Durch die Auflösung zahlreicher kleiner Adelsherrschaften hatte sich das Territo-

---

[112] „Uff de Schwäb'sche Eisebahn, wollt' emol e Bäuerle fahr'n, Stuggert, Ulem, Biberach, Meckesbeure, Durlesbach..."

rium des Königreichs Württemberg gerade nach Südwesten zu stark vergrößert und reichte nun bis zum Bodensee. Das ganze Oberschwaben war unter ihre Herrschaft gekommen. Dass die dortigen Einwohner im Unterschied zu „Alt-Württemberg" meist katholischer Konfession waren, zählte heutzutage nicht mehr als Makel.

Nur die zwischen dem württembergischen und dem badischen Gebiet liegenden kleinen Fürstentümer der Hohenzollern waren vor 30 Jahren irgendwie in die Hand der preußischen Könige geraten, Die Fürsten von Hohenzollern-Sigmaringen und Hohenzollern-Hechingen, fast so arm wie die sprichwörtlichen Kirchenmäuse, hatten damals ihre Herrschaften an die stammverwandten Hohenzollern-Könige von Preußen für gutes Geld verkauft.

Vor allem für die junge Prinzessin Pauline, die aus ihrer schlesischen Heimat höchstens ziemlich langweilige Reisen in das Geburtsland ihrer Mutter, das Fürstentum Schaumburg-Lippe, kannte, war es klar, dass die Eindrücke während dieser „Sommerfrische" ihr Leben lang in ihrem Kopf bleiben würden.

Da war die so eindrucksvolle Fahrt mit dem schneeweißen Dampfer „Wilhelm", der als Eigentum der Königsfamilie auf dem Bodensee hin und her fuhr und in den Sommermonaten gute Einnahmen erzielte, die die Apanage der Königsfamilie erfreulich erhöhten. Mit ihm fuhr die kleine vornehme Damen-Gesellschaft eines schönen Nachmittags nach Meersburg, dem romantischen kleinen Städtchen, das nur gut 15 Kilometer westlich von Friedrichshafen am Nordufer des Bodensees lag. Allerdings trennte eine Landesgrenze die beiden Städtchen, denn das Großherzogtum Baden reichte bis dicht an die Grenze der Stadt Friedrichshafen. Eine Besichtigung des dortigen Schlosses gehörte zum Standardprogramm der vielen Besucher, vor allem auch, weil es als Alterssitz der bekannten Dichterin Annette von Droste-Hülshoff aus der ersten Jahrhunderthälfte berühmt war.

Noch eine andere Fahrt über das „Meer" blieb in der Erinnerung der Herzogin Pauline haften. Mit dem „Schiffstrajekt" fuhr man einmal quer über den Bodensee bis zum Südufer, nach Romanshorn. Das speziell dafür gebaute Schiff nahm am Hafenbahnhof von Friedrichshafen eine Lokomotive und einige Personenwagen auf Gleise auf seinem Oberdeck auf, am schweizerischen Ufer fuhr dieser kleine Zug dann weiter auf dem Schienennetz der Schweizerischen Bahnen bis nach Zürich. So weit wollten die Damen aus dem württembergischen Königshaus nicht fahren, sie ließen sich vom Trajekt-Dampfer gleich wieder nach Friedrichshafen zurück bringen. Aber allein das Bewusstsein, einmal im Ausland gewesen zu sein, wenn auch nur kurz, war schon aufregend genug, wenigstens für die Jüngeren unter den Teilnehmern der „Expedition".

Doch ein anderer Vorfall hatte sich fast noch tiefer ins Gedächtnis Paulines eingebrannt, diesmal allerdings als Beispiel sehr negativer Art.

An einem schönen Nachmittag war sie wie schon häufig allein mit ihrer Mutter auf der Uferpromenade vom Schloss zum Bahnhof gewandelt und hatte dann an einem der Tische Platz genommen, die ein pfiffiger Gastwirt vor der Tür seiner Restauration in die Sonne gestellt hatte. Dort pflegten die beiden vornehmen Damen gerne ein Viertele [113] des guten badischen Rotweins zu trinken. Ein kleiner, vielleicht zehnjähriger Junger näherte sich ihnen und hielt bettelnd seine Hand den Damen entgegen.

Dieser Junge war nicht einer der üblichen Bettler, an die die vornehmen Herrschaften gewöhnt waren. Dieser Junge humpelte auf zwei roh geschnittenen Krücken heran, ein Bein hinter sich her schleifend. Seine wirren Haare und sein schmutziges Gesicht

---

[113] ein Glas Wein mit einem Viertelliter Inhalt, in Württemberg und in Baden ein sehr beliebter „Pausensnack"

machten klar, dass es da wohl keine Eltern gab, die irgendwie für den behinderten Jungen sorgen konnten. Pauline winkte ihn heran und versuchte, mit ihm in ein Gespräch zu kommen, um etwas mehr über diesen bedauernswerten Menschen zu erfahren.

Das erwies sich als schwierig, weil der eine nur ein sehr stark dialekt-gefärbtes Oberschwäbisch sprach und die andere ein angebliches Hochdeutsch, was aber durch die harte oberschlesische Aussprache auch nicht ganz leicht zu verstehen war. Das Ergebnis dieses längeren Gesprächs war, dass die junge Herzogin Pauline ihr Geldtäschchen aus ihrem Pompadour [114] zog und dem armen behinderten Jungen ein Geldstück zusteckte, eine ganze Mark [115].

Die Mutter, Herzogin Mathilde, hatte dem Gespräch ihrer Tochter mit dem kleinen Bettler stumm, aber mit wachsendem Abscheu zugehört. Als der Junge außer Hörweite war, konnte sie sich nicht mehr beherrschen.

„Was fällt dir ein, Pauline," schrie sie geradezu ihre Tochter an, „dich mit so einem Bettler gemein zu machen? Es ist ja schon schlimm genug, dass hier immer wieder solche Bettler herumlaufen, man gibt ihnen ein paar Pfennige, und damit hat es sich. Aber sich noch lange mit so einem Gelump zu unterhalten, nach seine Eltern zu fragen und wo er lebt – das gehört sich einfach nicht für eine Dame höheren Standes, erst recht nicht für eine Herzogin von Württemberg!"

Pauline wurde kreidebleich. Es dauerte eine Weile, ehe sie sich gefasst hatte und einigermaßen ruhig antworten konnte. Dabei verhielt sie sich jedoch so würdevoll und so souverän wie eben

---

[114] Handtasche vornehmer Damen im 18. und 19. Jahrhundert
[115] Die „Mark" als neue deutsche einheitliche Währungseinheit war 1874 im Deutschen Reich eingeführt worden. Die 1-Mark-Münze hatte um 1877 einen erheblichen Wert im Alltag.

eine Prinzessin einer Königsfamilie. „Du verstehst das offenbar nicht, Mutter. Aber ich glaube, dass dies gerade für eine Frau aus unserem Königshaus das richtige Verhalten ist. Du kennst doch den alten Spruch „Noblesse oblige – Adel verpflichtet". Oder hast du ihn vergessen ? Wenn hier nicht eine Verpflichtung für uns vom Adel besteht, zu helfen, wo es möglich ist, dann ist der ganze Adelsstand nichts wert. Im übrigen möchte ich jetzt darüber nicht weiter sprechen, weder mit dir noch mit anderen !"

Im November dieses erlebnisreichen Jahres war dann doch der Aufenthalt der schlesischen Herzoginnen in der Heimat ihrer Familie im Königreich Württemberg vorbei. Nach einem tränenreichen Abschied von Königin Olga und vor allem der Schwägerin Wera und ihre reizenden kleinen Zwillingen Elsa uns Olga reiste der kleine Tross vornehmer Damen wieder in die abgelegene Heimat nach Carlsruhe zurück.

Nach Krakau versetzt

Krakau 1877 - 1881

Am Ausgang des Jahres 1877 ging das eigentlich recht still und behaglich gewordene Leben der Obersten-Gattin Wilhelmine plötzlich zu Ende. Ihr Gatte wurde zum Generalmajor und zum Brigadier [116] befördert und gleichzeitig nach Krakau versetzt, in eine ganz andere Ecke „Cis-Leithaniens" oder des Kaisertums Österreich.

Viele Jahre hatte die inzwischen gar nicht mehr so junge Herzogin Wilhelmine in Laibach, im Süden der österreichischen Monarchie, verbracht. Die umwälzenden Wandlungen, die sich in den letzten Jahren im Nachbarland Deutschland abgespielt hatten, eigentlich in der Heimat beider Ehepartner, bekamen beide nur aus großer Distanz und verhüllt von einem Schleier mit, der aus Erstaunen, Missgunst und dennoch heimlicher Bewunderung gewebt war.

Der Ausbruch und der Verlauf des deutsch-französischen Krieges 1870/71 wurde von den Zeitungen in der k.u.k. Doppelmonarchie zunächst mit deutlicher Sympathie mit Frankreich, später aber mit Erstaunen über die deutschen Erfolge dargestellt. Über die Entstehung eines neuen Kaiserreichs in Mitteleuropa jenseits der Grenzen der uralten österreichischen Monarchie wurde knapp und sachlich berichtet; die Zeitungsschreiber schienen nicht zu wagen, hier allzu deutliche Vergleiche zwischen dem vom österreichischen Kaiser in Wien einst bewusst aufgelösten alten „Heiligen Römischen Reich deutscher Nation" und dem

---

[116] Befehlshaber einer Brigade, aus 2 Regimentern zusammengesetzt

neuen Kaiserreich unter einem Hohenzollern-Monarchen zu ziehen.

Im Jahr 1874 erhielt das Ehepaar die erfreuliche Nachricht, dass der Bruder (und zugleich Stiefneffe) Wilhelm heiraten werde, sogar die Adoptivtochter des Königs Karl. Herzliche und sehr ehrlich gemeinte Glückwünsche aus Laibach wurden per Brief nach Stuttgart geschickt.

Drei Jahre später kam die schwer fassbare Nachricht vom plötzlichen Tod ihres Bruders. Wilhelmine und Nikolaus schrieben gemeinsam einen herzlichen Kondolenzbrief an die unbekannte Schwägerin Wera, und sie rätselten, was wohl die wirkliche Ursache für den Tod des Bruders und Schwagers gewesen sein möge. An den Reitunfall, die offiziell mitgeteilte Todesursache, glaubten sie beide nicht.

Das plötzliche Hinscheiden des Herzogs Wilhelm von Württemberg, Schlesische Linie, hatte noch eine weitere ungeahnte Folge. Der war ja zuletzt der legitime Eigentümer des Schlosses Carlsruhe in Schlesien gewesen, nach dem Tod seines Vaters Eugen Erdmann. Doch nach den Regeln des Erbrechts in der württembergischen Königsfamilie mussten nun die Stiefbrüder des vorletzten Eigentümers, eben dieses Generals Eugen Erdmann, in diese Rechte eintreten, denn ein anderer legitimer männlicher Nachfolger war nach Herzog Wilhelm ja nicht vorhanden. Die inzwischen geborenen Zwillingstöchter zählten dabei nicht.

Es gab zunächst einen umfangreichen Schriftwechsel mit dem General in der k.u.k. Armee Wilhelm Herzog von Württemberg, dem älteren Bruder von Wilhelmines Gemahl Nikolaus. Er war nun der nächste Anwärter auf das Eigentum von Schloss Carlsruhe.

Obwohl er schon 48 Jahre zählte, war er immer noch unverheiratet, und es schien so, dass er es auch bleiben werde. Inzwischen war er schon zum Feldmarschallleutnant [117] ernannt worden und befehligte eine Division in Prag. Doch nach einiger Überlegung schlug er die Annahme der Erbschaft des Schlosses Carlsruhe aus.

So fand sich nun nach etlichen Monaten, ausgefüllt von Schreibereien hin und her, der jüngere Bruder, der k. u. k Oberst Nikolaus Herzog von Württemberg plötzlich als der neue legitime Eigentümer des Stammschlosses der schlesischen Linie der Könige von Württemberg, des Schlosses Carlsruhe. Nur in seiner ganz frühen Jugend, bis zu seinem 10. Lebensjahr, hatte er dort gelebt; seitdem war er nur zu zwei Gelegenheiten wieder dort gewesen, nämlich um – von ihm aus gesehen – in das „Gefängnis der Ehe" eingesperrt zu werden. Für seine Gattin, Herzogin Wilhelmine, war Carlsruhe allerdings bis zur Heirat Heimat gewesen.

Glücklicherweise gab es aus früherer Zeit noch genügend kundige und verantwortungsvolle höhere Bedienstete des Hauses Württemberg in der schlesischen Provinz, die sehr wohl in der Lage waren, die komplizierten Aufgaben zu erfüllen, die mit der Verwaltung der kleinen Gemeinde und des Schlosses dort zusammen hingen. Auf deren Geschick verließ sich der neue Herr von Carlsruhe in den nächsten Jahren, denn er hatte weder Lust noch Zeit, dort einmal hin zu reisen. Laibach war dafür zu weit.

Die Versetzung nach Krakau veränderte das allerdings ganz plötzlich. Diese große Stadt war schon seit längerer Zeit durch eine Eisenbahnlinie mit dem österreichischen Schienennetz verbunden, ein nur einmaliges Umsteigen in das preußische Schienennetz in Oswieczim [118] ermöglichte das Erreichen von Carlsruhe in nur einem Tag, denn die Entfernung betrug nur wenig über 200 Kilometer.

---

[117] entspricht im deutschen Heer einem Generalmajor
[118] auf Deutsch: Auschwitz (dort bestand im 2. Weltkrieg ein berüchtigtes Lager der SS, im dem Millionen Juden umgebracht wurden)

Krakau, diese berühmte Stadt an der oberen Weichsel, gehörte erst seit gut 30 Jahren den Österreichern, zuvor hatte sie eine höchst wechselvolle und bemerkenswerte Geschichte gehabt.

Jahrhunderte lang hatten dort die polnischen Könige residiert; auf dem Wawel, einem Hügel im Stadtgebiet, hatten sie ihr altes Königsschloss bauen lassen. Nach den häufigen Herrschaftswechseln in der Zeit der Unruhe, dem Zeitalter der französischen Revolution und Napoleons, war die Stadt und ein kleines Gebiet darum herum der letzte Überrest des einstigen polnischen Staates gewesen, die „Republik Krakau". Im Wiener Frieden [119] hatten die Mächte Russland, Österreich und Preußen den ganzen großen Rest Polens unter sich aufgeteilt. Doch nach einem Aufstand polnischer Nationalisten in dieser kleinen, noch unabhängig gebliebenen „Republik Krakau" 1846 hatte Österreich diesen Rest Polens ebenfalls annektiert. Und es hatte danach etliche Regimenter seiner Armee dort stationiert, um in Zukunft gegen alle möglichen Ereignisse gewappnet zu sein.

Zu ihrem Erstaunen fand die Gattin des neuen Kommandeurs einer der vier k.u.k. Brigaden in Krakau als Unterkunft für die Soldaten eine Kaserne vor, und was für eine Kaserne ! Es war die alte Königsburg auf dem Wawel, die man für diese Zwecke einfach besetzt hatte. Ohne Rücksicht hatten die österreichischen Militärbehörden alle möglichen historischen Kunstschätze aus dem alten Bau entfernt, um Platz für Soldatenstuben zu gewinnen.

Der Brigadier Generalmajor von Württemberg und seine Gattin bekamen eine sehr angenehme Dienstwohnung in der Stadt zugewiesen. Das Haus gehörte einem angesehenen jüdischen Kaufmann. Fast ein Drittel der Bewohner der Stadt waren Juden, die dort seit dem späten Mittelalter ansässig waren und unter sich immer noch das alte „Jiddisch" benutzten, eigentlich ein mittelal-

---

[119] 1815, dem sogenannten „Wiener Kongress"

terliches Deutsch, aber mit vielen hebräischen Worten durchsetzt. Die Vorfahren hatten diese Sprache aus dem Rheinland mitgebracht, als sie im Mittelalter vor den Verfolgungen der Juden dort ins damals religiös sehr tolerante Polen geflüchtet waren.

Die treue Magd Agniezska aus Carlsruhe hatte natürlich den Umzug mitgemacht und war hier eine unerwartet große Hilfe. Denn ihr Dialekt, den sie aus dem polnischsprachigen Oberschlesien mitgebracht hatte, erwies sich als überraschend ähnlich dem Polnisch, das die meisten Menschen hier in Krakau sprachen. So durfte und musste sie wieder als Dolmetscherin dienen, bis die Herrschaften wieder ein wenig Polnisch gelernt hatten.

Doch es zeigte sich, dass es für den General und seine Gattin nur selten nötig war, sich dieser Sprache zu bedienen. Das höhere Offizierscorps in Krakau setzte sich fast ausschließlich aus Österreichern zusammen, mit denen ja Deutsch gesprochen werden konnte. Und mit einzelnen Soldaten – dies waren allerdings meistens Polen – kam der Brigadier auch nicht mehr in Kontakt.

So musste auch Herzogin Wilhelmine ihre bisherige Sorge für die Familien der Soldaten ihres Mannes umstellen. Doch zunächst war wieder der neue Brigadier und vor allem seine familiäre Herkunft Gegenstand des höchsten Interesses aller adligen Österreicher in der Stadt, ganz überwiegend im Offizierscorps der Garnison.

Schicksalsträchtiger Besuch in Breslau

Breslau, 1879

Die beiden Herzoginnen aus Carlsruhe, die alte und die junge, waren schon recht oft in Breslau gewesen, um in dieser einzigen Großstadt Schlesiens nach neuer Mode zu schauen und auch sonst einzukaufen. Herzogin Mathilde reiste gerne und nahm dann ihre Tochter mit, um ihr etwas Abwechslung zu verschaffen. Fast immer übernachteten sie in einem guten Hotel und kehrten nach ihrem Bummel über den Ring, die Hauptstraße der Breslauer Innenstadt, in einem Restaurant am Marktplatz ein, um sich mit einer Tasse Kaffee wieder aufzumuntern.

In diesem Jahr 1879 jedoch musste Herzogin Mathilde einen Arzt aufsuchen, den berühmten Professor Dr. Böhme, der als Koryphäe auf dem Gebiet der Herzerkrankungen galt. Denn in letzter Zeit machte ihr das Herz zu schaffen. Wie gewöhnlich begleitete ihre Tochter sie. Pauline wartete geduldig im Wartezimmer der Arztpraxis, bis die ausführliche Untersuchung ihrer Mutter abgeschlossen war.

Der Professor bat sie hinzu, als er der Mutter das Ergebnis erläuterte. Mit im Raum war ein zweiter Arzt, der bei der Untersuchung assistiert hatte. Er wurde als Dr. Melchior Willim vorgestellt – und er machte sofort einen bleibenden Eindruck auf die junge Herzogin Pauline. Er war ein noch junger Mann, offenbar im gleichen Alter wie die Prinzessin, und er sah umwerfend gut aus: Dunkle Haare und dunkle Augen, so wie auch die junge Pauline sie hatte.

Die Herzschwäche Ihrer Hoheit, der Herzogin Mathilde, sei keine besorgniserregende Erkrankung, erläuterte der Herr Professor, allerdings müssten die verschriebenen Medikamente regelmäßig genommen werden und die erlauchte Patientin müsste in relativ kurzen Abständen ärztlich untersucht werden. Das werde sein junger Kollege Dr. Willim gerne übernehmen, der gerade auf diesem Spezialgebiet erstaunliche Kenntnisse aufweise.

Der Herzogin Pauline gelang es, auch ihrerseits ein paar Worte mit dem jungen Arzt zu wechseln, ehe die beiden Herzoginnen sich mit Dankesworten von den Ärzten verabschiedeten. Ein weiterer Besuchstermin wurde bereits jetzt verabredet.

Der Herzogin Mathilde fiel es nicht weiter auf, dass es diesmal ihre Tochter war, die sehr frühzeitig an den nächsten Termin einer Reise nach Breslau erinnerte. Sie ahnte nicht, dass es Pauline gelungen war, in der Zwischenzeit heimlich ein Briefchen an den attraktiven jungen Arzt Dr. Willim zu schicken. Der Brief betraf äußerlich nichts weiter als den Gesundheitszustand ihrer Mutter – aber enthielt er unausgesprochen nicht noch eine weitere Botschaft?

Beim nächsten Arztbesuch in Breslau begrüßte nicht nur die alte Herzogin den jungen Arzt mit einem huldvollen Handschlag, sondern auch die junge. Und die Augen der beiden jungen Leute blieben länger aufeinander gerichtet, als die Höflichkeit gebot. Ohne dass die Mutter etwas davon bemerkte, gelang es der jungen Frau, ein kleines Papierstück in die Hand des Arztes zu schmuggeln. Darauf teilte sie mit, dass sie bereits in 14 Tagen erneut, und zwar allein, in Breslau sein werde und sich freuen würde, den Arzt zu treffen.

So begann eine Bekanntschaft, die in den nächsten Wochen und Monaten zu einer innigen Liebesbeziehung zwischen dem bürgerlichen Arzt und der Herzogstochter wurde. Zunächst bemühte sich Pauline, ihre Empfindungen für den Arzt vor der Mutter geheim zu halten. In Breslau hatte sie eine renommierte Schneiderin kennen gelernt, die der Herzogin plötzlich ein Kleid nach dem anderen in der neuesten Mode liefern sollte. Zur Anprobe musste Pauline immer wieder nach Breslau fahren. Die junge Schneiderin hieß Gertrud Scholz und wurde bald zu einer Freundin und Vertrauten, die auch als „postillon d'amour" [120] dienen konnte.

Mit der Zeit konnte das enge persönliche Verhältnis zwischen dem Arzt Dr. Melchior und der Herzogin Pauline nicht mehr geheim gehalten werden. Zahlreiche erregte Gespräche zwischen Mutter und Tochter konnten die letztere nicht umstimmen. Und irgendwann schmolz auch das Herz der Mutter. Ihr Gatte Eugen Erdmann war ja nun schon lange verstorben, der in seinem Adelsstolz eine Heirat seiner Tochter mit einem Bürgerlichen nie gestattet hätte. So hatte Herzogin Mathilde einst selbst auch gedacht, aber inzwischen war sie älter und vielleicht auch toleranter geworden. Irgendwann sah sie ein, dass sie dem Lebensglück ihrer jüngsten Tochter nicht im Weg stehen sollte.

Sie entschloss sich, dem Oberhaupt der württembergischen Dynastie, dem König Karl, persönlich zu schreiben und ihn um die Erlaubnis zu bitten, ihrer Tochter die Erlaubnis zu erteilen, einen Bürgerlichen zu heiraten, eine „morganatische Ehe" einzugehen, wie man das nun einmal nannte. Denn anders als in normalen Familien gab es bei den Württembergern ein Familienoberhaupt, das sogar ein veritabler König war. Seinem Willen zuwider zu handeln, war nicht vorstellbar.

Karl kannte die hübsche junge Herzogin Pauline ja von ihrem ausführlichen Besuch in Stuttgart vor ein paar Jahren, und er mochte sie gerne. So erteilte er als Chef der Familie diese Erlaubnis, verknüpfte sie allerdings mit der Auflage, dass die Braut bis zu ihrer Heirat den Familiennamen „von Kirbach" zu tragen habe und bei der Heirat auf den Namen einer „Herzogin von

---

[120] Überbringer von Liebesbotschaften

Württemberg" und auf alle Rechte der Zugehörigkeit zu dieser Adelsfamilie zu verzichten habe.

Ein Verzicht, der eine Erlösung war

Carlsruhe, Mai 1880

Im Haus der Württemberger wurden die Hochzeitstermine gerne auf den Anfang des Monats Mai gelegt, vielleicht aus irgendwelchen Traditionen. So sollte die – jetzt noch – Prinzessin Pauline am 1. Mai 1880 in Carlsruhe mit dem Arzt Dr. Willim getraut werden, sowohl standesamtlich wie auch kirchlich, wie neuerdings vorgeschrieben.

Entgegen den heimlichen Befürchtungen der Herzogin Mathilde erwies sich dieses Hochzeitsfest geradezu als ein Triumphzug der neuen Zeit, einer Epoche, die die Ehe einer hochadligen Dame mit einem „Bürgerlichen" nicht mehr als unmöglich, ja verabscheuungswürdig ansah.

Im neu gebauten Rathaus des Städtchens Carlsruhe nahm der Bürgermeister Schröder die Ziviltrauung [121] vor. Doch danach begann erst der eigentlich sehenswerte Teil des Hochzeitstages. Denn zu dieser Trauung waren beide Stiefonkel der Braut gekommen: der Generalmajor im k. u. k. Heer Nikolaus Herzog von Württemberg und seine Gattin Wilhelmine, die Schwester Paulines, sowie der k.u.k. Feldmarschallleutnant Wilhelm Herzog von Württemberg. Der letztere war inzwischen Divisionskommandeur in Prag und hatte keinen weiten Weg bis ins schlesische Carlsruhe, genauso wenig wie sein Bruder aus Krakau.

---

[121] In Preußen im Jahr 1874, im Deutschen Reich 1875 gesetzlich eingeführt, eine zusätzliche kirchliche Trauung – n a c h der vor dem Standesamt – war und ist möglich

Pauline hatte sch riesig über den Brief ihrer Schwester und ihres Stiefonkels gefreut, zur Hochzeit kommen zu wollen. Sie hatte sie ja seit zwölf Jahren nicht mehr gesehen. Der Briefkontakt war auch nicht besonders rege gewesen. Aber die freudige Zusage ihrer Schwester zeigte ihr, dass die alte Vertrautheit der Schwestern wohl noch vorhanden war, obwohl sie zehn Jahre Altersunterschied trennten. Wilhelmine war nun 36 Jahre alt, Pauline 26.

Alle Einwohner von Schloss und Städtchen Carlsruhe, groß und klein, standen Spalier, als zwei Kutschen des Schlosses das kurze Stück vom Rathaus zur Kirche fuhren. In der ersten Kutsche saß die Braut in einem rosafarbenen Kleid mit langem Schleier. Üblich war es, dass der Vater die Braut geleitete, doch Paulines Vater Eugen Erdmann war ja schon vor fünf Jahren gestorben. An seiner Stelle waren es nun zwei Generäle der k.u.k. Armee in ihren schmucken Uniformen, die beiden Stiefbrüder des Verstorbenen, die hier einmal „Vater-Ersatz" spielten. Sie taten das gerne.

In der zweiten Kutsche geleitete die Brautmutter den Bräutigam. Sie hatte sich inzwischen mit ihrem Schicksal abgefunden, einen bürgerlichen Schwiegersohn zu haben, und sie mochte ihn eigentlich auch gerne, zumal er ja als Arzt sie auch noch in regelmäßigen Abständen untersuchte und ihr Medikamente verschrieb, die ihr wirklich gut taten.

In seinem schwarzen Frack mit Zylinder und seinen dunklen, fast schwarzen Haaren sah Dr. Melchior Willim umwerfend gut aus, wie viele junge Mädchen und Frauen aus dem Carlsruher „Spalier" sich bewundernd zuraunten.

Auch Herzogin Wilhelmine, die Schwester, gehörte zur Begleitung des Bräutigams. Wer die beiden Schwestern nebeneinander gesehen hatte, der musste sich über die starke Ähnlichkeit der beiden Frauen wundern, obwohl sie doch so viele Jahre Altersunterschied trennten.

In der Schlosskirche wurde es dann ernst. Hofprediger Gneist – er war alt geworden, seit er zusammen mit seinem „Quasi-Amtskollegen" Christoph Becker gewissermaßen die preußische evangelische Amtskirche in Carlsruhe vertreten hatte, aber er tat immer noch seinen Dienst – stellte die üblichen Fragen an das Brautpaar: ob sie einander lieben und ehren und zusammen leben wollten, „bis dass der Tod euch scheidet". Für diese besondere Trauung hatte sich der Hofprediger noch eine weitere Frage aufschreiben müssen, die er der Braut stellen musste: nämlich ob sie bereit sei, auf ihren Titel „Herzogin von Württemberg" und auf alle ihre Rechte zu verzichten, die sich aus der Zugehörigkeit zur Familie der württemberger Könige ergeben.

Ein aufgeregtes Raunen ging durch die dicht gefüllte Kirche, und einige Leute klatschten sogar Beifall, als Pauline mit lauter Stimme, ja fast hysterisch in die Kirche schrie: „Ja, ich verzichte! Die Aufgabe von Name und Stand ist für mich kein Opfer! Jetzt endlich bin ich beneidenswert glücklich!"

Nicht nur die anwesenden Mitglieder der württembergischen Herrscherfamilie schienen den gewaltigen Schritt ihrer Verwandten zu billigen, sondern auch die im fernen Stuttgart. Denn vom König Karl, von der Königin Olga und der Schwägerin Wera waren sehr herzliche Glückwunschtelegramme in Carlsruhe angekommen. Irgendwie schien sich dieses Herrscherhaus in manchen seiner Ansichten doch gewaltig von den ähnlich alten Dynastien der Habsburger und der Hohenzollern zu unterscheiden. Denn dort wäre eine ähnliche Toleranz gegenüber einer „morganatischen Ehe" eines ihrer Familienmitglieder zu dieser Zeit undenkbar gewesen.

Die nunmehr „bürgerliche" Frau des Arztes Dr. Willim zog mit ihm in die Palmstraße 29 im Breslauer Südwesten ein. Dieses

Haus stand zwar nicht in der „vornehmen" Altstadt, aber immerhin keineswegs in einem Arbeiterviertel der Großstadt. Hier hatte der Facharzt für Herzkrankheiten eine eigene Praxis errichtet, die immer stärker frequentiert wurde und dem Inhaber ein mit der Zeit durchaus ansehnliches Einkommen verschaffte.

Eine recht geräumige Wohnung und natürlich ein eigenes Hausmädchen waren die Anzeichen für den gewissen Wohlstand, dessen sich die Arzt-Familie erfreuen konnte

Bereits im März des Jahres 1881 wurde Pauline Mutter eines kleinen Mädchens, das den Namen Marcella erhielt.

Pauline Willim mit ihrer Tochter Marcella

Schnell wurde die Familie größer, schon im folgenden Jahr 1882 kam ein Sohn auf die Welt, der den Namen Raphael erhielt. Ganz wollte sich die Mutter offenbar nicht von den Traditionen ihrer Familie lösen, denn als einen der weiteren Vornamen ließ sie ihn „Eugen" geben, wie es seit „Anno dunnemals" im schlesischen Zweig der Württemberger Herzöge für männliche Nachkommen die Regel war. Etwas später vervollständigte die Tochter Michaela die Arzt-Familie.

Zwischen Slowaken und Ungarn

Komorn 1882 – 1888

Für den Eigentümer des Schlosses und Ortes Carlsruhe in Schlesien, den k.u.k. Generalmajor Nikolaus von Württemberg, ging leider die Zeit bald wieder vorüber, in der er seine Ländereien relativ bequem erreichen konnte, nämlich von Krakau aus.

Schon im Laufe des Jahres 1882 wurde er erneut befördert, diesmal zum Feldmarschallleutnant. Zugleich ernannte ihn das Oberkommando zum Divisionskommandeur in Komorn. Dort an der Donau stand die angeblich größte Festung Europas, vor mehr als 200 Jahren gebaut, zur Verteidigung gegen die Türken und nie erobert. So rühmten sich die Ungarn heute noch, und sie waren stolz auf diese ruhmreiche Vergangenheit. Heute war es die k.u.k. Armee, die etliche Regimenter, insgesamt sogar zwei Divisionen, dort stationiert hatte. Eine dieser beiden Divisionen solle nun Herzog Nikolaus befehligen.

Die Stadt Komorn lag auf beiden Ufern der Donau, etwa halbwegs zwischen Wien und Budapest, den beiden Hauptstädten der k.u.k. Monarchie. Nördlich der Donau wohnten im Wesentlichen Slowaken, die eine slawische Sprache benutzten, ein wenig der böhmischen ähnlich. Südlich des großen Stromes war das Wohngebiet der Ungarn, doch die Bewohner der Stadt Komorn, deren Häuser ja auf beiden Uferseiten standen, setzten sich grob gesagt zur Hälfte aus Slowaken und Ungarn zusammen.

Das Verhältnis beider Volksgruppen zu einander war allerdings keineswegs spannungsfrei, gerade jetzt nicht, da Nikolaus und Wilhelmine nach Komorn versetzt wurden. Spätestens nach dem sogenannten „Reichs-Ausgleich" zwischen Österreich und Ungarn im Jahr 1867 waren im Königreich Ungarn die gebürtigen Magyaren das Herrenvolk. Hier hatten Minister, Beamte oder Parlamentarier aus Wien nichts zu sagen, nur die Armee war eine Ausnahme. Und die Regierung in Budapest legte großen Wert darauf, dass in allen zum Königreich gehörenden Komitaten [122] die Sprache der Magyaren, also der „eigentlichen" Ungarn, nicht nur verstanden, sondern möglichst auch angewendet wurde. Dabei stellten die gebürtigen Magyaren nur die knappe Hälfte der Einwohner dieses Königreichs und waren erst als letzte größere Bevölkerungsgruppe im 9. Jahrhundert n. Chr. hierhin aus Westsibirien eingewandert. Vor allem die Slowaken, die nördlich der Donau bis zu den Karpaten wohnten, waren von dieser „Magyarisierungspolitik" betroffen und lehnten sich dagegen auf.

Diese Spannungen hatten auch ihre Rückwirkungen auf die in Komorn stationierten Regimenter und Divisionen des k.u.k. Heeres, denn auch hier waren die einfachen Soldaten aus den vielen Völkern gemischt, die nun einmal zur Donaumonarchie und vor allem zu ihrem ungarischen Teil gehörten. Aber beim Militär sollten sie alle ungarischen Befehle verstehen und ausführen. Das klappte häufig nicht und gab immer wieder Anlass zu Beschwerden, bis hinauf zum Divisionskommandeur.

Auch dessen militärischen Rang musste man hier häufig als „Altáborgnagy" aussprechen – für Menschen mit deutscher oder auch slawischer Zunge fast unmöglich. Und zusätzlich zur gemeinsamen k.u.k. Armee gab es hier im Königreich Ungarn noch militärische Einheiten, die sich „Honved" nannten, zusammengesetzt aus für längere Übungen eingezogenen Reservisten etwas höheren Alters, die nun allein von Offizieren ungarischer Abstammung befehligt wurden. Bei Manövern – und natürlich in einem etwaigen Kriegsfalle ! – musste die k.u.k. Armeeleitung darauf Rücksicht nehmen und die Honved-Einheiten sorgfältig in

---

[122] „Grafschaften", größere Verwaltungseinheiten (Provinzen) in Ungarn

ihre Pläne einbeziehen. Der Feldmarschallleutnant von Württemberg wusste bald, was für Probleme das mit sich brachte.

Nikolaus und seine Gattin erhielten eine geräumige Wohnung zugewiesen, die außerhalb der Festung im Stadtgebiet südlich der Donau lag, Eine Straßen- und eine Eisenbahnbrücke verbanden die beiden Ufer innerhalb der Stadt miteinander. Die Wohnung war wunderbar, fand die Hausfrau. Allerdings ihre Nachbarschaft war nur schwer erträglich.

Von ihrem zweiten Stock aus hatte man nämlich den freien Blick in den Hof des benachbarten Anwesens. Und das war das Frauengefängnis von Komorn. Diebinnen, erwischte Prostituierte, Kindesmörderinnen und andere Verbrecherinnen mussten dort die ihnen von den Gerichten zugesprochenen Strafen verbüßen.

Dass man von oben, von der Wohnung des Divisionskommandeurs, die Frauen bei ihrem Rundgang auf dem Hof in der „Freistunde" beobachten konnte, war ja eigentlich noch ganz harmlos. Aber alle paar Tage musste man entsetzliche Schreie von dort unten mit anhören. Dann erhielten neu in das Gefängnis eingewiesene Gefangene ihren „Willkomm". Das waren Peitschenhiebe auf den nackten Rücken, die den an einen Pfosten gefesselten Frauen von einem brutalen Wärter versetzt wurden, egal, welche Strafe ihnen sonst gebührte. Das sollte ihnen unvergessbar zeigen, dass sie Verbrecherinnen waren. Und bevor sie nach Verbüßung ihrer Strafzeit entlassen wurden, erhielten sie noch einmal einen ebenso nachdrücklichen „Abschied" [123].

Wilhelmine, die Gattin des neu ernannten Divisonärs, musste sich in Komorn eine neue Beschäftigung suchen. Sonst wäre sie, wie ihr klar war, bald vor Langeweile in die Irrenanstalt gekommen. Denn Kinder hatte sie ja nicht, mit deren Erziehung sie sich

---

[123] Derartige Strafen für Frauen waren auch in Deutschland noch bis in die zweite Hälfte des 19. Jahrhunderts üblich!

hätte beschäftigen können. Sie war ja immer noch eine „Nonne ohne Schleier", wie sie sich in ihren Gedanken selbst nannte.

Gelegentlich hatte sie in den vergangenen Jahren ihren Mann beobachtet, wie er mit einem jungen Untergebenen im Dunkeln des Abends heimlich verschwunden war, in der Annahme, weder seine Frau noch sonst jemand würde das bemerken. Wie weh ihr das tat, und wie sehr sie sich für ihren Mann schämte ! Aber darüber reden konnte sie weder mit ihrem Mann noch gar mit irgend einem anderen Menschen, das war völlig klar. So war nun einmal das „comme il faut" [124] ihrer Gesellschaftsschicht. Und ändern konnte sie diesen Zustand auch nicht, denn eine Scheidung von ihrem Mann war ebenso undenkbar. Manchmal dachte sie, wenn sie auf den Hof des Frauengefängnisses unter ihren Fenstern herunterblickte, dass ihr ein ähnliches Schicksal wie den Frauen da unten zudiktiert war.

Äußerlich ging es ihr ja nicht schlecht, sie konnte auf alle Annehmlichkeiten zurückgreifen, die ihr als Frau der obersten Gesellschaftsschicht zustanden.

In Krakau hatte sie im Kreis der – fast ausschließlich deutschsprachigen – Gattinnen des höheren Offizierskorps Gleichgesinnte gesucht und gefunden, die mit ihr zusammen eine Art Sozialdienst für die Truppenangehörigen aufgebaut hatten. Zwei oder drei der Damen besuchten reihum einige Familien der Soldaten, sofern sie verheiratet waren, fragten nach deren Problemen und besonderen Bedürfnissen und versuchten zu helfen, wo es ging. Es war oft gar nicht das Fehlen von Geld, das zu Problemen führte, sondern Krankheiten, grobes Verhalten des Ehemanns oder Vaters gegenüber seiner Familie, drastische Enge in der Wohnung und andre alltägliche Zustände, die den einfachen Leuten Sorgen machten. Und die wohlhabenden Damen, fast alle mit

---

[124] „wie es sich gehört": gesellschaftlich vorgeschriebener Brauch

adligen Ehemännern, wussten oft Rat oder konnten etwas organisieren, wobei sie den Einfluss ihrer hochrangigen Ehegatten geschickt einzusetzen wussten.

Hier in Komorn bemühte sich Herzogin Wilhelmine, Ähnliches in Gang zu setzen. Allerdings stellte sie fest, dass dies hier schwieriger als in Krakau war. Das höhere Offizierscorps war hier stärker landsmannschaftlich und sprachlich gemischt, das hatte Rückwirkungen auch auf die „weibliche Hälfte". Vor allem die Ungarn und auch die Ungarinnen – alle mit Grafen- oder ähnlichen Adelstiteln –, so stellte Wilhelmine für sich fest, waren offenbar an Problemen einfacher Leute nicht interessiert.

So erlebte die Prinzessin gerade hier in Komorn eine Zeit häufiger Enttäuschungen und innerlicher Öde. Sie war zu einer alten Frau geworden, wie sie fand, wenn sie sich im Spiegel musterte.

Wilhelmine im Alter von etwa 40 Jahren

Paulines Weg zur „roten Prinzessin"

Breslau, 1882 – 1895

Die zur „Frau Willim" gewordene Herzogin Pauline von Württemberg erhielt am Ende ihres Lebens von manchen der Menschen, die etwas von ihr wussten, den Beinamen „Die rote Prinzessin". Warum man sie so nannte, wird der Leser noch erfahren. Aber das war nicht von Beginn ihrer „bürgerlichen Existenz" an so.

Zunächst zog die einst in Carlruhe von Hofdamen, Zofen und zahlreichem Hauspersonal verwöhnte Prinzessin wie eine gutbürgerliche Hausfrau in eine geräumige, aber gemietete Wohnung in der Palmstraße 29 ein. Sie lag im Breslauer Südosten, der Ohlauer Vorstadt. Ihr Mann, der Arzt mit einer gut gehenden Spezialpraxis, konnte sich eine solche Wohnung leisten. Das Haus gehörte, wie so viele Tausende ähnlicher Häuser in der Großstadt Breslau, einem reichen Fabrikanten, der die Überschüsse aus seiner Fabrik wiederum gewinnbringend im Bau mehrerer großer Mietshäuser angelegt hatte.

Im Erdgeschoss hatte ein kleiner Kolonialwarenhändler seinen Laden, seine Wohnung und seine Lagerräume. Im ersten Stock war die Praxis und geräumige Wohnung des Dr. Willim, und im zweiten und dritten Stock hausten jeweils mehrere Arbeiterfamilien mit vielen Kindern, eng gedrängt, aber mit einer gerade für sie noch bezahlbaren Miete. Im Dachgeschoss gab es schließlich noch einige unbeheizte Mansarden-Zimmer, in denen die Hausmagd der Willims sowie eine junge Arbeiterin und zwei junge unverheiratete Arbeiter aus Breslauer Fabriken eine besonders billige Unterkunft gefunden hatten. Zusammen genommen erbrachten die Mieten allein aus diesem Haus dem Eigentümer jeden Monat einen angenehmen Gewinn.

Dass es für keine der Wohnungen einen Anschluss für kaltes Wasser oder einen Abwasser-Abfluss, eine eigene Toilette oder gar eine zentrale Heizungsanlage gab, fiel überhaupt nicht auf, denn nirgends war es anders [125]. Frisches Wasser konnten die Hausbewohner von einer Pumpe im Keller holen, das war schon ein in Breslau bisher noch seltener Fortschritt.

In den ersten drei oder vier Jahren ihrer Ehe hatte „Frau Doktor", wie man Pauline allgemein nannte, mit ihren kleinen Kindern zu tun. Sie kümmerte sich rührend um die wachsende Familie.

Die einzige Änderung, die sich zunächst in ihrem Leben abzeichnete, war ihr Übertritt zur katholischen Kirche. Sie wollte sich damit ihrem Mann angleichen, dessen Familie im katholischen Glauben aufgewachsen war. Doch ein besonders religiöser Mensch war sie nie gewesen, weder im heimischen Carlsruhe in der fast pietistischen Atmosphäre des lutherischen elterlichen Herzogshofes, noch später in der Großstadt, in der mehr als ein Drittel der Einwohner zur katholischen Konfession gehörten.

Als die Kinder größer wurden und nicht mehr ständige Aufmerksamkeit benötigten, begann sich Pauline nach Beschäftigungen umzusehen, die ihrem wachen Geist und ihrer sozialen Einstellung entgegenkamen. Jetzt konnte sie auch öfter ihre Kinder nach Carlsruhe bringen, wo die Großmutter sie gerne für ein paar Tage oder Wochen betreute. Je älter Herzogin Mathilde geworden war, desto toleranter schien sie zu werden. Ihre Enkel, Pauli-

---

[125] Erst ab etwa 1880 wurden in den Innenstädten deutscher Großstädte Wasserleitungen und Abwasserkanäle verlegt, es dauerte viele Jahrzehnte, bis auch in kleineren Städten und Dörfern diese Voraussetzungen hygienischer Zustände vorhanden waren.

nes Kinder, liebte sie geradezu abgöttisch und freute sich jedes Mal, wenn diese von der Mutter zur Betreuung bei ihr abgegeben wurden.

Die ersten Objekte des sozialen Interesses der einstigen Prinzessin waren die Mieter in ihrem eigenen Haus. Rührend besuchte sie immer wieder im zweiten oder dritten Stock Familien, wenn deren Kinder krank waren oder andere Probleme ihr bekannt geworden waren. Wo es ging, half sie dabei.

Wie konnte man die oft bittere Not der Arbeiterfamilien lindern oder gar beheben, die in der großen Industriestadt Breslau zu Tausenden und Abertausenden in großer Armut, in viel zu kleinen Wohnungen und in großer Unwissenheit lebten? Die vier oder sechs Jahre Volksschule, die theoretisch auch Arbeiterkinder zu durchlaufen hatten, reichten nicht aus, um ihnen, wenn sie erwachsen geworden waren, das Wissen mitzugeben, das sie selbst zur Bewältigung einfacher Alltagsprobleme benötigt hätten.

Breslau gehörte inzwischen zu den großen Industriestädten Deutschlands, es war sogar die drittgrößte Stadt Preußens. In den zahlreichen Fabriken, unter anderem für den Bau von Lokomotiven und Eisenbahnwagen, für Lebensmittel- und Textilverarbeitung, standen sehr viele Arbeiter und Arbeiterinnen Tag für Tag an den Werkbänken.

Hier, wie auch in anderen deutschen Industriestädten, hatten sich daher in den letzten Jahren sogenannte „Arbeiterbildungsvereine" etabliert. Sie wurden zunächst von sozial engagierten Bildungsbürgern getragen, wie Pauline Willim eine war. Aber auch besonders intelligente Angehörige der Arbeiterklasse hatten sich ihnen angeschlossen und bemühten sich, vor allem den Frauen in den Arbeiterfamilien Wissen beibringen, das sie für den Alltag und seine Nöte brauchen konnten. Natürlich waren das nur Tropfen auf den heißen Stein, denn wann hatte schon eine normale Arbeiterfrau Zeit und Lust, zusätzlich zu ihrer niemals abreißenden Arbeit in der Familie zu einer Vortragsveranstaltung zu gehen ?

Es konnte nicht ausbleiben, dass die engagierten Träger solcher Arbeiterbildungsvereine Kontakte zu den gewissermaßen benachbarten Arbeiter-Gewerkschaften fanden, die sich ab der Jahrhunderthälfte zu bilden begannen und die Interessen der Arbeiterschaft gegenüber den Fabrikherren, Handwerksmeistern und anderen Arbeitgebern vertraten, in Verhandlungen, in manchen Fällen auch durch Streik.

Und wiederum benachbart diesen Gewerkschaften existierte bereits eine politische Partei, die für sich beanspruchte, die Interessen der Arbeiterschaft zu vertreten. Sie nannte sich „Sozialistische Arbeiterpartei Deutschlands" (SAP). Allerdings war sie derzeit verboten, durch die „Sozialistengesetze" des Reichskanzlers Bismarck [126]. Doch in vielen Industriestädten Deutschlands, auch in Breslau. trafen sich regelmäßig ehemalige Mitglieder und Interessenten an dieser politischen Richtung zu Aussprachen. Natürlich waren die allermeisten Teilnehmer an diesen Treffen Männer, doch gab es auch einige Frauen darunter. Solche Treffen waren zwar legal, standen aber unter scharfer Beobachtung der preußischen Polizei,

Etwa ab dem Jahr 1886 stieß Pauline Willim zu diesen Treffen Breslauer Sozialisten hinzu. Die Diskussionen und Vorträge in diesem Kreis waren offenbar gerade das Richtige für ihren wachen Geist und zugleich für ihre soziale Einstellung. Im Laufe der Zeit gewann sie ein großes Wissen über die Probleme der Wirtschaft und des Arbeitslebens in Deutschland, aber auch über die Forderungen des politischen Arms der Arbeiterbewegung.

---

[126] Dieses Verbot galt von 1875 – 1890. Allerdings verfügte diese Partei über einige Reichstagsabgeordnete, die infolge ihrer Immunität ihre parlamentarische Tätigkeit im Reichstag weiter ausüben konnten.

Vielleicht als Antwort auf das von den regierenden Kreisen gefürchteten Aufkommen der sozialistischen Arbeiterbewegung hatte der Reichstag auf den Druck Bismarcks in den Jahren 1883 bis 1889 einige wichtige Gesetze verabschiedet, die grundlegende Sicherungen für die Arbeiterschaft im weitesten Sinne garantierten: eine Krankenversicherung, eine Unfallversicherung und eine Alters- und Invaliden-Rentenversicherung [127].

Die Teilnahme an den regelmäßigen Treffen dieser Sozialisten wurde immer mehr zu einem wichtigen Lebensinhalt der Frau Pauline WiIllim, doch vernachlässigte sie dabei nicht die praktische Fürsorge für bedürftige oder in Not geratene Familien durch Besuche und praktische oder finanzielle Hilfe.

Ihr Mann legte ihr dabei keine Hindernisse in den Weg. Seine Toleranz gegenüber seiner Frau ging sogar so weit, dass er oft an den Abenden, wo sie zu den Versammlungen der Sozialisten ging, sie aus dem weit entfernten Stadtteil abholte, damit sie nicht in der Nacht allein durch das Dunkel laufen musste. Er selbst war Anhänger der „Freisinnigen Volkspartei", einer kleinen Partei liberaler und demokratischer Richtung.

In der geräumigen Wohnung der Willims gab es sogar ein Fremdenzimmer, in dem die Besucher übernachten konnten, die gar nicht so selten in die Breslauer Palmstraße kamen. Und diese Besucher waren oft sehr hoch geboren. Denn die Verwandtschaft Paulines aus dem Hause Württemberg nahm ihr den Abstieg in den Bürgerstand offenbar nicht übel, sondern besuchte sie gerne in Breslau.

Ihre Schwester Wilhelmine kam mit ihrem Mann Nikolaus mehrfach nach Breslau, solange beide noch in Krakau lebten. Auch der Stiefonkel Wilhelm, der k.u.k. General, der längere Zeit in Prag stationiert war, kam zu Besuch. Möglicherweise hatte der

---

[127] Im Prinzip gelten diese Versicherungen noch heute.

Junggeselle die Stiefnichte sogar besonders ins Herz geschlossen, denn als er 1898 ohne Erben starb, vermachte er ihr einen erheblichen Teil seines nicht unbeträchtlichen Vermögens.

Selbst aus Stuttgart kam ein Mitglied der Königsfamilie mehrfach nach Breslau zu Besuch. Es war Herzogin Wera, die sich besonders zu der fast gleichaltrigen Pauline hingezogen fühlte. Als ihre Kinder. die Zwillinge Elsa und Olga, in einem Alter waren, wo man sie ohne Schwierigkeiten auf eine längere Reise mit der Eisenbahn mitnehmen konnte, machte sich Wera mehrmals zu einem Besuch in Schlesien auf. Die Kinder sollten ja auch ihre Großmutter väterlicherseits kennen lernen. Sie wurden daher nach Carlruhe gebracht, wo sich Herzogin Mathilde freute, auch die Kinder ihres so früh verstorbenen Sohnes für längere Zeit bei sich zu haben. Und die Mutter Wera konnte zusammen mit ihrer Schwägerin Pauline das Leben in einer preußischen Großstadt erleben und ganz anonym auch etwas von dem Gedankengut der angeblich so abscheulichen Sozialisten mitbekommen.

Die Silberhochzeit

Halle / Westfalen, 1889

Die Feier, die für den Pfarrer Christoph Becker vorbereitet wurde, war eigentliche eine Sache nur für die Familie. Die Eltern waren in diesem Jahr 25 Jahre verheiratet. Eine solche Silberhochzeit beging jedes Ehepaar, das etwas auf sich hielt.

Doch bei Christoph und Auguste Becker war das etwas anders. Seit 19 Jahren war der Ehemann ordentlicher evangelischer Pfarrer in der Kreisstadt Halle, und er hatte fast jedes in dieser Zeit im Städtchen geborenes Kind getauft, jedes junge Paar getraut und zahlreichen Hallensern am Grab den letzten Segen erteilt. Er war ja von den beiden Pfarrern in Halle der für die Stadt zuständige Geistliche, während sein Kollege die entsprechenden Amtshandlungen bei den Bauern in den umliegenden Bauerschaften vornahm.

Nein, die Silberhochzeit des Herrn Pfarrers konnte in Halle keine reine Privatangelegenheit sein. Der bescheidene Geistliche wollte zwar eigentlich nicht, dass so viel Aufhebens darum gemacht würde, aber das half ihm nichts. Der Tag würde ein Fest für die ganze Stadt werden.

Rechtzeitig waren die erwachsenen Kinder, vor allem die Söhne, von ihren Studienorten gekommen, um den Eltern bei ihren Vorbereitungen zu helfen. Der gut 19-jährige Sohn Hermann hatte aus Anlass des Festes Urlaub von seinem einjährigen Militärdienst bekommen, der ihm erlaubte, später Reserveoffizier in der preußischen Armee zu werden. Dieses Privileg galt für junge Männer, die das Abitur hatten und sich später nach einigen Reserveübungen stolz „Leutnant der Reserve" nennen durften. Auf dem Weg vom neuen Bahnhof in Halle – der Fortschritt war nicht aufzuhalten, das Städtchen hatte seit 1886 eine Eisenbahnverbindung nach Bielefeld, freundlich „Haller Willem" genannt – traf er einen etwa gleichaltrigen jungen Bauern. Nach kurzem Mustern begrüßten sie sich lautstark: „Meschers Ötte – Beckers Menne!" Sie waren einst Klassenkameraden in der Haller Volksschule gewesen. Jetzt erzählten sie sich im Ravensberger Dialekt in Kurzform von den beiderseitigen Erlebnissen seit der Schulzeit.

Alle zehn Kinder des Pfarrers Christoph Becker und seiner Frau Auguste waren, wie man so schön sagte, „aus dem Gröbsten heraus" und auch „etwas Ordentliches geworden", und das von dem wahrhaftig nicht gerade großzügigen Gehalt eines evangelischen Pfarrers auf dem Lande. Stolz stellten sie sich alle für die Photographie auf, die ein aus Bielefeld angereister Photograph umständlich vornahm.

Nach der privaten Feier im Pfarrhaus für die Familie begann der offiziellere Teil der Silberhochzeit. Der Bürgermeister und der gesamte Stadtrat erschienen zum Gratulieren, die Pfarrer der Nachbargemeinden und unzählige Bürger der Stadt, reich oder arm, denn sie alle kannten den Pfarrer Becker aus zahllosen Gesprächen, nicht nur gelegentlich von Amtshandlungen, sondern auch bei Hausbesuchen oder auf der Straße. Unzweifelhaft, Pfarrer Becker war in Halle zu einer Institution geworden.

Seine Frau Auguste war mit ihren inzwischen 47 Jahren immer noch eine stattliche Frau, der man die entbehrungs- und arbeitsreichen Jahre ihrer Ehe nur wenig ansah. Aber alle wussten, die Kinder und ihr Mann, aber auch alle anderen, die etwas nähere Beziehungen zur Pfarrersfamilie hatten, wie sehr es von ihrer Prersönlichkeit abgehangen hatte, dass aus der einst von beiden Seiten aus gewisser persönlicher Not heraus geschlossenen Ehe ein Musterbeispiel für eine evangelische Pfarrersfamilie wurde.

Christoph Becker stand inzwischen in seinem 60. Lebensjahr, aber an einen Ruhestand wollte er noch lange nicht denken. Er erwähnte das sogar in den persönlichen Worten, die er seiner nächsten Predigt in der Hallenser Kirche anfügte, als Dank für die zahlreichen Glückwünsche zu seinem 25. Hochzeitstag. Er wies auf das unerschütterliche Verantwortungsgefühl des verehrten Kaisers Wilhelm I. hin, der bis zu seinm Tod im vorigen Jahr im Alter von 91 Jahren nie an einen Rücktritt oder an ein Ausruhen von seinen Pflichten gedacht habe. Auch er, der Pfarrer, empfinde dieses Verantwortungsgefühl, und er wolle, solange es ihm möglich sei, seinem Amt in der Hallenser Kirche treu bleiben.

Altersjahre und Abschiede

1888-1915

Der Feldmarschallleutnant Nikolaus von Württemberg, Divisionär der k.u.k. Armee in Komorn in Ungarn, dachte da wohl etwas anders. Nach sechsjährigem Dienst in dieser ziemlich langweiligen Stadt nahm er im Jahr 1888 seinen Abschied. Er war jetzt 55 Jahre alt und meinte wohl, er habe nun genug für Österreich-Ungarn getan.

Für ihn war klar, wo er nun in seinem Ruhestand leben wollte: in Carlsruhe, seinem Geburtsort und inzwischen schon lange sogar seinem Eigentum. Auch seine Gattin Wilhelmine war froh, aus dem für sie sehr bedrückend wirkenden Komorn weg zu kommen. Auch sie war ja in Carlsruhe geboren und hatte, viel länger als ihr Ehemann, dort ihre ganze Jugend verlebt und auch noch einen großen Teil ihres Lebens, wie es Wilhelmine schien, als sie zusammen mit ihrem Ehemann und zahlreichen Möbeln und Gepäck nach Oberschlesien reiste.

Ihr Mann warf sich in der ersten Zeit auf die zahllosen Probleme, die in den langen Jahren aufgetreten waren, da Schloss und Städtchen Carlsruhe ohne einen verantwortlichen Herren vor Ort hatte auskommen müssen. Der Unterschied zwischen seiner bisherigen Tätigeit als Militärkommandant und jetzt als Land- und Forstwirt war schon erheblich, aber Nikolaus schaffte das gut, und es machte ihm sogar richtig Freude. In der wenigstens in kleinen Resten noch aus alten Zeiten erhaltenen Carlsruher Hofgesellschaft hatte er auch einige treue Bedienstete gefunden, die ihm dabei halfen.

Herzogin Wilhelmie war nun 44 Jahre alt, aber sie fühlte sich müde und verbraucht, als sei sie dreißig Jahre älter. Immerhin lebte im Schloss noch ihre Mutter Mathilde, alt geworden und nicht mehr so unternehmungslustig wie früher, aber vielleicht gerade deswegen viel toleranter und verständnisvoller als einst. Wilhelmne freute sich, wenigstens an ihr einen Halt in ihrer seelischen Not zu finden, obwohl sie natürlich auch der Mutter gegenüber mit keinem Wort die Ursache dafür andeuten konnte. Sie ahnte nicht, dass die Mutter gerade dies genau wusste und dass sie sogar für ihre „lebenslängliche Gefangenschaft im Nonnenkloster" verantwortlich war.

Gerne nutzte Wilhelmine die jetzt wieder vorhandene Nähe zur Stadt Breslau zu Besuchen bei ihrer Schwester Pauline aus. Hier, im bürgerlichen Haushalt des Doktor Willim, fühlte sie sich endlich einmal richtig wohl und verstanden – obwohl sie natürlich auch dort nie über den tiefsten Grund ihrer Traurigkeit sprechen konnte.

Tief in ihrem Inneren, im Körper, nagte ein Wurm, das spürte die Herzogin. Es waren keine eigentlichen Schmerzen, aber eine zunehmende Müdigkeit und das ungewsse Gefühl, dass in ihrem Körper etwas nicht stimme. Diese Erkenntnis überlagerte allmählich die grundsätzliche Traurigkeit, die sie seit ihrer Eheschließung empfand und sie nie losgelassen hatte.

Manchmal, an besonders langweiligen Tagen, ertappte sie sich dabei, wie sie sich heimlich in den längst leerstehenden Schulraum im 2. Stock des Schlosses schlich, dort für eine oder zwei Viertelstunden saß und an die seligen Zeiten dachte, als sie als junges gefühlvolles Mädchen für ihren Lehrer Christoph geschwärmt hatte – wie lange war das her!

Nach zwei Jahren wurden die Symptome einer inneren Erkrankung bei der Herzogin WIlhemine stärker, so dass auch ihr Mann und ihre Mutter sie bemerkten. Sie selbst redete ja nie darüber. Endlich wurden Fachärzte beigezogen, die die hohe Dame gründlich untersuchten. Mit vielen Fremdworten und äußerster Schonung vertrauten sie den Angehörigen an, dass die Herzogin wohl von der so gefürchteten Krankheit Krebs befallen sei. Er habe schon seine Metastasen in verschiedene andere Körperteile geschickt. Diese Erkenntnisse konnte die medizinische Wissenschaft heute ziemlich einwandfrei gewinnen, nicht allerdings, wie man diese tückische Krankheit bekämpfen könne. Nur die Schmerzen könne man lindern, die üblicherweise im letzten Stadium der Krankheit auftreten, mussten die Ärzte zugeben.

Der Pateintin selbst wurde dieses ärztliche Wissen längere Zeit verschwiegen, doch irgendwann erfuhr auch sie die traurige Wahrheit. Das fiel ziemlich zusammen mit dem Tod ihrer Mutter, die im Jahr 1891 im Alter von 72 Jahren im Schloss Carlsruhe sanft entschlief. Natürlich war das traurige Ereignis für das Befinden der Hohen Patientin nicht gerade förderlich.

Im März des Jahres 1893 lag Wilhelmine bereits fast ständig in ihrem Bett, mager geworden und mit einer verdächtig gelb erscheinenden Haut, mit Schmerzen in allen möglichen Körperteilen, die nur durch das fleißige Einnnehmen der vom Arzt verschriebenen Schmerzmittel gemindert werden konnten.

Zum ersten Mal in ihren langen Ehejahren konnte Wilhemine ihrem Mann gegenüber ihre Gefühle äußern, jetzt kurz vor ihrem Tod. Nikolaus saß an ihrem Bett und hielt mitfühlend ihre Hand. In ihrem Leben hatte es nie einen heftigen Streit gegeben, und wenn Wilhelmine ehrlich mit sich war, dann konnte sie ihrem Mann nicht vorwerfen, dass er sie schlecht oder auch nur unhöflich behandelt hätte. Er hatte sie wohl durchaus geliebt, auf seine Art. Nur als Ehemann hatte er vollkommen versagt.

Zum ersten Mal in ihrem Leben warf Wilhelmine ihm das vor. Die Tränen in den Augen ihres Mannes waren echt, als er ihr gestand, mit welchen widerstreitenden Gefühlen dem anderen Geschlecht gegenüber er sein Leben lang zu kämpfen gehabt habe. Vielleicht war diese Stunde am Krankenbett Wilhelmines die erste und die letzte Gelegenheit, da das Ehepaar einmal auch innerlich ganz eng zu einander finden konnte,

Am 24. April des nächsten Jahres, 1892, erlag Herzogin Willhelmine ihrem Krebsleiden. Sie wurde standesgemäß auf dem kleinen Friedhof des Schlosses Carlsruhe beigesetzt.

Ihr Gatte Herzog Nikolaus überlebte seine Frau um elf Jahre. Nach einem ruhigen Alter verstarb er am 22. Februar 1903 im Schloss Carlsruhe.

Neben dem Sarg seiner Frau wurde er dort feierlich beigesetzt. Als das Foto von seinem Grabstein gemacht wurde, um das Jahr 1930, war die obere Hälfte schon fast zugewachsen, wo der Name seiner Ehefrau stand.

Das Schloss Carlsruhe fiel laut Testament des letzten Inhabers Nikolaus an den derzeitigen König von Württemberg, Wilhelm II., denn die „schlesische Linie" des Königshauses starb ja mit ihm aus. Bis zum Beginn des Ersten Weltkrieges kam dieser König jedes Jahr für ein paar Wochen nach Oberschlesien, um sich von seinen Regierungsgeschäften zu erholen und zu jagen.

*

In Breslau, im Haushalt der Familie des Arztes Dr. Willim, ging das Leben weiter, wie eben in einer gutbürgerlichen und auch finanziell gut situierten Familie. Die Kinder wurden größer, sie kamen in die Schule, und der Sohn Raphael kam ins Gymnasium,

In gleichem Maße, wie die Hausfrau von Pflichten innerhalb der Familie entlastet wurde, wuchs ihr Interesse an sozialen und politischen Fragen und auch die Zeit, die sie dafür aufwenden konnte. Dies waren auch die Jahre, da die häufigen Besuche ihrer Mutter und ihrer Schwester aus Carlsruhe aufhörten. Iihr früher Tod ließ bei Pauline eine tiefe Traurigkeit und wohl auch eine gewisse Leere entstehen.

Vielleicht trug dies dazu bei, dass sie sich gerade ab diesen Jahren ganz ungewohnt intensiv in der Breslauer Ortsgruppe der Partei engagierte, die ab 1890 den Namen „Sozialdemokratische Partei Deutschlands" (SPD) trug. Vor allem verwunderlich erschien das für eine Frau, die sich nach dem allgemeinen Verständnis ihrer Zeit aus dem öffentlichen Leben heraus zu halten hatte. Es waren wohl diese Jahre, die ihr den Beinamen „die rote Prinzessin" einbrachten, von einigen hochachtungsvoll gemeint, von anderen als Ausdruck für den unendlich tiefen Sturz einer hochadligen Frau in kaum aussprechbare Abgründe des politischen Lebens. Denn in dieser Zeit galt der Beiname „Sozialdemokrat" so ziemlich als das schlimmste Schimpfwort für einen erwachsenen Menschen, wenigstens in gewissen „höheren Kreisen" der Gesellschaft.

Erst im Jahr 1909 konnte Pauline Willim offiziell in die Partei eintreten, der sie schon lange einen erheblichen Teil ihrer Kraft und auch ihres Vermögens gewidmet hatte. Erst ab diesem Jahr erlaubte eine Änderung des preußischen Vereinsgesetzes Frauen die Mitgliedschaft in Vereinen, und damit auch in einer politischen Partei.

Im Jahr 1910 starb ihr geliebter Mann Dr. Melchior Willim an den Folgen eines Schlaganfalls. Sie war fast 30 Jahre mit ihm verheiratet gewesen, und es war stets eine glückliche Zeit gewesen, wie sie dankbar feststellte. Ihren Ausbruch aus den Konventionen ihrer hochadligen Familie hatte sie nie zu bereuen gehabt.

Am 24. April des Jahres 1914 hörte dann auch Paulines Herz auf zu schlagen, nur wenige Monate vor dem Beginn des Ersten Weltkrieges. Bei ihrer Beisetzung wurden beide Bestandteile ihres Beinamens „Die rote Prinzessin" noch einmal für jeden sichtbar vor Augen gestellt.

Die Sozialdemokratische Partei in Breslau ehrte sie mit einem langen Trauerzug, bei dem Arbeiterinnen und Arbeiter den Sarg bis zum Grab begleiteten. Im Vorfeld dieser Beisetzung hatte es noch durchaus für die Zeit bezeichnende politische Auseinandersetzungen gegeben. Ursprünglich hatte die SPD in Breslau geplant, die Kränze auf dem Sarg der Frau Pauline Willim mit roten Schleifen zu schmücken. Die rote Farbe war von Beginn an das sichtbare Zeichen der Arbeiterbewegung gewesen.

Doch dieses Zurschaustellen einer politischen Gesinnung am Grab wollte die preußische Polizei nicht zulassen. Um einen Eklat um diese Äußerlichkeit zu vermeiden, kam aus Stuttgart, von den Verwandten, ein Vermittlungsvorschlag. Die Kränze wurden nun mit schwarz-roten Schleifen geschmückt, den Farben des Königshauses der Württemberger, dem die Verstorbene ja unzweifelhaft angehört hatte. Und König Wilhelm II. schickte aus Stuttgart ein sehr freundschaftlich, ja verwandtschaftlich gehaltenes Kondolenz-Telegramm,. Er bewies damit, dass der formale Austritt Paulines aus dem Haus der württemberger Könige keineswegs gleichzeitig einen Ausschluss aus der Familie bedeutet hatte. Er war ja auch fast ein Altersgenosse der Verstorbenen und kannte sie von ihrem längeren Aufenthalt in der Residenzstadt recht gut. .

Die SPD hat später die Legende verbreitet, Pauline, die bürgerlich und Sozialdemokratin Gewordene, sei von ihrer väterlichen Familie verstoßen worden, man habe jeden Kontakt zu ihr abgebrochen. Doch das, was möglicherweise in anderen Monarchenfamilien in Deutschland zu dieser Zeit denkbar gewesen wäre, passierte in der Familie der Württemberger eben nicht.

Pauline war die letzte lebende Vertreterin der „Schlesischen Linie" des Königshauses der Württemberger gewesen, nachdem ihr Stiefonkel Wilhelm, der k.u.k General, im Jahr 1896 und dessen Bruder Nikolaus 1903 gestorben waren. Wilhelm hatte, anders als sein Bruder, bis zuletzt noch im aktiven Dienst der österreichsch-ungarischen Armee gestanden.

Diese „schlesische Linie" hatte von der Mitte des 18. Jahrhunderts an existiert, hatte das Schloss Carlsruhe gebaut und bewohnt und historisch durchaus interessante Vertreter hervorgebracht. Ihre letzten Repräsentanten sind ständig in diesem Buch aufgetaucht.

Für Preußen und Bayern und andere Deutsche war es wohl schwer nachzuvollziehen, welche hohe Bedeutung diese „schlesische Linie" für das württemberger Königshaus hatte, scheinbar so weit entfernt, und dennoch stets „nahe dem Thron". Denn während des ganzen 19. Jahrhunderts waren ihre männlichen Vertreter immer so etwas wie „Reserve-Kronprinzen" gewesen.

Seit die Herzöge von Württemberg durch die Gunst Napoleons im Jahr 1806 den Köngstitel erworben hatten, zeichneten sich die Träger der Krone nicht gerade durch eine Überfülle von Nachkommen aus, wenigstens ehelicher und in einer rechtmäßigen und ebenbürtigen Ehe geborener S ö h n e . So mussten immer wieder die nahen Verwandten aus Carlsruhe bereit stehen, notfalls als Thronfolger einzuspringen, falls dem jeweiligen Thronanwärter aus Stuttgart etwas zustoßen sollte. Der Fall trat zwar nie wirklich ein, aber allein die Möglichkeit erlegte den jeweiligen Prinzen aus der „schlesischen Linie" eine heute schwer vorzustellende Verantwortung auf.

*

Auch im Neuen Schloss in Stuttgart, dem Sitz der eigentlichen Königsfamilie, hatten die Jahre am Ende des 19. Jahrhunderts für wichtige Veränderungen gesorgt. König Karl war 1891 gestorben – kinderlos. Seine Adoptivtochter Wera zählte ja nicht nach den Regeln für die Thronfolge im württemberger Königshaus. Ein entfernter Neffe wurde so zum König,

Dieser König hatte den im 19. Jahrhundert so beliebten Namen Wilhelm, so dass er sich Wilhelm II. nennen musste, genau wie sein gleichzeitiger Kollege auf dem preußischen Königs- und deutschen Kaiserthron. Da König Wilhelm aus zwei Ehen nur eine Tochter hatte – ein Sohn war im Säuglingsalter gstorben -, stand die Nachfolge in Stuttgart wieder einmal in den Sternen.

Von der Lösung dieser schwierigen Frage, wer nach dem Tod Wilhelms II. einmal König von Württemberg werden sollte, entband das politische Schicksal dieses Land. Der Ausgang des Ersten Weltkrieges und die Revolution im November 1918 sorgten dafür, dass überall in Deutschland die angestammten Monarchengeschlechter auf ihre Throne verzichten musssten, auch in Württemberg, obwohl gerade dort der König Wilhelm in seinem Alter als „Bürgerkönig" äußerst beliebt war. Im Jahr 1921 starb er, vom Volk ehrlich betrauert, im Kloster Bebenhausen bei Tübingen, seinem Alterssitz.

Herzogin Wera, die Witwe des Herzogs Wilhelm aus Carlsruhe, lebte noch bis zum Jahr 1912: in Stuttgart. Sie war ja eine gute Freundin von Pauline aus Carlsruhe geworden, die dann zur bürgerlichen Frau Willim geworden war.

Wera hatte die Freude, ihre beiden Zwillingstöchter Elsa und Olga an zwei Prinzen aus dem Haus der Fürsten von Schaumburg-Lippe verheiraten zu können, dem Fürstenhaus, aus dem die Mutter von Wilhelmine, Wilhelm und Pauline stammte, den einstigen Zöglingen des Hauslehrers Christoph Becker.

Die Ehegatten von Weras Tochter waren zwar keine Zwillinge, aber Brüder mit nur geringem Altersunterschied. Beide Ehen waren, wie es damals hieß, ausgesprochene Liebesheiraten – auch die kamen selbst in Hochadelskreisen gar nicht so selten vor. Vielleicht war der Geschmack der beiden Zwillings-Schwestern selbst in Bezug auf ihre Ehepartner sich sehr ähnlich. Beide Ehen waren übrigens von mehreren Kindern gesegnet.

Herzogin Wera selbst blieb bis zum Ende ihres Lebens Witwe, und je älter sie wurde, desto mehr ging sie in den sozialen Projekten auf, die sie eines nach dem anderen ins Leben rief:

Waisenhäuser, Häuser für alleinstehende Mütter mit Kindern, Krankenhäuser und ähnliche Einrichtungen. Die Bürger in Stuttgart kannten sie gut und verehrten sie. Zahlreiche ihrer Schöpfiungen bestehen noch heute, wenn auch zum Teil unter anderen Namen.

Diese Herzogin Werra war ja eigentlich eine gebürtige Russin, eine Angehürige der russischen Zaren-Familie. Aber durch ihr langes Leben in der württembergischen Köngisfamiie war sie zu einer perfekten Schwäbin geworden, und sie gehörte zu den Angehörigen der Konigsfamilie, die durch ihren lebenslangen Einatz für Menschen auf der Schattenseite des Lebens dazu beigetragen haben, dass dieses Königshaus in seiner einstigen Heimat bis heute unvergessen geblieben ist.

*

Der Dritte aus der einstigen „Prinzenschule" in Carlsruhe, der damalige Hauslehrer Christoph Becker, war derjenige, der seine beiden Schüler lange überlebte.

Sein Dienst als evangelischer Gemeindepfarrer in Halle verlief weiter in ruhigen Bahnen, was aber keineswegs eine anstrengungslose Arbeit bedeutete, vor allem mit zunehmendem Alter.

Im Jahr 1904 starb seine Frau Auguste im Alter von 62 Jahren. Die vielen Geburten und die in 40 Jahren ihrer Ehe geleistete harte, aber stets unauffällig gebliebene Arbeit forderten wohl doch ziemlich frühzeitig ihren Tribut.

Doch der Pfarrer Becker blieb weiter in seinem Amt, auch wenn ihm die Erfüllung seiner Pflichten allmählich doch schwerer fiel. Erst im Jahr 1906 ließ er sich endlich pensionieren, mit 77 Jahren! Und danach, so hatte er es seinen Amtskollegen im Hallenser Pfarramt versprochen, wollte er noch als „unbesoldeter Hilfsprediger" für Notfälle zur Verfügung stehen.

Seine zehn Kinder hatten inzwischen alle längst sehr ordentliche Berufe und machten ihm Freude. Er konnte mit seinem Leben zufrieden sein.

Ganz am Ende seines Lebens begann allerdings die alte Welt des 19. Jahrhunderts ins Wanken zu geraten. Der Erste Weltkrieg war im August 1914 ausgebrochen. Die ursprüngliche Begeisterung und Siegesgewissheit in Deutschland war inzwischen jetzt, im Spätsommer des Jahres 1915, einer zaghaften Skepsis über den endgültigen Kriegsausgang gewichen. Einer seiner Söhne, Martin, war schon in diesem Krieg gefallen. Eine erste Ahnung, dass dieser Krieg möglicherweise nicht zu einem glorreichen Frieden wie dem von 1871 führen könnte, machte unter den Deutschen ihre Runde.

Es war in dieser Zeit, da Christoph Becker seine Augen schloss. Am 18. August 1915 starb Christoph Becker an einem alten Leiden, das ihn seit seiner Jugend begleitet, aber bisher nicht beschwert hatte, einem Darmbruch.

Nachwort

Zu den Quellen dieser „historischen Biographien"

Vielleicht interessiert den einen oder anderen Leser, woher der Autor dieses Buches seine Quellen hatte.

In seiner Zeit im oberschlesischen Schloss Carlsruhe hat der dortige Hauslehrer für die Kinder der Herzogsfamilie, Christoph Becker, zwischen den Jahren 1858 und 1863 eine erstaunlich große Zahl von handschriftlichen Brief e n t w ü r f e n aufgehoben. Irgendwelche „maschinell erzeugten" Texte - außer gedruckten Büchern und Zeitungen - waren damals ja noch unvorstellbar. Ein falsch geschriebenes Wort in einem Brief, wenigstens an „offizielle" Empfänger, musste dazu führen, dass der ganze Brief noch einmal von Hand geschrieben werden musste.

Diese Brief-Entwürfe waren Christoph Becker offenbar so wichtig, dass er sie bei seiner etwas überstürzten Abreise aus Carlsruhe im Juni 1863 mitnahm und später sogar aufbewahrte, bis zu seinem Tod. Auch danach wurden sie nicht entsorgt, sondern kamen über mehrere Stationen schließlich in die Hand des Autors dieses Buches, der eine Enkelin Christoph Beckers geheiratet hat.

Erst im Jahr 2018 fand der „Erbe" dieses Akten-Konvoluts Anlass, sich die Briefe genauer anzusehen. Doch sie zu lesen, war nicht ganz einfach. Das wird jeder Leser feststellen, der einen Blick auf das auf der nächsten Seite wiedergegebene Beispiel eines Briefentwurfs wirft. Dabei ist diese Schreibschrift der in Deutschland bis nach dem Zweiten Weltkrieg gebräuchlichen Schrift, der so genannten „Sütterlin-Schrift", noch durchaus ähnlich. Nebenbei: Nur wenige Seiten der aufgehobenen Briefentwürfe waren so gut zu lesen wie das hier abgebildete Stück ! Es

Durchlauchtigster Herzog,
Gnädigster Herzog und Herr!

Indem ich die Bitte um gnädige Festhaltung [...] nicht [...] auf die letzte [...] verbinde, wage ich es nun mit Beschämung, Eur. Hoheit huldvolles Schreiben vom 27ten v. M. jetzt noch, nach so langem gnädigst bewilligtem Urlaub, schriftlich zu beantworten und dadurch Eur. Hoheit gnädigem Befehl in Betreff der Abschliessung meiner Thätigkeit an dem Prinzen in Frage zu stellen. Ganz gewiss würde ich auch mit Gottes Hülfe heute oder morgen wieder in Carlsruhe angelangt sein und meine, dem Prinzen vorige Woche mitgetheilten Wünsche für meine nächste Zukunft Eur. Hoheit selbst mündlich und ausführlich vorgetragen haben: hätte nicht ein, dem gnädigen Schreiben Eur. Hoheit beigefügter, Brief des Prinzen die Möglichkeit in Aussicht gestellt, dass ich Höchstden-selben nicht mehr antreffen oder doch nur noch wenige Tage meinen bisherigen Dienst an ihm fortsetzen dürfte.

Aus Rücksicht auf mein vorgerücktes Alter und meine Verhältnisse war es mir, von Eur. Hoheit gnädigst genehmigter, Hauptzweck dauerte fast ein Vierteljahr, bis die wichtigsten der rund 160 Jahre alten Texte entziffert waren.

Doch sie offenbarten so tiefe und lebendige Details und Einblicke in das Leben auf dem Schloss Carlsruhe kurz nach der Mitte des 19. Jahrhunderts, wie es keine noch so genaue Darstellung in „Wikipedia" leisten kann. Das waren Geschichtsquellen, wie sie ein Historiker sieh nicht besser wünschen kann. Und eimige dieser Briefentwürfe bewiesen die alte Familienlegende einer Liebesbeziehung zwischen dem Schreiber dieser Briefe und einer der beiden Prinzessinnen aus der „Schlesischen Linie" des württemberger Königshauses, die damals in Carslruhe in Oberschlesien lebten. Das Schloß Carlsruhe brannte übrigens im April 1945, beim Einmarsch der „Roten Armee" (der Russen) in Schlesien, bis auf die Grundmauern nieder.

Der Autor dieses Buches hatte darüber hinaus den Vorteil, die Stadt Halle in Westfalen und ihre Umgebung, das Ravensberger Land, gut zu kennen. Denn die ersten Schritte seines Berufslebens tat er als Journalist. In den Jahren 1949 bis 1951 war er dort, kurz naxch dem Ende des Zweiten Weltkrieges, als Lokalreporter der örtlichen Tageszeitung tätig. .

Auch Schlesien und vor allem das Riesengebirge war ihm nicht unbekannt, weil er dort im Zweiten Weltkrieg für einige Zeit gelebt hat, auf der Flucht vor den Bomben, die seit 1943 seine Heimat Berlin zerstörten.

Seine späteren zahlreichen populärwissenschaftlichen Bücher über europäische Vorgeschichte sowie „historische Sachromane" und „in Romanform erzählte Biographien" über verschiedene Vorfahren statteten ihn auch noch mit erheblichem Wissen über die Zeiten aus, um die es in d i e s e m Buch geht.